차례

수능 국어 실전 전략

〈문법〉

- 문제 먼저 풀고 지문 읽기: 조금이라도 걸리는 게 있으면 지문 꼼꼼히 읽을 것

  보기, 문제에서 요구하는 내용을 제대로 파악하지 않으면 시간이 많이 소요될 수 있음

  반례 생각해보기

〈비문학〉

- 모든 문단은 쓰인다: 앞 문제에서 쓰이지 않은 내용은 다음 문제에서 쓰일 수 있음

- 비례 관계: 활자로만 생각하지 말고 논리적으로 이해하면 문제 풀 때 더 수월함

- 윗글 이해, 내용 일치 유형

  - 한 문단만으로 풀릴 때도 있으나 드문 편

  - 주로 포괄적이므로 있을 때 풀어야 함

  - 때때로 선지가 지문 순서대로 배치되지 않을 수 있음

- 보기 문제: 어떤 문단의 내용을 써야할지 파악하는 것이 가장 중요

  기준 잡기 → 분류하기 : 기준 간 차이가 포인트!

- 심화 문제를 풀다가 비교적 쉬운 첫 문제와 마지막 문제를 안 푸는 경우가 발생하므로 철저히 검토하기

POINT

국어 영역을 문법, 비문학(독서), 문학으로 나누어 각 분야별 실전 전략을 수립했다. 목표를 세울 때와 마찬가지로 세부적인 전략을 만들어 시험에서 실천할 수 있는 실행 계획을 세웠다.

4

- **사회**

  - 법 지문의 개념 설명: 직접 문제가 아니더라도 간접 문제로 출제될 수 있음

    또는 내가 헷갈리는 포인트가 될 수 있음

    → 기본 개념 분류 등 키워드 체크해야 개념을 빠르게 확인할 수 있음

  - 답 이외의 선지가 답이 될 수 없는 이유도 명확해야 함: 헷갈릴 때 근거 없이 고르지 않도록 주의!

  - 보기 추론형 사회 지문(중복)

    1) 문제 인식

    2) 목표 설정

    3) 목표를 위해 제시된 수단 선택

    4) 수단 활용 방안(비례 관계)

    5) 목표와 효과 비교

  - 사례형 사회 지문

    KEY: 예외

  - 그래프 독해 경제 지문

    지문 내용(그래프)과 그대로 연결하기: 지문 제대로 읽을 것! 급하다고 훑어보면 오히려 더 오래 걸림

  - 어떤 기준을 어떤 부분에서 뽑아낼 것인가

  - 내용 끊어 읽기: A 하면 B 한다

    → 사고1: A가 무엇을 의미하는가?

사고2: A가 B에게 어떤 효과를 주는가?

- 지문에서 찾지 못한 내용이 보기에 있을 때도 있으므로 보기 꼼꼼히 살피기

● 인문

- 내용 일치: 지문을 처음부터 읽으면서 살피기

- 이해: 지문을 다 읽은 뒤 요지(포인트) 살피기

- 지엽적: 해당하는 부분 중심적으로 읽기

- 철학적 용어 주의하기 (예. '세계'와 '세계의 의미'는 구분되는 개념)

- 주체와 효과 → 어떤 부분을 이용해 풀 것인지 살펴보기

→ 보기의 조건은 작은 글씨까지 꼼꼼히 읽기

- 대립 관계: 선지 주의하여 보기

   A의 속성 C, B의 속성 D인데 'A의 속성 D'라고 묘사하는 경우가 있음

〈문학〉

● 절대 감으로 추측하고 넘어가지 말고 '사실적 근거'를 찾을 것!

● 고전 소설

   내용 일치 문제의 경우 문제 먼저 읽고 풀기 + 검토

   보기 문제 먼저 읽기: 포괄적인 경우가 많음 + 최근 검정색 표시가 없는 경우가 있음

- 현대 소설
  - 보기를 통해 주제를 파악하고 지문을 처음부터 읽으며 문제 함께 풀기
    → 함께 풀 문제 고르기: 검정색 표시 안 된 것(특히 내용 일치 문제), 지문 넓은 범위 활용하는 문제
  - 검정색으로 표시되어 있거나 abc로 표시된 문제는 더 수월함
  - KEY. 긍정적인 의미를 지닌 말들을 선지에서는 부정적인 것처럼 표현
    내재적 의미에 따른 긍/부 유의하기
- 고전 시가
  - 고어 해독 유의하기: 해석에 고어 제시되면 주석 꼭 보기
- 현대시
  - 선지의 작은 감정, 표현 어휘에 주목할 것
  - 두 가지 연결 시는 앞과 뒤 모두 끊어보며 꼼꼼히 판단하기: '예찬'과 같은 화자의 정서 표현이 선지에 제시
    될 때 특히 주의할 것
  - 관계성 사실적 파악하기: A, B, C가 K의 관계를 맺고 있는데 R의 관계를 맺고 있다고 묘사할 수 있음

보경 선배의 ⟵ ＊
수능 대비 스터디 플랜

TOPIC

▭ : ○　　▭ : △　　▭ : X

DATE

2022.08.16

KEYPOINTS

아침면학(50m): 국어 비문학

중식(20m)

중국어, 음악, 생명(50m): 정법
창체(50m+50m): 국어
방과후(50m): 영어

석식(20m)

1면학: 수학
2면학: 수학
귀사 후: 중국어

NOTES

영어
봉투 모고 2회
Undisputed

윤사
EBS 수완 평화사상 개념 강의
실용주의, 실존주의 복습

국어
수특 언매
독서 진또배기 체화서
이투스 초고난도 독서

수학
수특 변형문제
확통 강용 교재
삼각함수 강용 교재

정법
수완 4강

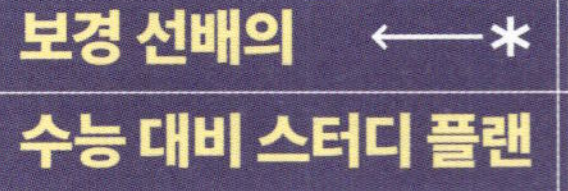

🖎 **POINT**

스터디 플래너에 학습 영역별 성취 여부를 색깔로 표시하고, 부족한 부분은 다시 공부 계획에 반영했다.

🖎 **POINT**

문제집 이름이나 강좌명을 정확히 적어두면 반복 학습에 도움이 된다.

■ : ○　　■ : △　　■ : X

2022.08.31

KEYPOINTS

. [9모를 보고]

국어
라임 고전시가 복습
언매 공부

윤사
기출 복습

정법
개념 암기

중국어
문법 공부
단어 암기

NOTES

국어
독서 진또배기
언매 수특

수학
쎈 기출 모의고사 6회
수2 강용 교재
확통 강용 교재

영어 봉투 모고 3회
Undisputed

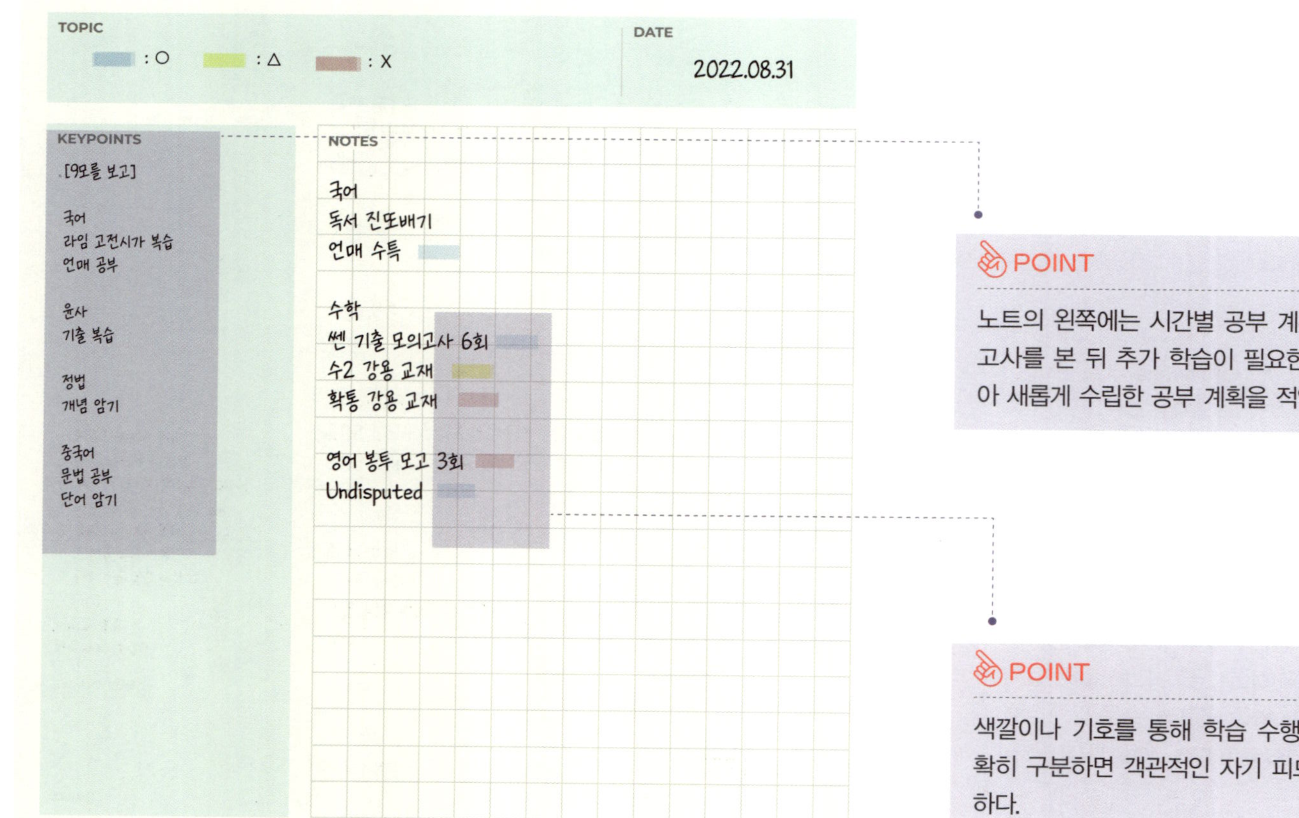

POINT

노트의 왼쪽에는 시간별 공부 계획이나 모의 고사를 본 뒤 추가 학습이 필요한 부분을 찾아 새롭게 수립한 공부 계획을 적었다.

POINT

색깔이나 기호를 통해 학습 수행 여부를 명확히 구분하면 객관적인 자기 피드백이 가능하다.

: ○   : △   : X

DATE 2022.10.17

KEYPOINTS

수능까지 D-20
이번주 목표

1. 윤사 수완 복습 마무리
   + 기출 복습 시작
2. 정법 수완 다 풀기
3. 하루 5시간 이상 수학 공부
4. 월, 수, 목, 금 국어 실모 1개씩
5. 매일 영단어 외우기
   + 모고 1세트 풀기

NOTES

국어
수능 Fit 모의고사 2회
Line 체화서
언매 수특

수학
EBS 고난도 신유형 4주 특강 복습
EBS Final 실전모의고사 1, 2회 복습
쎈 기출 모의고사 복습

윤사
수완 복습

정법
수완 풀기

영어
이명학 모의고사 아카이브 7회
단어 외우기

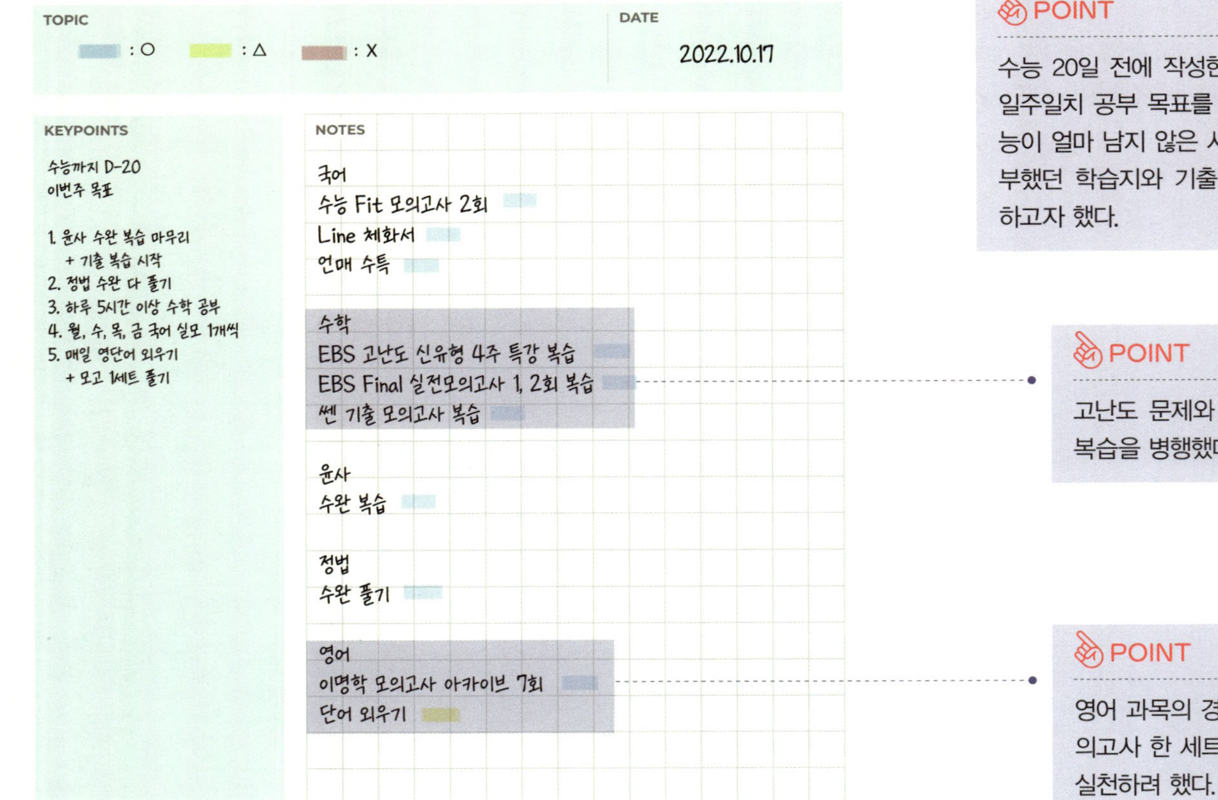

POINT

수능 20일 전에 작성한 스터디 플래너에는 일주일치 공부 목표를 정해 적어두었다. 수능이 얼마 남지 않은 시점이므로 그동안 공부했던 학습지와 기출문제를 충분히 복습하고자 했다.

POINT

고난도 문제와 Final 실전모의고사 복습을 병행했다.

POINT

영어 과목의 경우 단어 외우기와 모의고사 한 세트 풀기를 되도록 매일 실천하려 했다.

왜란·호란 이후 일본-조선, 청-조선 관계

사신 파견 ── 연행사: 서양 선교사와 교류

연경 간 사신 → 서양 문물을 조선에 전달
(= 베이징, 청의 수도)
서양의 과학 서적, 세계 지도, 화포, 천리경, 자명종

── 통신사: 기유약조
· 에도 막부, 국교 재개 요청
· 경제적 교류, 선진 문물 수용

새로운 종교 등장
┌ 천주교(서학): 학문 → 종교
│   제사 거부(내세 신앙), 신분질서 부정(평등사상) → 정부가 탄압
│
└ 동학: 인내천(사람이 곧 하늘)
     양반 중심 신분 질서 부정 → 정부가 탄압

─ 양 난 이후 사회·문화의 변화

1. 주요 흐름

- 하층 신분에 맞는 사회·문화적 발진.
- 성리학 외 실천·실용적 학문 발전.

2. 성리학의 발전 방향

- 노론: 성리학 절대화, 사물의 본질에 대한 논쟁
- 양명학자 + 소론: 유연한 성리학 이해, 실천성 강조.
  ↳ 중종 때 전래, 신분제 폐지 주장, 실천적.

3. 실학

- 농업 중심, 상업중심, 국학 연구 등 분야
- 실용적 학문에 개관한 사회 개혁 추구.
- 농업 중심

유형원: 균전론 → 토지의 진면 재분배

이익 : 한전론 → 생계 유지에 필요한 최소 토지 (영업전) 매매 금지.

정약용: 여전론 → 공동 노동 및 분배

· 상업 중심. (북학파)

유수원 : 사농공상의 평등과 전문화

박지원: 수레, 선박, 화폐 이용 강조.

박제가: 북학의 저술, 소비 강조

· 국학 연구

이익 : 중화 사상 탈피, 민족 주체성 강화

이긍익: 연려실기술 (조선 정리 & 문화)

한치윤: 해동역사

이종휘: 고구려 역사 연구

유득공 : 발해고

4. 과학 기술의 발달

- 17세기 경, 중국을 통해 서양 문물 유입 (세계 지도, 타포, 천리경 등)
- 하멜 (하벨 표류기), 박연 (본명: 벨테브레) 등의 표류
- 천문학의 발달
  이익, 김석문, 홍대용
  └→ 지전설 주장

  김육: 시헌력 도입
- 고려만국전도 전래 → 지도 기술 발달
- 의학 , 농학의 발달
  허준 : 동의보감
  정약용: 마과회통 (종역)
  박제가: 종두법
  이제마: 사상 의학
  서유구: 임원경제지 (농업 백과)
  이앙법 보급

5. 문화의 변화

- 서민의 교육 수준, 지위 향상으로 서민 문화 발달
  → 직나라한 감정 표현과 양반 비판
- 판소리 12마당 (현재 춘향, 심청, 흥보, 적벽, 수궁가 만 전래)
- 탈놀이, 산대놀이
- 한글 소설과 사설시조
  소설: 홍길동전, 춘향전 등 사회 비판, 진단한 감정
  시조: 양반 · 사리 부리 폭로

01 거듭제곱근

① 거듭제곱근

1. 거듭제곱과 거듭제곱근의 뜻

실수 a와 자연수 n에 대하여 a를 n번 곱한 것을 a의 n제곱이라 하고, a^n으로 나타냅니다. 이 때, a, a^2, a^3, …을 통틀어 a의 거듭제곱이라 하고, a^n에서 a를 거듭제곱의 밑, n을 거듭제곱의 지수라고 합니다.

또한 제곱하여 실수 a가 되는 수, 즉 방정식 $x^2=a$를 만족시키는 수 x를 a의 제곱근이라고 배 웠습니다. 마찬가지로 실수 a에 대하여 방정식 $x^3=a$를 만족시키는 수 x를 a의 세제곱근이라고 합니다. 이 성질을 좀 더 확장해 보겠습니다.

일반적으로 n이 2 이상인 정수일 때, n제곱하여 실수 a가 되는 수, 즉 방정식
$$x^n=a$$
를 만족시키는 수 x를 a의 n제곱근이라고 하며, a의 제곱근, 세제곱근, 네제곱근, …을 통틀어 a의 거듭제곱근이라고 합니다.

거듭제곱근을 구할 때에는 특별한 조건이 주어지지 않으면 복소수 범위에서 구합니다.

Example

8의 세제곱근은 $x^3=8$의 근이므로

$$x^3=8,\ x^3-8=0$$

$$(x-2)(x^2+2x+4)=0 \quad \leftarrow a^3-b^3=(a-b)(a^2+ab+b^2)$$

$$\therefore x=2 \text{ 또는 } x=-1\pm\sqrt{3}\,i$$

즉, 8의 세제곱근은 2, $-1+\sqrt{3}\,i$, $-1-\sqrt{3}\,i$입니다.

2. 실수 a의 실수인 n제곱근

실수 a의 n제곱근은 방정식 $x^n=a$의 근입니다. 일반적으로 복소수의 범위에서 0이 아닌 실수 a의 n제곱근은 n개입니다. 하지만 다음 단원인 지수의 확장에서는 a의 n제곱근 중 실수인 것만을 필요로 하므로 여기에서는 방정식 $x^n=a$의 근 중에서 실근만을 생각해 보겠습니다.

n이 2 이상의 정수일 때, 실수 a의 n제곱근 중에서 실수인 것은 방정식 $x^n=a$의 실근이므로 함수 $y=x^n$의 그래프와 직선 $y=a$의 교점의 x좌표와 같습니다. 이때, 함수 $y=x^n$의 그래프는

01 지수 013

17

동건 선배의 ←———— *
삼각함수의 합성 풀이와
영어 원서 읽기

🖐 POINT

문제 풀이 과정뿐 아니라 문제를
해석하는 방식과 주의할 점까지
Teacher's Question 박스에 요약
해, 사고 흐름을 따라갈 수 있도
록 정리했다.

🖐 POINT

필요한 개념을 문제 맥락 안에서
정리해, 실전 적용력을 높였다.

(☆) 삼각함수의 합성 ⇒ 선생님께서 중요하게 생각하시는 문제!

$\sqrt{3}\sin\theta + \cos\theta$

$= \sqrt{4}\left(\frac{\sqrt{3}}{\sqrt{4}}\sin\theta + \frac{1}{\sqrt{4}}\cos\theta\right)$

$= \sqrt{a^2+b^2}\sin(\theta+\alpha)$

$\begin{cases} \max & \sqrt{a^2+b^2} \\ \min & -\sqrt{a^2+b^2} \end{cases}$

P. 156
#41

$\sqrt{3}\sin\theta + \cos\theta$

$= \sqrt{3}\left(\sin\theta \cdot \frac{\sqrt{3}}{\sqrt{3}} + \cos\theta \cdot \frac{1}{\sqrt{3}}\right)$

$= \sqrt{3}\sin(\theta+\alpha) \quad \left(\cos\alpha = \frac{\sqrt{3}}{\sqrt{3}},\ \sin\alpha = \frac{1}{\sqrt{3}}\right)$

#42

$2\left(-\frac{1}{2}\sin\theta + \frac{\sqrt{3}}{2}\cos\theta\right)$

$= 2\left(\sin\theta\cos\frac{5\pi}{3} + \cos\theta\sin\frac{5\pi}{3}\right)$

$= 2\sin\left(\theta + \frac{5\pi}{3}\right)$

P. 157
#31-1

$g(x) = 2\left(\sin x \cdot \frac{\sqrt{3}}{2} - \cos x \cdot \frac{1}{2}\right)$

$= 2\sin\left(x - \frac{\pi}{6}\right) \quad (0 \leq \alpha \leq \pi)$

$x = 0$ 일 때

$2\sin\left(-\frac{\pi}{6}\right) = -1$

계단 : 1.

(☆) Teacher's Question

* $f(x) = \frac{x+3}{2x+1}$ $f(g(x))$

$g(x) = \sqrt{5}\cos x - 2\sin x + 3$

$(f \circ g)(x)$ 의 최대 초깃값? ← 안의 주기함수 있으면
                              $f(g(x))$는 주기함수.
                              ($g(x)$의 주기를 따라감)

* $\boxed{0 \leq \alpha \leq \pi}$ 범위 줌!

$f(x) = \sin x + \cos x - 2\sin x\cos x$

① $g(x) = 3\left(\sin x \cdot \frac{1}{2} + \cos x \cdot \frac{\sqrt{3}}{2}\right) + 3$

$= 3\sin(x+\alpha) + 3 \quad \cos\alpha = -\frac{1}{2}$
                          $\sin\alpha = \frac{\sqrt{3}}{2}$

$0 \leq g(x) \leq 6.$

$\dfrac{g(x)+3}{2g(x)+1} \quad \dfrac{\frac{x-1}{x}}{\frac{x}{x}} \quad \dfrac{(g(x)+1)(x-1)+4}{g(x)+1}$

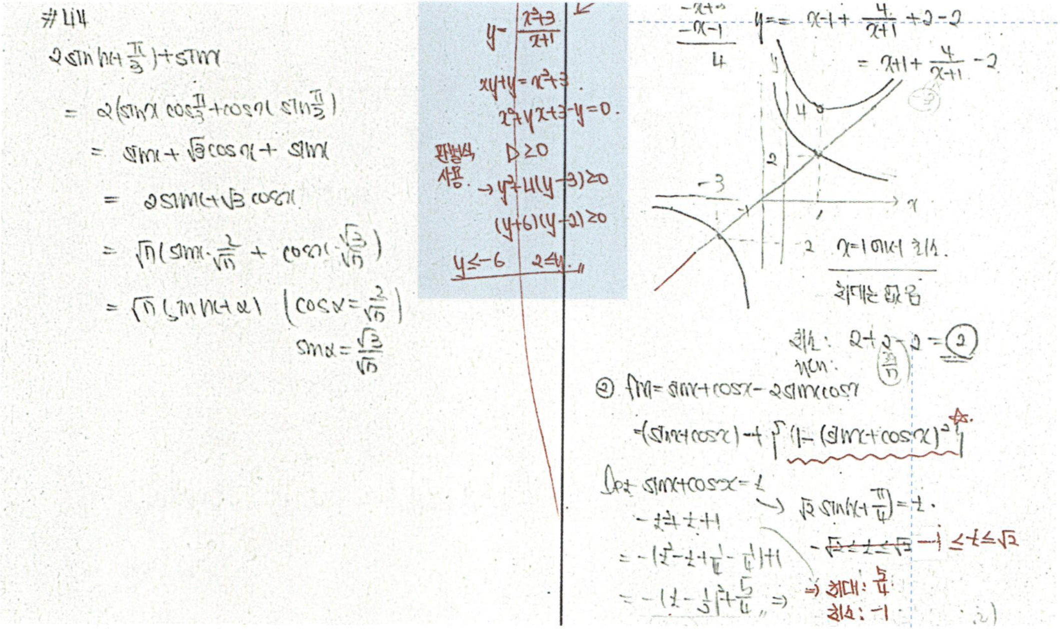

POINT

판별식 조건과 해의 범위를 빨간색으로 정리하여, 문제 풀이 시 실수하기 쉬운 조건 설정을 명확히 해두었다.

POINT

복잡한 함수일수록 그래프와 조건을 함께 정리해 직관적으로 알아볼 수 있게 했다.

(4) 부분적분.

$\{f(x)g(x)\}' = f'(x)g(x) + f(x)g'(x).$

$\int \{f(x)g(x)\}' dx = \int f'(x)g(x) dx + \int f(x)g'(x) dx.$

$= f(x)g(x) + C$

책변수형.

$\int f'(x)g(x) dx = f(x)g(x) - \int f(x)g'(x) dx.$

이때 적분할 때
f(x)나 C 골라해도 야.
C는 어떤 것으로나 해도 상세 가능!

$* \int \dfrac{\ln x}{x^2} dx.$
$\downarrow$
부분적분!

p.320 #75.

$\int \ln x\, dx = \int \underset{g}{\boxed{1}} \cdot \overset{f'}{\underline{\ln x}}\, dx$

$= x\ln x - \int 1\, dx$

$= x\ln x - x + C.$

p. 322. #76

(1) $\displaystyle\int \underset{g}{x}\underset{f'}{\sin x}\, dx = -\cos x \cdot x + \int \cos x\, dx$

$= -x\cos x + \sin x + C.$

(2) $\displaystyle\int \underset{f'}{x^3}\underset{g}{\ln x}\, dx = \frac{1}{4}x^4 \ln x - \int \frac{1}{4}x^3 \cdot \frac{1}{x}\, dx$

$= \frac{1}{4}x^4 \ln x - \frac{1}{16}x^4 + C.$

p. 323 #68.

$\displaystyle\int \underset{g'x}{x^2}\underset{f(x)}{e^x}\, dx = x^2 e^x - \int 2x \cdot e^x dx \overset{+C}{=} x^2 e^x - 2(x-1)e^x) + C$

$= x^2 e^x - 2xe^x + 2e^x + C.$

$\displaystyle\int \underset{g}{x}\underset{f'}{e^x}\, dx = xe^x - \int e^x dx = (x-1)e^x.$

$* \displaystyle\int \underset{g'x}{x^2}\underset{f(x)}{\sin x}\, dx = -\cos x \cdot x^2 + \int \cos x \cdot 2x\, dx = -x^2\cos x + 2x\sin x + 2\cos x + C.$

$\displaystyle\int x\cos x\, dx = [x\sin x] - \int \sin x\, dx$

$= x\sin x + \cos x.$

p. 324 #69.

코사·사인꼴은 (반복적으로) 될 때까지 해보기!
(자기꼴이 나올 때까지.)

$$\int e^x \cos x \, dx = e^x \cos x + \int e^x \sin x \, dx.$$

$$\int e^x \sin x \, dx = e^x \sin x - \int e^x \cos x \, dx.$$

$$\int x^n \, dx = \frac{1}{n+1} x^{n+1} + C$$

$$2 \int e^x \cos x \, dx = e^x (\cos x + \sin x)$$

$$\therefore \int e^x \cos x \, dx = \frac{1}{2} e^x (\cos x + \sin x) + C.$$

T's Question) $f(x)$: 실수 전체에서 미분가능.

모든 실수 x에 대하여

$$f'(x^2 + x + 1) = \pi f(x) \sin \pi x + f(3) x + 5x^2.$$

$$\Rightarrow f(3)?$$
어떤 상황일까.
예쁘게 적분될까?

적분

$$(2x+1) f'(x^2 + x + 1) = (2x+1)(\pi f(x) \sin \pi x + f(3) x + 5x^2)$$

$$f(x^2 + x + 1) = (2x+1)\left(-f(x) \cos \pi x + \frac{1}{2} f(3) x^2 + \frac{5}{3} x^3\right)$$

$$- \int 2 \left(-f(x) \cos \pi x + \frac{1}{2} f(3) x^2 + \frac{5}{3} x^3\right) dx$$

$$-\int -2f(x)\cos \pi x + f(3)x^2 + \tfrac{10}{3}x^3 \, dx$$

$$= -\frac{2f(x)}{\pi}\sin \pi x + \frac{f(3)}{3}x^3 + \frac{5}{6}x^4$$

$$f'(2x+1) = (2x+1)\left(-f(x)\cos \pi x + \frac{1}{3}f(3)x^2 + \frac{5}{3}x^3\right) = (1+x)f(x)$$

$$+ \frac{2f(x)}{\pi}\sin \pi x - \frac{f(3)}{3}x^3 - \frac{5}{6}x^4 \Big) + C$$

$$f(1) = (-f(1)) + C. \qquad 2f(1) = C.$$

$$f(3) = 2\left(f(1) + \frac{1}{3}f(3) + \frac{5}{3}\right) - \frac{f(3)}{3} - \frac{5}{6} + C$$

$$= 3f(1) + \frac{2}{3}f(3) + 5 - \frac{f(3)}{3} - \frac{5}{6} + C$$

$$= 3f(1) + \frac{1}{3}f(3) + \frac{25}{6} + C$$

$$f(1) = -1. \quad C = -2. \quad f(3) = b.$$

$$f'(2x+1) = (2x+1)\left(\cos \pi x + \frac{1}{3}x^2 + \frac{5}{3}x^3\right) - \frac{2}{\pi}\sin \pi x - \frac{5}{3}x^3 - \frac{5}{6}x^4 - 2,$$

$$q=3. \rightarrow f(3) = 7\left(-1 + \frac{5}{3} + 45\right) - 45 - \frac{5}{6}\times 81 - 2$$

$$= 7 \times \frac{133}{3} - 45 - 2 - \frac{135}{2}$$

$$= \frac{931 + 35 - 94}{2} = \frac{702}{2} = \boxed{351}$$

looked singularly dull, and would hail with obvious relief the appearance of a friend. For all that, the two men put the greatest store by these excursions, counted them the chief jewel of each week, and not only set aside occasions of pleasure, but even resisted the calls of business, that they might enjoy them uninterrupted.

It chanced on one of these rambles that their way led them down a by-street in a busy quarter of London. The inhabitants were all doing well, it seemed, and all emulously hoping to do better still, and laying out the surplus of their gains in coquetry; so that the shop fronts stood along that thoroughfare with an air of invitation, like rows of smiling saléswomen. Even on Sunday, when it veiled its more florid charms and lay compara-tively empty of passage, the street shone out in contrast to its dingy neighbourhood, like a fire in a forest; and with its freshly painted shutters, well-polished brasses, and general cleanliness and gaiety of note, in-stantly caught and pleased the eye of the passenger.

Two doors from one corner, on the left hand going east, the line was broken by the entry of a court; and just at that point, a certain sinister block of building thrust forward its gable on the street. It was two storeys high; showed no window, nothing but a door on the lower storey and a blind forehead of discoloured wall on the upper; and bore in every feature the marks of prolonged and sordid negligence. The door, which was equipped with neither bell nor knocker, was blistered and distained. Tramps slouched into the recess and struck matches on the panels; children kept

난이도 높은 문학 어휘를 뜻풀이하고 예문을 더해, 반복 노출 시 자연스럽게 습득할 수 있도록 했다.

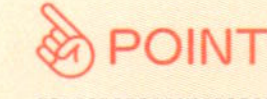

어휘를 정리할뿐만 아니라, 문장 구조도 파악하려고 노력 했다.

shop upon the steps; the schoolboy had tried his knife on the mouldings; and for close on a generation, no one had appeared to drive away these random visitors or to repair their ravages.

Mr. Enfield and the lawyer were on the other side of the by-street; but when they came abreast of the entry, the former lifted up his cane and pointed.

"Did you ever remark that door?" he asked; and when his companion had replied in the affirmative, "It is connected in my mind," added he, "with a very odd story."

"Indeed!" said Mr. Utterson, with a slight change of voice, "and what was that?"

"Well, it was this way," returned Mr. Enfield: "I was coming home from some place at the end of the world, about three o'clock of a black winter morning, and my way lay through a part of town where there was literally nothing to be seen but lamps. Street after street, and all the folks asleep— street after street, all lighted up as if for a procession, and all as empty as a church—till at last I got into that state of mind when a man listens and listens and begins to long for the sight of a policeman. All at once, I saw two figures: one a little man who was stumping along eastward at a good

질문을 통해 복잡한 문장을 한 줄로 요약하며, 장면 전환이나 설명의 중심을 빠르게 파악할 수 있도록 유도했다. 이야기의 흐름과 장면의 분위기를 파악하기 위한 질문을 생성하고 강조 표시를 덧붙여 독해의 방향을 정리했다.

walk, and the other a girl of maybe eight or ten who was running as hard as she was able down a cross street. Well, sir, the two ran into one another naturally enough at the corner; and then came the horrible part of the thing; for the man trampled calmly over the child's body and left her screaming on the ground. It sounds nothing to hear, but it was hellish to see. It wasn't like a man; it was like some damned Juggernaut. I gave a view halloa, took to my heels, collared my gentleman, and brought him back to where there was already quite a group about the screaming child. He was perfectly cool and made no resistance, but gave me one look, so ugly that it brought out the sweat on me like running. The people who had turned out were the girl's own family; and pretty soon the doctor, for whom she had been sent, put in his appearance. Well, the child was not much the worse, more frightened, according to the Sawbones; and there you might have supposed would be an end to it. But there was one curious circumstance. I had taken a loathing to my gentleman at first sight. So had the child's family, which was only natural. But the doctor's case was what struck me. He was the usual cut and dry apothecary, of no particular age and colour, with a strong Edinburgh accent, and about as emotional as a bagpipe. Well, sir, he was like the rest of us: every time he looked at my prisoner, I saw that Sawbones turned sick and white with the desire to kill him. I knew what was in his mind, just as he knew what was in mine; and

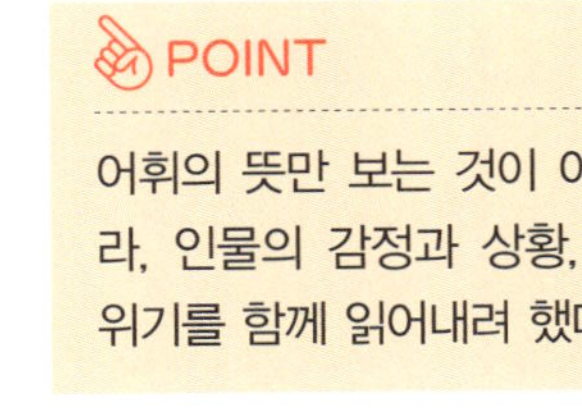

killing being out of the question, we did the next best. We told the man we could and would make such a scandal out of this, as should make his name stink from one end of London to the other. If he had any friends or any credit, we undertook that he should lose them. And all the time, as we were pitching it in red hot, we were keeping the women off him as best we could, for they were as wild as harpies. I never saw a circle of such hateful faces; and there was the man in the middle, with a kind of black, sneering coolness—frightened too, I could see that—but carrying it off, sir, really like Satan. 'If you choose to make capital out of this accident,' said he, 'I am naturally helpless. No gentleman but wishes to avoid a scene,' says he. 'Name your figure.' Well, we screwed him up to a hundred pounds for the child's family; he would have clearly liked to stick out; but there was something about the lot of us that meant mischief, and at last he struck. The next thing was to get the money; and where do you think he carried us but to that place with the door?—whipped out a key, went in, and presently came back with the matter of ten pounds in gold and a cheque for the balance on Coutts's, drawn payable to bearer, and signed with a name that I can't mention, though it's one of the points of my story, but it was a name at least very well known and often printed. The figure was stiff; but the signature was good for more than that, if it was only genuine. I took the liberty of pointing out to my gentleman that the whole business looked

위협성 있는 말투와 표현을 강조하여 사건의 전환점이 되는 대사를 시각적으로 구분해 문맥의 흐름을 잡기 쉽게 했다.

POINT

사회적 지위와 평판의 상징인 '이름'이 이야기의 핵심 단서가 됨을 인식하고 강조했다.

'Because I could not stop for Death'

Because I could not stop for Death,
He kindly stopped for me;
The carriage held but just ourselves
And Immortality.

We slowly drove, he knew no haste,
And I had put away
My labor, and my leisure too,
For his civility.

We passed the school where children strove,
At Recess — in the Ring —
We passed the fields of gazing grain,
We passed the setting sun.

We paused before a house that seemed
A swelling of the ground;
The roof was scarcely visible,
The cornice but a mound.

Since then 't is centuries; but each
Feels shorter than the day
I first surmised the horses' heads
Were toward eternity.

Handwritten annotations:

Death = 'He'
Personification
(인간이 아닌것)
인간으로 비유해 표현

Enjambment
(clause comma
→ stop to read)

alliteration
: repetition of
words with first
same letters.
→ rhythm.

(He was so busy)
Inherent goodness of people, nature.
Equality for all humanity
(he came to pick → abolitionism. suffragette.
me up)

① Death. ② Myself. ③ Eternal Life.
(Emily Dickinson was obsessed in eternal life. Death better than Eternity)
+ feel dreadful about
울면 것. 서면 것을 모두 중지하고
Mr. death가 태워 감 (→ polite. peaceful)

personified grain.
→ looking toward the sun
= ripening → becoming adult
→ Represents @ person's entire lifetime *

(death)

(= grave)
digging the ground.
preparing for a coffin inside.

→ Not yet for the funeral

(After funeral → passed centuries.
eternity seems shorter).

28

metaphor ~defines hope as a kind (things that can fly)

'Hope is the thing with feathers'

Hope is the thing with feathers
That perches in the soul, (hurls on the soul. our spirit)
And sings the tune without the words,
And never stops at all,

— strong wind = hardship. difficulties.

And sweetest in the gale is heard;
And sore must be the storm
That could abash the little bird
That kept so many warm.

I can hear the sweet sound even in the strong wind

I've heard it in the chillest land,
And on the strangest sea;
Yet, never, in extremity,
It asked a crumb of me.

the examiners require something / but it doesn't require us to give / in return

불똥이기

은유적 표현을 시 제목에서부터 표
현해 핵심 상징어에 형광펜과 간단
한 정의를 덧붙여 시 전체의 해석
방향을 잡았다.

'I died for beauty'

I died for beauty, but was scarce
Adjusted in the tomb,

(died not so far)

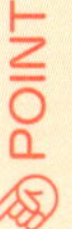

[crumb] 시어의 정서적·상징적 의
미를 단어별로 분석해 짧은 해석을
붙이고, 시의 흐름 속에서 의미가
어떻게 작동하는지를 명확히 정리
했다.

When one who died for truth was lain
In an adjoining room. (laying in the next room)

He questioned softly why I failed? => asking to the persona
"For beauty," I replied.   why 'I' failed.
"And I for truth, — the two are one;
We brethren are," he said.   "Truth may seem but cannot be.
            (brothers)   Beauty brag but 'tis not she."
                                                        —Shakespeare
And so, as kinsmen met a night,
We talked between the rooms,
말할수없을 때까지   Until the moss had reached our lips, (time had passed long ago)
얘기를 나눔 .   And covered up our names.

→ emphasize how long they   (body decaying)
talked after death.
She feels ambivalent about the eternity.
                                         being skep ticol to Shakes
"allusion" (= refer to previous works)   truth가 진짜 truth 인지,
Emily alluded to   beauty가 " beauty 인지?
Shakespeare & Keats
when writing this poem   => Emily의 시에서의 죽은 자들은
                                     ideal을 좇고 있음
'If I can stop one heart from breaking'
     If I can stop one heart from breaking,
     I shall not live in vain;
     If I can ease one life the aching,
     Or cool one pain,   (couldn't achieve to find what
     Or help one fainting robin   beauty /truth is → two people
     Unto his nest again,
     I shall not live in vain.

본인에 대해 잘 알고 있다는 자신감.

continuing to find)
X stop searching their ideas

'I'm nobody! Who are you?'

not an informative person
in the society.
(no status, but one with true identity)

people who have fame or class

I'm nobody! Who are you?
Are you nobody, too?
Then there's a pair of us—don't tell!
They'd banish us, you know.

(Don't let them know that
we are nobody!)

opposite

Being somebody
= telling how unique I am

⇒ 'they' are
self-promoting,
self-advertising.

somebody는 항상 self-advertising
(superficial하지 않고 꽉 찬 사람이 되자!)

How dreary to be somebody!
How public, like a frog
To tell your name the livelong day
To an admiring bog!

they croak every single day. (= die)

a place where frog croak.
= false value of society (people are pursuing this false value)

'My life closed twice before its close'

My life closed twice before its close;
It yet remains to see
If Immortality unveil
A third event to me,

★ 정리

⇒ Disdain for those who seek to become somebody whom Emily sees self-centered,
self-promoting and superficial.

She rejects fame and celebrates her status as nobody.

에밀리 디킨슨의 시 〈I'm nobody! Who are you?〉에서 시의 각 행을 통해 드러나는 시적 화자의 정체성과 태도를 문맥 중심으로 분석하며, 자의식·사회 비판·풍자의 의미를 정확히 짚어냈다.

[tell] 아무도 아닌 존재로 남고자 하는 의지를 은밀하게 공유하려는 태도로 해석하며, 익명성에 대한 지향을 드러내는 시적 전략을 잘 짚었다.

[정리] 시인의 세계관을 반영한 문장과 함께 시의 메시지를 핵심 요약으로 정리했다.

실수 a의 n제곱근 중에서 실수인 것은 방정식 $x^n=a$의 실근이므로 함수 $y=x^n$의 그래프와 직선 $y=a$의 교점의 x좌표와 같다.

함수 $y=x^n$의 그래프를 이용하여 a의 n제곱근 중에서 실수인 것을 구해 보자.

① n이 홀수일 때

함수 $y=x^n$의 그래프는 오른쪽 그림과 같이 원점에 대하여 대칭이다.

따라서 a의 n제곱근 중에서 실수인 것은 a의 값에 관계없이 하나뿐이고, 이것을 $\sqrt[n]{a}$로 나타낸다.

| 참고 | $\sqrt[n]{a}$는 'n제곱근 a'라고 읽는다. 또 $\sqrt[2]{a}$는 간단히 $\sqrt{a}$로 나타낸다.

② n이 짝수일 때

함수 $y=x^n$의 그래프는 오른쪽 그림과 같이 y축에 대하여 대칭이다.

(i) $a>0$일 때, a의 n제곱근 중에서 실수인 것은 양수와 음수 각각 한 개씩 있고, 이것을 각각 $\sqrt[n]{a}$, $-\sqrt[n]{a}$로 나타낸다.

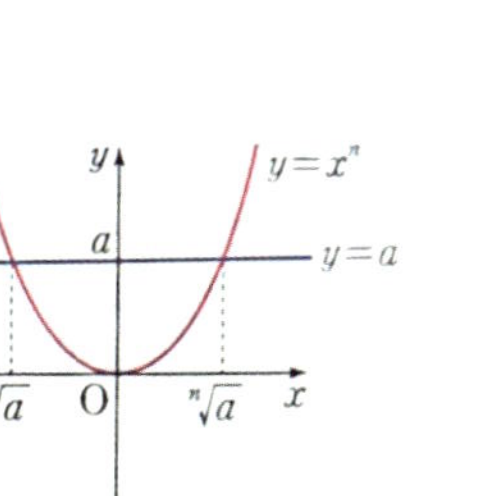

● 공학적 도구를 이용하여 그린 함수 $y=x^n$의 그래프 (단, $n \geq 2$인 정수)

❶ n이 홀수일 때

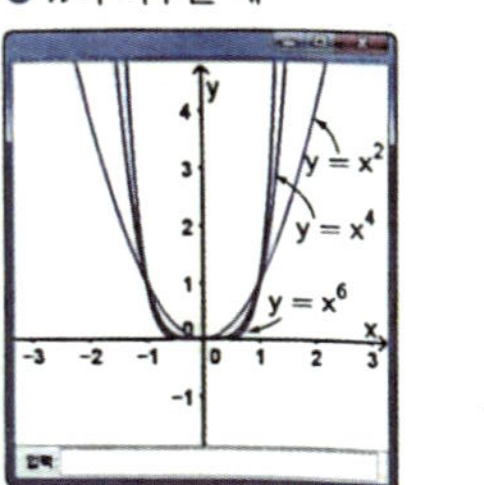

❷ n이 짝수일 때

해당 개념이 심화 문제에서 어떻게 사용되는지, 어떤 방향으로 문제를 해석해야 하는지 적어 교과서 단권화를 했다.

(ⅱ) $a=0$일 때, a의 n제곱근은 0 하나뿐이다. 즉, $\sqrt[n]{0}=0$이다.

(ⅲ) $a<0$일 때, a의 n제곱근 중에서 실수인 것은 없다.

이상을 정리하면 a의 n제곱근 중에서 실수인 것은 다음과 같다.

	$a>0$	$a=0$	$a<0$
n이 홀수	$\sqrt[n]{a}$	0	$\sqrt[n]{a}$
n이 짝수	$\sqrt[n]{a},\ -\sqrt[n]{a}$	0	없다.

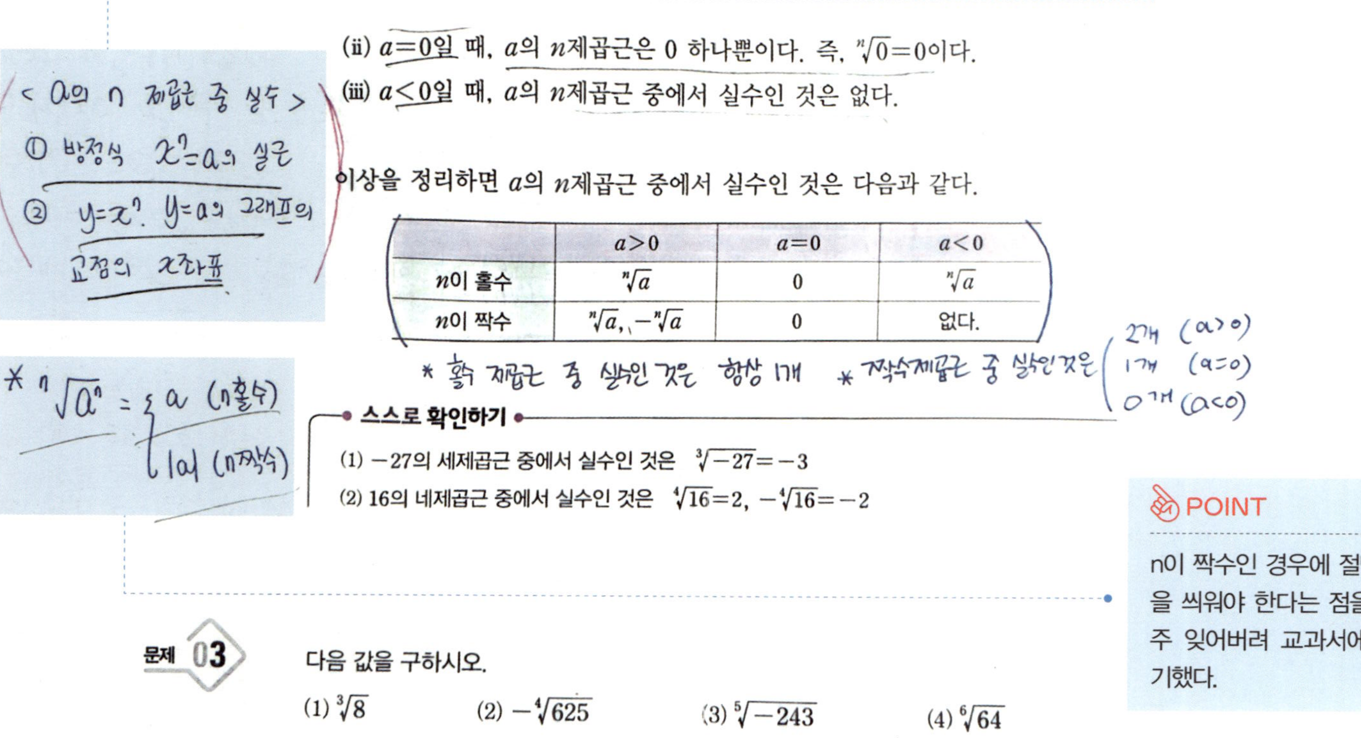

● 스스로 확인하기 ●

(1) -27의 세제곱근 중에서 실수인 것은 $\sqrt[3]{-27}=-3$

(2) 16의 네제곱근 중에서 실수인 것은 $\sqrt[4]{16}=2,\ -\sqrt[4]{16}=-2$

문제 03 다음 값을 구하시오.

(1) $\sqrt[3]{8}$
(2) $-\sqrt[4]{625}$
(3) $\sqrt[5]{-243}$
(4) $\sqrt[6]{64}$

02. 함수의 그래프 P.102~103

① 함수의 <u>정의역</u>·치역
   유리. 무리. 로그함수 주의

② 곡선과 좌표축의 교점

③ 곡선의 <u>대칭성</u>과 <u>주기</u>
   $f(-x) = f(x)$ 삼각함수
   $f(-x) = -f(x)$

④ 함수의 증가·감소. 극대·극소
   $f'(x)$ 조사

⑤ 곡선의 오목. 볼록. 변곡점
   $f''(x)$ 조사

⑥ $\lim\limits_{x \to \infty} f(x)$. $\lim\limits_{x \to -\infty} f(x)$. 점근선

예제3) $y = \dfrac{2x}{x^2+1}$ $f(-x) = -\dfrac{2x}{x^2+1} = -f(x)$ 원점대칭

$f'(x) = \dfrac{2(x^2+1) - 2x \times 2x}{(x^2+1)^2}$

$\qquad = \dfrac{-2x^2+2}{(x^2+1)^2}$

$f'(x) = 0.$ $\boxed{x = \pm 1}$ 대칭성 의심된다!

$f''(x) = \dfrac{-4x \cdot 2(x^2+1) - (-2x^2+2) \cdot 2(x^2+1) \cdot 2x}{(x^2+1)^4}$

$\qquad = \dfrac{-4x^3-4x+8x^3-8x}{(x^2+1)^3}$

$-4x^3+8x^2-12x$
$4x^2-12x$

$f''(x) = 0$ $x = 0. \pm\sqrt{3}$

x	0		1		$\sqrt{3}$
f'	+	+	0	−	−	−
f''	0			0		
f	0	⌢	1	⌢	$\frac{\sqrt{3}}{2}$	⌣

$x=1$ 극대

문제 4-2) $y = x$
$f'(x) = 1 + \cos x$
$f''(x) = -\sin x$

x	0		π	
f'	+	+	0	
f''	0	−	0	−
f	0	⌢	π	

문제4-1) $y = e^{-x^2}$ $\lim\limits_{x \to \infty} e^{-x^2} = 0$ $\boxed{-x^2} \to t.$ $x \to \infty$이면 $t \to -\infty$ $\lim\limits_{t \to -\infty} e^t = 0$

$f'(x) = -2x e^{-x^2}$ $f'(x) = 0$ $x = 0$

$f''(x) = -2e^{-x^2} + 4x^2 e^{-x^2}$

$f''(x) = 0.$ $x^2 = \frac{1}{2}$ $x = \pm\frac{\sqrt{2}}{2}$

$f(-x) = e^{-x^2} = f(x)$ y축대칭

x	0		$\frac{\sqrt{2}}{2}$	
f'	0	−	−	
f''	−	−	0	+
f	1	⌢	$\frac{1}{\sqrt{e}}$	⌣

$x=0$ 극대

극대 (0.1)

$\left(-\frac{\sqrt{2}}{2}, \frac{\sqrt{e}}{e}\right)$ 변곡점 $\left(\frac{\sqrt{2}}{2}, \frac{\sqrt{e}}{e}\right)$

34

03. 방정식과 부등식에의 활용 p.104~105

예제 1) $x-2 = \ln x$

$f(x) =$ 상수 꼴로 바꾸기

$\begin{cases} f(x) = x - \ln x & \text{교점 } (x>0) \\ g(x) = 2 & \text{실근 개수} \end{cases}$

$f'(x) = 1 - \dfrac{1}{x}$ 졍

$f''(x) = \dfrac{1}{x^2}$ $f''(1) > 0$

$f''(x) > 0$

x		1	
f'		0	
f''		+	
f			

↓ 극소

→ f 아래로 볼록

$\displaystyle \lim_{x \to 0^+} (x - \ln x) = \infty$

$\displaystyle \lim_{x \to \infty} (x - \ln x) = \infty$

차이 점점 커짐

$f(x) = x - \ln x$

따라서 $x-2 = \ln x$ 의 실근의 개수는 2개이다.

예제 2) $e^x \geq x+1$

$e^x - x - 1 \geq 0$. $f(x) = e^x - x - 1$

↳ 최솟값 ≥ 0

$f'(x) = e^x - 1$ $\boxed{x=0}$

$f''(x) = e^x > 0$

f 아래로 볼록

x		0	
f'		0	
f''		+	
f		↓	

극소

$f(x) = e^x - x - 1$

축 영향 안 받으니까 굳이 극한 따질 필요X

$f(x)$ 의 최솟값은 $f(0) = 0$

이므로 $f(x) \geq 0$ 이다.

$\therefore e^x - x - 1 \geq 0$.

$e^x \geq x+1$

모든 실수 x에 위해

04. 속도와 가속도

수직선 위 직선

$P(x)$

$x = f(t)$

① 속도 $= f'(t)$

② 가속도 $= f''(t)$

35

02. 치환적분법 P.126~130

$$\int f(x)\,dx = F(x)+C$$

$$x = g(t)$$

$$\frac{dx}{dt} = \frac{d}{dt}F(g(t))$$

$$= F'(g(t))\cdot g'(t)$$

$$\frac{d}{dt}F(x) = f(g(t))\cdot g'(t)$$

$$\int f(g(t))\cdot g'(t)\,dt = F(x)+C$$

$$\therefore \int f(x)\,dx = \int f(g(t))\cdot g'(t)\,dt$$

(2) $\int \sin(3x-1)\,dx$

$$3x-1 = t$$

$$3\frac{dx}{dt} = 1$$

$$= \int \sin t \times \frac{1}{3}dt$$

$$= -\frac{1}{3}\cos t + C$$

$$= -\frac{1}{3}\cos(3x-1)+C$$

$$\int f(g(x))\cdot g'(x)\,dx = \int f(t)\,dt$$

$$\int \frac{f'(x)}{f(x)}\,dx$$

$f'(x)\,dx = dt$ 나

$dx = \frac{1}{f'(x)}dt$로 해도 괜찮음

$$f(x) = t. \quad f'(x)\frac{dx}{dt} = 1$$

$$\int \frac{f'(x)}{t}\times\frac{1}{f'(x)}\,dt$$

$$= \ln|t|+C$$

$$= \ln|f(x)|+C$$

P.127 예제 1

(1) $\int \sqrt{4x+5}\,dx = \int \sqrt{t}\times\frac{1}{4}dt$

$$4x+5 = t.$$

① $4x = t-5$

$$x = \frac{t-5}{4}$$

$$x'(t) = \frac{1}{4}$$

$$= \int \frac{1}{4}t^{\frac{1}{2}}dt$$

$$= \frac{1}{4}t^{\frac{1}{2}}dt$$

$$= \frac{1}{6}t^{\frac{3}{2}}+C$$

$$= \frac{1}{6}(4x+5)\sqrt{4x+5}+C$$

② $4x+5 = t$

$$4\frac{dx}{dt} = 1. \quad \frac{dx}{dt} = \frac{1}{4}$$

P.128 예제 2

(1) $\int xe^{x^2}\,dx$

$$g(x) = 2x$$

$$x^2 = t. \quad 2x\frac{dx}{dt} = 1$$

$$= \int xe^{t}\times\frac{1}{2x}\,dt$$

$$= \frac{1}{2}e^{t}+C$$

$$= \frac{1}{2}e^{x^2}+C$$

(2) $\int \cos^3 x \sin x\,dx$

$$\cos x = t$$

$$-\sin x\frac{dx}{dt} = 1$$

$$= \int t^3\times\sin x\times\frac{1}{-\sin x}\,dt$$

$$= -\frac{1}{4}t^4+C = -\frac{1}{4}\cos^4 x + C.$$

P.129 예제 3

(1) $\int \frac{3x^2}{x^3+2}\,dx$

$$= \ln|x^3+2|+C$$

(2) $\int \cot x\,dx$

$$= \int \frac{\cos x}{\sin x}\,dx$$

$$= \ln|\sin x|+C$$

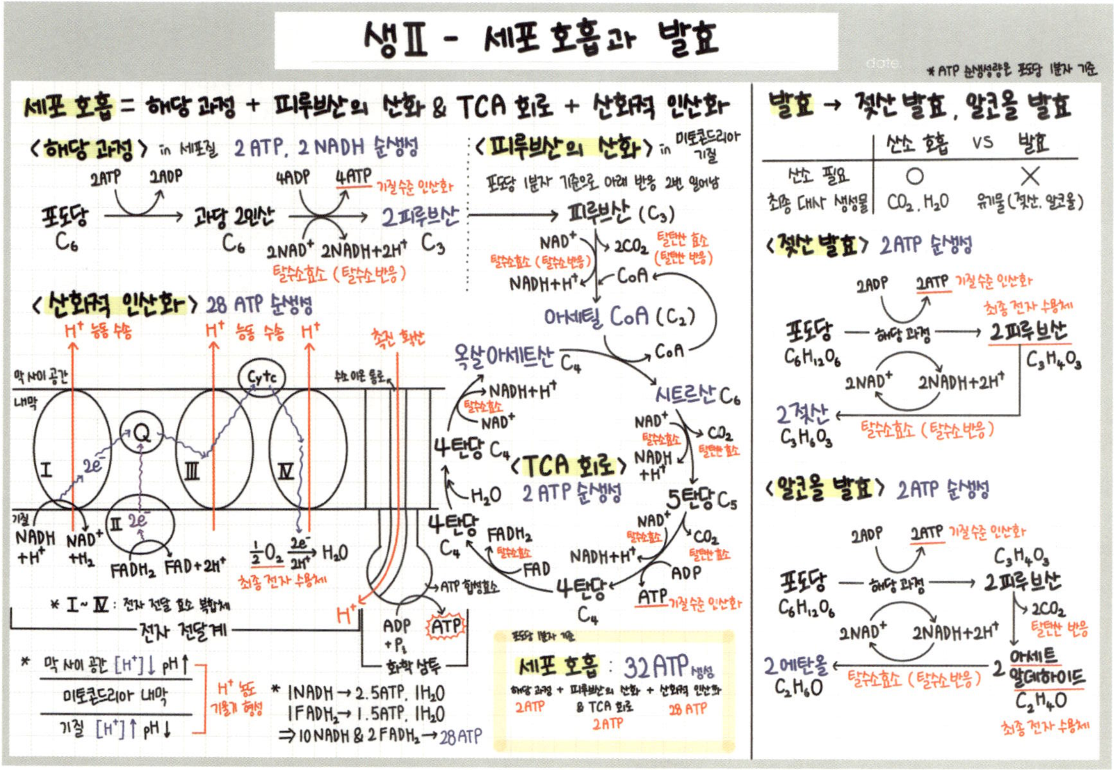

POINT

필기할 내용이 많아 교과서에 자리가 부족한 경우, 태블릿PC를 이용해 정리한 필기를 인쇄하여 교과서의 해당하는 부분에 붙여두는 방식으로 교과서 단권화를 진행했다.

생윤; 헷갈리는 선지로 보는 개념

색 구분: *마더텅 타 문제집*

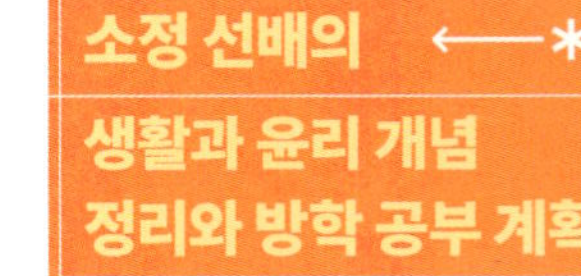

- 불교

삶과 죽음에 대한 집착을 버리고 무명에 도달해야 한다. (X)
↳ 불교에서 무명이란 깨닫지 못한 상태로 고통의 원인이다.
삶과 죽음은 분별해야 하는 자연적인 순환 과정이다. (X)
↳ 분별하면 안 된다.

- 불교&도가

죽음의 두려움은 참된 진리의 자각으로 극복될 수 있다. (O)
↳ 참된 진리의 자각이란 각각 연기법과 도의 자각

- 레건

성장한 포유동물은 결코 인간을 위한 자원으로 대우받아서는 안 된다. (O)

- 싱어

모든 동물에게 인간과 동등한 도덕적 지위를 부여하는 것은 옳지 않다. (O)
시민 불복종을 할 때 법치와 민주주의 원칙을 존중해야 한다. (O)
시민 불복종은 민주주의적 결정을 복원하려는 시도이다. (O)

 POINT

사상별 입장 비교를 통해 핵심 내용을 간결하게 정리하여 시험 전 복습에 용이한 노트 구조를 만들었다.

 POINT

개념과 출제 의도를 함께 정리하여 스스로의 오답 패턴을 점검하는 데 초점을 두었다.

- 레오폴드

생명 공동체 구성원 간에 도덕적 책무가 있다. (X)
ㄴ 도덕적 책무는 인간만 가진다.
집합적 유기체로서의 대지는 효용 창출을 위한 자원으로 사용될 수 있다. (O)
ㄴ 생명 공동체 구성원의 경제적 가치도 인정한다.

- 테일러

생태계를 통제하려는 시도를 하지 말아야 한다. (O)
생명체 고유의 선을 보호하기 위한 간섭이 허용될 수 있다. (O)
생태계의 모든 생명체가 지닌 본래적 가치는 동일하다. (O)

- 레건&테일러

인간이 동물보다 본래적으로 더 우월한 것은 아니다. (O)
어떤 생명체와 비교하든 인간이 본질적으로 우월하지는 않다. (X)
ㄴ 테일러만 O. 레건은 인간 이외의 삶의 주체인 일부 유정적 존재도 목적으로 대우해야 한다
고 주장하기 때문에 내재적 가치를 지닌 동물과 비교하면 인간이 본질적으로 우월하지는 않
만, 그 외의 생명체와 비교했을 때 인간이 우월하지 않다고 주장하지는 않는다.

- 싱어&레오폴드

유정적 존재의 특징에 따라 배려 방법은 달라질 수 있다. (O)

- 칸트&싱어&테일러

인간을 위한 자원으로 동물을 활용하는 것은 금지되어야 한다. (X)
↳ 활용할 수 있다고 본다.

- 칸트&테일러&레오폴드

어떤 생명체의 존속은 그 생명체의 본래적 가치에 의해 정당화된다. (X)
↳ 테일러와 칸트만. 레오폴드는 생명 공동체의 통합성, 안정성, 아름다움에 기여하는 경향에 따
라 정당화된다고 본다.

- 야스퍼스

기술은 인간 사회와 무관한 발전 논리를 가지고 있다. (O)

- 홉스

공통 권력이 없는 곳에는 정의나 불의가 존재하지 않는다. (O)
↳ 공통 권력이 없는 곳 = 자연 상태
주권자는 평화와 공동 방위를 위해 국민의 힘과 수단을 임의로 사용할 수 있다. (O)
모든 국민은 주권자가 행하는 행위와 판단의 본인이 된다. (O)

시민은 안전과 평화를 위해 자기 생명권을 국가에 양도한다. (X)
ↄ 인간은 사회 계약을 맺으며 자연권을 국가에 양도하는데, 생명권은 제외이다. 따라서 홉스는 폭력적 공격으로 자기 생명을 빼앗으려는 자(또는 국가)에 대하여 저항할 권리는 포기할 수 없다고 언급한다.
국가는 신의 계약으로 탄생한 자연적 인격이다. (X)
ↄ 자연적이 아니라 인위적 인격
국가가 부재하는 곳에서는 각자의 소유권도 부재한다. (O)

- 로크
국가에 양도하지 않은 시민의 권리는 보장될 수 없다. (X)
ↄ 국가에 양도하지 않은 생명과 재산도 보장될 수 있다.
자연 상태에서 분쟁 발생 시 모든 당사자는 재판관이 된다. (O)

- 아리스토텔레스
국가 안에서만 구성원들은 행복을 실현할 수 있다. (O)

- 아리스토텔레스&루소
국가와 시민은 상호 의존적 관계이다. (O)

- 롤스

시민 불복종을 행사하는 것도 시민의 정치적 의무에 포함된다. (O)

시민 불복종은 정의로운 법을 제정할 절차가 불완전하여 발생할 수 있다. (O)

시민 불복종은 정치 체제의 효율성을 이유로 제한될 수 있다. (O)

국가의 최우선적 과제가 국민의 복지 실현이라고 본다. (X)

　↳ 최우선은 아니다.

시민 불복종은 입헌 체제를 유지하는 데 기여하는 행위이다. (O)

시민 불복종은 개인의 이익이 아닌 집단의 이익에 근거해야 한다. (X)

　↳ 개인의 이익도, 집단의 이익도 아닌 공유된 정의관에 근거해야 한다.

심각한 부정의가 존재하는 민주 체제에서는 시민 불복종이 가능하다. (O)

거의 정의로운 사회에서는 시민 불복종에 대한 보복적인 억압이 있을 수 없다. (O)

차등의 원칙을 위반한 정책은 시민 불복종의 대상이 된다. (X)

　↳ 차등의 원칙이 아니라 평등한 자유의 원칙과 공정한 기회균등의 원칙이다.

- 니부어

사회 집단 간의 관계는 윤리적이라기보다 정치적이다. (O)

인간의 이기심과 권력의 불균등으로 부정의가 지속된다. (O)

- 아리스토텔레스&로크

시민은 자신이 속한 국가에 대해 정치적 의무를 지닌다. (O)

- 홉스&로크

자연 상태에는 준수해야 할 규범이 존재하지 않는다. (X)
↳ 준수해야 할 규범(자연법)이 존재한다.
시민은 주권자로서 동등한 자유와 권리를 지닌다. (X)
↳ 로크만 그렇다고 본다. 홉스에 따르면 시민이 주권자가 될 수 없다.
국가의 통치자가 사회 계약을 위반하는 것은 가능하다. (X)
↳ 둘 다 아니라고 본다. 홉스에 따르면 통치자는 사회 계약을 당사자가 아니기 때문에 사회 계약 자체를 위반하는 것이 가능하지 않다. 로크에 따르면 통치자는 통치자-시민 간의 통치 계약에 따른 '신탁'을 위반하는 것이 가능하지, 사회 계약 자체를 위반하는 것은 불가능하다.

- 롤스&싱어

시민 불복종의 목표에 동물의 이익 옹호가 포함될 수 있다. (X)
↳ 싱어만
시민 불복종은 다수결 원칙에 근거하여 행해져야 한다. (X)
↳ 싱어는 소수자에 의해서도 시민 불복종이 이루어질 수 있다고 본다.
시민 불복종으로 발생할 불행한 결과를 고려해야 한다. (O)

수능 D-50 공부 계획

〈국어〉

연계 공부 : E매진 Hot 100, 강E분 활용해서 정기적 복습 (출못길)

모의고사 : 상상 파이널 패키지, 이감D 풀어보자

인강 : 우기분 독서2

기타 : 민강민설 아침마다 하루 두 지문, 10월에 포트폴리오 마무리, 틈틈이 교재 N회독, 10월 그믐 과학·기술 제재

약점 : 독서 과학·기술 제재

지료 : 언어 노트, N회독 요약본, 모의고사 포트폴리오, 강E분 교재

〈수학〉

N제 : 신왓이

모의고사 : 서바이벌, 서바이벌 리덕트, 킬링캠프, 이해원 모의고사, 강대K

기타 : 틈틈이 교재 N회독, 수학 문제 아카이브 복습 (일일3제)

약점 : 고난도 수열, 삼각함수 환승 / 문항 해석 / 신수...

지료 : 수학 문제 아카이브, 더브로커 수학Ⅰ, 수학Ⅱ 오구성이 노트

〈영어〉

EBS : 수완

모의고사 : 만점 마무리

약점 : 순서 삽입

자료 : 만점 당근, 수특 정리본

〈경제〉

모의고사 : 서바이벌, 윌, 콜리스트, 더플사랑

약점 : 계산 실수

자료 : 경제 수능노트

Exercise 10

Everyday anxiety is nothing surprising; we all experience worries, concerns, even moments of panic sometimes. But anxiety isn't a binary proposition, like a light switch that's either on or off. Imagine instead a dimmer sliding up and down, sometimes quickly, other times hardly at all. Low-level anxiety is present in our lives so often, like the air we breathe, that we might not even notice it. It happens when we open the door to meet our new boss, or when we look outside and see snow coming down as we're packing up for our drive home; suddenly we're paying close attention to something we'd really rather not think about, but the feeling doesn't last for more than a minute or two. Once I meet my new boss, I soon get a sense of what she's like and my anxiety subsides. As I start driving home, I see that the roads are still clear, so my worries ease. Once we sense how things will turn out, our mild anxiety fades away like morning mist burnt off by the sun's warmth.

소재: Everyday anxiety

주제:

24~25

To illustrate the connection between thought and feeling, consider a soft drink dispenser in a self-service restaurant. our particular model has a row of labeled buttons at the top and spouts underneath that dispense the desired beverage if the corresponding button is pushed. In our case, the buttons represent our interpretations– *Wrong, Unfortunate, Terrible, Right* and *Shameful* (or *"I am wrong"*). Should I, in any given situation, arrive at the interpretation that something is wrong and consequently push the soda fountain button for "I am wrong," then the machine would ideally dispense the corresponding beverage, namely anger.

As long as I have awareness of pushing a certain button, the buttons are labeled correctly and they are properly connected to the corresponding beverage container, the machine will function without a hitch. Unfortunately, most of us are unaware of the connections between interpretations on the mental level and our corresponding reactions on the emotional level, however. Because of this, we often behave like people who continuously push buttons on a soda machine and watch in desperation as the cup overflows. We do not notice that we are pushing the button since we are completely unaware of its existence. We are oblivious to the fact that a particular interpretation is made before anger, for example, arises in our system– namely, "This is wrong." When we become aware of this interpretation, it is like (suddenly) watching our own thumb continuously push the soda button despite the fact that we have already filled up our cup or would actually prefer lemonade or water instead.

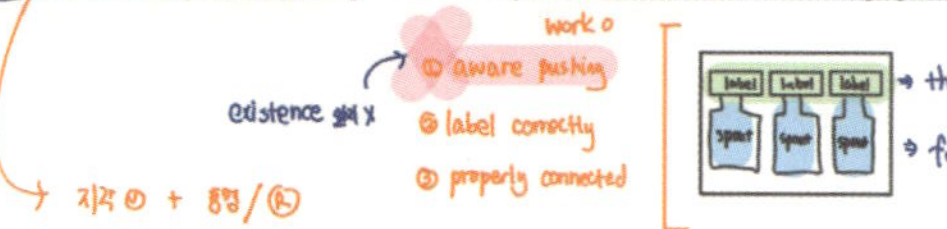

⇒ ① Are We Aware of Our Emotional Reaction?

소재: connection between thought & feeling

↳ most people unaware of existence → don't know our thoughts → seems like feeling suddenly appeared

47

01 사회·문화 현상의 이해

◈ 가치
바람직하거나 의미가 있다고 생각되는 것으로, 개인이나 집단의 행동과 판단의 기준이 되며 삶의 목표를 제시해 주는 이정표가 된다.

대개 그럴 가능성 O 성립
◈ 개연성과 필연성
개연성은 어떤 현상의 영향으로 다른 현상이 발생할 가능성이 있지만 반드시 발생한다고 단정할 수 없는 성질을 의미하고, 필연성은 특정 원인에 따라 특정 결과가 반드시 발생하는 성질을 말한다.

사회 ⟷ 자연
당위   존재
가치 함축   가치 중립

◈ 인과 관계
앞의 사실과 뒤의 사실이 원인과 결과의 관계가 있는 것을

1. 사회·문화 현상과 자연 현상의 의미

가장 중요한 구분 기준 : 인간 의도·의지의 개입 여부

구분	사회·문화 현상 ex) 백신개발, 지진정책	자연 현상 ex) 교화. 지진
의미	사회생활을 하는 인간에 의해 인위적으로 만들어진 현상	인간의 의지와 관계없이 자연계에서 스스로 일어나는 현상
사례	선거, 범죄, 결혼, 생산 활동 등 무료강아나 전쟁	태풍, 지진, 계절 변화 등 지카바이러스, 산불의 자연(나이를)

조현거래   대선거래

＊ 공통성 : ① 경험적 자료 사용
          ② 과학적 연구
          ③ 보편성 (사회 : ④ 특수성)
          ④ 인간관계 O (자연 ⇒ 명백 → 법칙)
          ⑤ 개연성
          ⑥ 인간 행동 동기에 영향

2. 사회·문화 현상과 자연 현상의 특징

(1) 사회·문화 현상의 특징

① 가치 함축성 (가치 내재성)	사회·문화 현상은 사람들의 가치나 의지가 반영되어 나타남. 좋고 그름 O. 가치 판단 가능	
	예) 개인의 자유라는 가치가 중시되면서 연애결혼이 확산됨. ex) 평화 추구. 우크라이나 전쟁	
② 당위적인 규범의 반영 (당위법칙)	사회·문화 현상은 사회의 규범적 요구가 반영되어 나타나기도 함. must	
	예) 웃어른을 공경해야 하므로 웃어른에게 높임말을 함. ex) 인권 존중	
③ 개연성과 확률의 원리가 작용 (예외 존재 / 예측불가 X)	사회·문화 현상은 발생 요인과 그 결과가 법칙으로 대응하기보다 확률적으로 관련을 맺고 있어 예외적인 현상이 나타날 수 있음. ex) 수요법칙의 예외 ⇒ 배블론 과시소비	
	예) 학생의 독서량이 많을수록 국어 과목의 성적이 높을 가능성은 있지만, 반드시 그러한 것은 아님.	
보편성과 특수성의 공존	시대와 사회를 초월하여 동일하게 나타나는 사회·문화 현상이 존재하면서 동시에 시대와 사회에 따라 다르게 나타나는 사회·문화 현상이 존재함. 보편성 특수성 ex) 죽음 → 장례문화 → 티베트 조장. 인도 편지스강 화장	
	예) 인사하는 것은 시대와 사회를 초월하여 나타나는 현상이지만, 그 형태나 방식, 의미 등에서는 시대와 사회에 따라 특수성을 지님.	

48

말한다. 자연 현상은 특정 원인에 따라 그에 상응하는 결과가 예외 없이 발생하기 때문에 인과 관계가 명확하다.

❶ 자연 현상은 몰가치적이지만, 사회·문화 현상은 가치함축)이다.
❷ 자연 현상은 필연성과

(2) 자연 현상의 특징

⇨ 선과와 X, 옳고 그름 X

① 몰가치성 = 가치중립적	자연 현상은 인간의 의지나 가치와 무관하게 자연계에서 발생하는 현상임.	
	예) 계절의 변화는 인간의 의지나 가치와 무관하게 발생함. ex) 내면 지진 (X)	
② 존재 법칙의 지배 = 사실 법칙	자연 현상은 인간의 인식 여부와 상관없이 스스로의 원리에 따라 사실 그대로 존재하는 현상임. ex) 봉에 발꾀성	
	예) 물이 1기압하에서 100℃에 끓는 것은 인간의 인식과 무관하게 단지 사실로 존재하는 현상임.	
③ 필연성과 확실성의 원리가 작용 예외X	자연 현상은 특정 원인에 따라 반드시 그에 상응하는 결과가 예외 없이 발생함(인과 관계가 명확함).	
	예) 바람은 반드시 고기압 지대에서 저기압 지대로 붊.	
④ 보편성을 띰	자연 현상의 발생 원리는 시대와 장소에 상관없이 동일하므로 (일정한 조건만 갖춰지면) 시대와 장소를 초월하여 동일한 현상이 발생함. ex) 물은 100℃에서 끓음	
	예) 눈이 내리는 원리는 동일하므로 열대 지방에서도 일정한 조건이 갖춰지면 눈이 내림.	

49

★ 개연성 · 축출성 :

(원인) ⟶ (결과)

ex) 가격↑ ─┬─ 수요량↓ = 수요 법칙
            └─ 반드시는 X ⟶ 예외 : 과시 소비 . 사재기
∴ 예외 존재

★ 필연성 · 확실성 :

VS 예외 X ⇒ (원인) ⟶ (결과)

ex) 지진의 원인 ⟶ 지진

⇒ 예외 X ⇒ 예측 용이 인과관계 명확

★ 보편성 & 특수성 공존

ex) 죽음 ⟶ 장례 문화

죽음에 대한 ⚠ ⊕ 슬픔에 대한 예도 방식
   〈 보편성 〉   〈특수성〉

문화마다 다름

⇒ 인간의 사고 능력은 유사

      ↓

ex) 티베트 조장 문화 ← 건조 기후
    인도 겐지스강 수장 문화

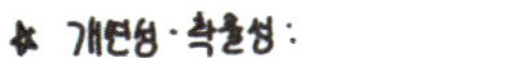
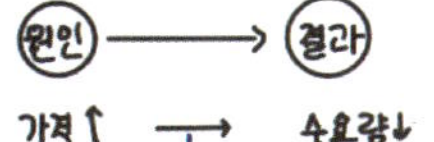

(숲) 거시적 만점 : 사회 구조 (=사회제도) ~ 사회체계

⇒ 법 . 경제 . 정치 . 종교 . 복지 . 교육 . 교통 …

┤ 기능론 : 조화 · 균형 · 연합
│   마르크스
└ 갈등론 : 대립 . 갈등

⇒ 전제조건 : 모든 사람들은 구조된 행동을 함.
   사회규범에 맞는 행동 – 범죄 X

(나무) 미시적 관점 : 쌍청적 상호작용론

⇒ 전제조건 : 사람들은 비구조화된 행동 사회규범 벗어난 행동 – 범죄 O
                                              음주운전

50

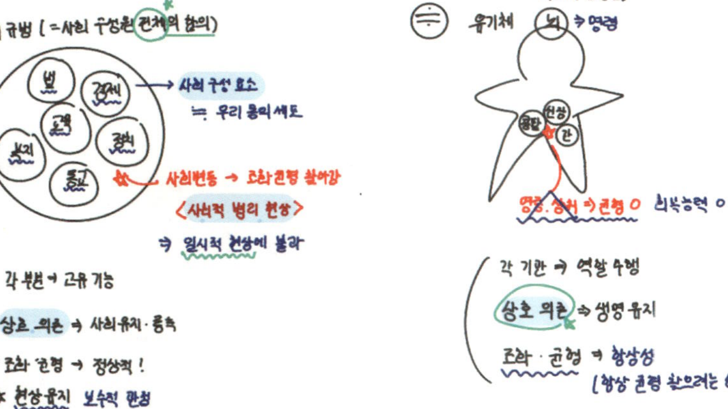

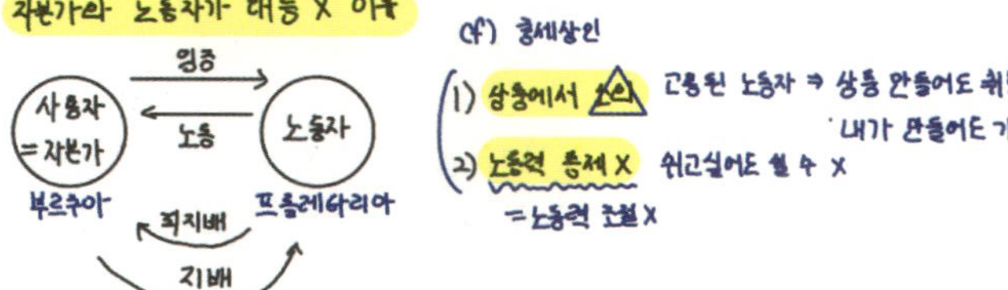

이해를 돕는 간단한 그림을 그려 내용을 시각화하고 보충했다.

개념 구조화, 비판적 이해, 시각적 인지 강화를 통해 한눈에 개념이 연결되어 장기 기억하기 쉽다.

22. 삼차함수 $f(x)$가 다음 조건을 만족시킨다.

> (가) 방정식 $f(x)=0$의 서로 다른 실근의 개수는 2이다.
> (나) 방정식 $f(x-f(x))=0$의 서로 다른 실근의 개수는 3이다.

$f(1)=4$, $f'(1)=1$, $f'(0)>1$일 때, $f(0)=\dfrac{q}{p}$이다. $p+q$의 값을 구하시오. (단, p와 q는 서로소인 자연수이다.) [4점]

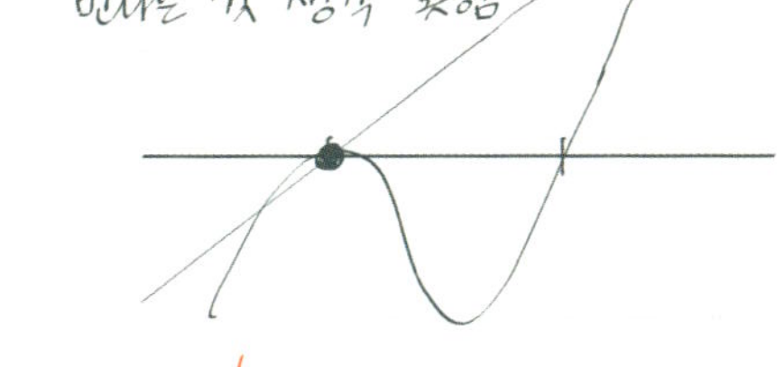

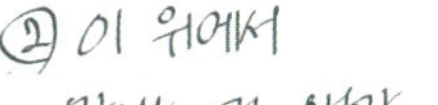

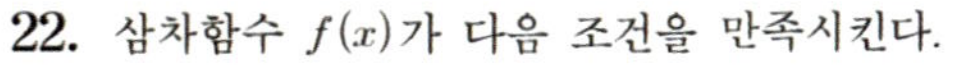

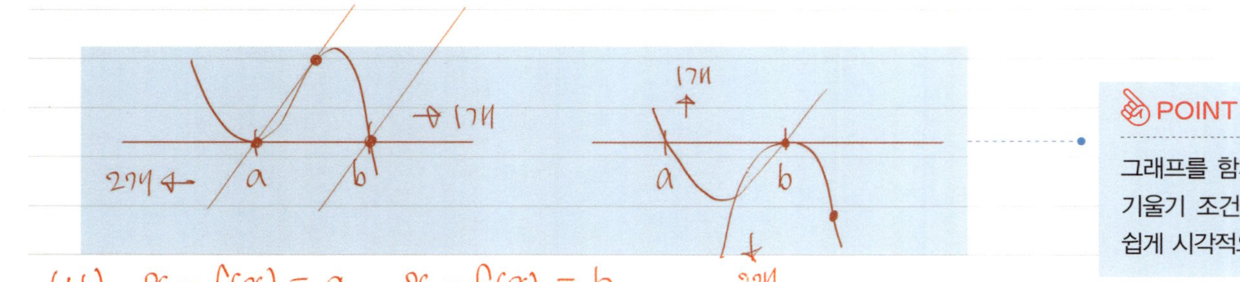

(나) $x - f(x) = a$, $x - f(x) = b$

$\rightarrow f(x) = x - a$ ⎫ 실근 개수 $= 3$
$f(x) = x - b$ ⎭

$(b, 0)$ 지나고 기울기 1 인 직선

$f'(1) = 1$, $f(1) > 0$ 이므로 $y = x + 3$

$(1, 4) \rightarrow a = -3$, $y = x + 3$

$f(x) = k(x-1)^2(x+3) + x + 3$

$f'(x) = 2k(x-1)(x+3) + k(x-1)^2 + 1$

$f'(-3) = 0 \rightarrow k = -\frac{1}{16}$

$f(0) = -\frac{1}{16} \times 3 + 3 = \frac{45}{16}$ ⑥①

53

20. 수열 $\{a_n\}$ 은 $1 < a_1 < 2$ 이고, 모든 자연수 n 에 대하여

$$a_{n+1} = \begin{cases} -2a_n & (a_n < 0) \\ a_n - 2 & (a_n \geq 0) \end{cases}$$

을 만족시킨다. $a_7 = -1$ 일 때, $40 \times a_1$ 의 값을 구하시오. [4점]

$\to a_{n+1} > 0$

$\to a_{n+1} \geq -2$

$a_n = -2 \text{ or } 2$

or

$0 < a_n < 4$

70

$a_1 \quad a_2 \quad a_3 \quad a_4 \quad a_5 \quad a_6 \quad a_7$

$$\frac{7}{4} \to \left(-\frac{1}{4}\right) \to \left(\frac{1}{2}\right) \to \left(-\frac{3}{2}\right) \to \left(3\right) \to -\frac{1}{2} \to 1 \to -1$$

a_1 범위 주어진 경우
$\to$ 매 가능한 범위 구해서
경우 줄이기

8. 모든 실수 x에 대하여

$$f(x) = -2x \int_{k}^{f(1)} f(t)dt + 3f(1)$$

를 만족시키는 일차함수 $f(x)$가 오직 하나가 되도록 하는 모든 상수 k의 값의 곱은? [3점]

① -1 ② $-\dfrac{5}{4}$ ③ $-\dfrac{3}{2}$ ④ $-\dfrac{7}{4}$ ⑤ -2

일차함수 $\to a \neq 0$

a가 해사 $\begin{bmatrix} 0 \text{ 이 한 근} \\ \text{중근} \end{bmatrix}$

$x = 0 \to f(0) = 3f(1)$

$$f(x) = -2ax + 3a$$

$$-2ax + 3a = -2x \int_{k}^{f(1)} f(t)dt + 3a$$

$$\int_{k}^{f(1)} f(t)dt = a$$

$$\left[-ax^2 + 3ax \right]_{k}^{a}$$

$$= -a^3 + 3a^2 + ak^2 - 3ak = a$$

$$a^3 - 3a^2 + (1 + 3k - k^2)a$$

$\ast\; a \neq 0 \quad a^2 - 3a + 1 + 3k - k^2 = 0 \qquad a값 \; 1개 \;\; (a \to f(x) \; 결정)$

$$a \to f(x) = 0, \quad a = 0$$

$$k^2 - 3k - 1 = 0 \qquad \frac{7}{9} = -1$$

수능 수학 행동 영역

1) 파본 검사를 하면서 약한 유형이 어느 번호 대의 문제에 출제되었는지 확인하기

2) 약한 유형이 4점 중반부 이후에 출제되었을 때는 가장 마지막에 풀기

3) 제시된 순서대로 문제를 풀어나가되, 문제의 발상이 1분 이상 떠오르지 않는 경우 해당 문제는 일단 넘어가기

4) 문제의 발문을 정독하면서 제시된 정보를 하나하나 면밀하게 확인하기

   (문제를 제대로 읽지 않아 발생하는 실수를 줄이기 위함)

5) 확률과 통계 주관식 문제는 시간이 남으면 두 가지 방법으로 풀어보면서 도출한 답이 똑같은지 확인하기

   (두 방법으로 도출한 답이 같으면 해당 답이 오답일 가능성은 거의 없다고 볼 수 있음)

6) 낯선 관계식의 수학적 귀납법 유형 문제는 관계식에 일단 수를 넣어보면서 일정한 규칙 찾기

7) 검토는 주관식 3점 → 주관식 4점 → 객관식 3점 → 객관식 4점 순으로 진행하기

8) 100분 내내 최대한 집중을 유지하고자 의식적으로 노력하기

   (모든 과목에서 중요한 것이기는 하나, 수학 과목의 특성상 집중이 흐트러졌을 때 어떠한 형태로든 손해를 볼 확률이 압도적으로 높음)

9) 집중이 흐트러진 경우에는 해당 사실을 명확하게 인지하고 10초 정도의 짧은 휴식을 가진 후 다시 집중하기

10) 삼각형의 넓이를 구할 때는 1/2을 곱해야 한다는 사실을 반드시 기억하기

11) 문제에서 구해야 하는 내용이 무엇인지 명확하게 확인하고, 의미 없는 내용은 굳이 구하려고 하지 않기

12) 'p/q일 때, p+q의 값을 구하라.' 형태의 문제에서는 p/q가 기약분수인지 반드시 확인하기

13) 다항함수에서 최고차항이 주어지지 않았을 때는 최고차항이 음수일 가능성도 반드시 염두에 두기

14) 함수가 주어졌을 때 발문에 '다항함수'라는 표현이 없으면 유리함수, 주기함수, 구간별로 정의된 함수 등 다른 종류의 함수일 수도 있음을 항상 염두에 두기

15) 등차수열의 합을 나타내는 이차식에 상수항이 있으면 등차수열의 첫 항은 무조건 $a_1=S_1$을 활용해서 구하기

16) 부정적분은 미분하고 대입하고 관찰하기

(특히 부정적분에서 위끝과 아래끝이 같아지게 되는 x의 값은 무조건 대입하 보기)

17) 늦어도 시험 종료 10분 전에는 마킹 시작하기

18) 객관식에서 모르는 문제는 답 개수를 확인한 뒤 가장 적게 나온 번호로 찍기

19) 가채점표는 마킹까지 모두 마무리한 후 답안지를 보고 작성하기

20) 가채점표를 작성하고 시간이 남으면 시험지에 적힌 답안과 가채점표에 적힌 답안을 대조해 마킹 실수가 없는 지 확인하기

수능 영어 행동 영역

1) 듣기에서 '마지막 말에 대한 응답으로 가장 적절한 것을 고르시오.' 문제는 듣기 스크립트가 언제든지 끝날 수 있다는 사실을 유념하기

2) 듣기 중간에 18~19번 → 도표, 실용문 → 43~45번 장문 → 주제문 순서로 독해 문제 풀기

3) 듣기에서 '지불할 금액을 고르시오' 문제는 문제에서 제시되는 모든 정보를 시험지에 최대한 기록하기

4) 듣기 16~17번 문제를 풀 때는 음성을 듣는 도중에 17번을 풀고, 다 듣고 난 뒤 16번을 푸는 식으로 한 번에 풀기

5) 21번 '밑줄 친 부분이 다음 글에서 의미하는 바로 가장 적절한 것은?' 문제는 밑줄 친 부분을 빈칸으로 생각하고 빈칸 추론 유형과 같은 방식으로 접근하기

6) 22~24번 '다음 글의 요지, 주제, 제목으로 가장 적절한 것은?' 문제는 모두 같은 방식으로 접근하기

7) 29번 '어법상 틀린 것은?' 문제는 지문 해석을 마무리한 뒤 각 선지의 정오를 판별하기

8) 빈칸 추론 유형은 지문을 바탕으로 빈칸에 들어가야 할 내용을 미리 생각해둔 뒤 해당 내용과 가장 유사한 선지를 답으로 고르기

9) 순서, 삽입 유형은 연결어를 먼저 확인하고, 연결어가 없는 경우 내용을 바탕으로 답 고르기

10) 41~42번 장문 문제는 지문을 읽는 도중에 42번을 풀고, 지문을 다 읽은 뒤 41번 풀기

11) 31~39번 독해 문제는 35번을 제외하고 가장 마지막에 풀기

12) 늦어도 시험 종료 10분 전에는 마킹 시작하기

13) 모르는 문제는 답 개수를 확인한 뒤 가장 적게 나온 번호로 찍기

14) 가채점표는 마킹까지 모두 마무리한 후 답안지를 보고 작성하기

15) 가채점표를 작성하고 시간이 남으면 시험지에 적힌 답안과 가채점표에 적힌 답안을 대조해 마킹
    실수가 없는지 확인하기

POINT

수능 영어 시험에 대해, 듣기와 독해로 나누어 행동 영역을 설정했다. 이처럼 행동 영역을 만들 때는 과목 전체에 포괄적으로 접근하기보다 분야를 잘게 나누는 것이 좋다.

수능 생활과 윤리 행동 영역

1) 문제에서 주어진 제시문을 반드시 끝까지 읽고 해당 제시문이 나타내는 사상가가 누구인지 판단하기

2) 문제에서 물어보는 부분(두 사상가 모두 동의하는 or 동의하지 않는 or 사상가 A는 동의하고 B는 동의하지 않는)이 무엇인지를 확실히 확인하기

3) 2번과 같은 형태의 문제가 나오면 각 선지의 옆에 두 사상가가 각각 동의하는 내용인지, 또는 비동의하는 내용인지의 여부 적기

4) 헷갈리는 선지가 있으면, 해당 선지와 관련된 사상가의 논리 전개 과정을 처음부터 끝까지 복기하면서 힌트가 될 수 있을 부분을 찾기

5) 또한 헷갈리는 선지에 관해서는 문제에서 제시한 제시문에서 힌트를 얻을 수 있음에 유념하기

6) 토론 문제에서는 토론 내용을 읽으며 두 사람이 모두 동의하는 또는 동의하지 않는 부분에 해당하는 선지를 순서대로 지우기

7) 제시문 독해만으로 해결할 수 있는 문제들은 반드시 제시문을 전부 독해한 후 선지 판단으로 넘어가기

8) 벤 다이어그램 형태의 문제는 각 선지를 해당 벤 다이어그램 부분에 넣어보면서, 해당 선지에 대한 사상가들의 동의 여부를 확실하게 확인하기

9) A의 B에 대한 비판 형태의 문제는 비판을 하는 사상가가 해당 내용을 지지하는지, 또 비판을 받는 사상가가 해당 내용을 정말로 간과하고 있는지 모두 확인하기

서울대생의 실전 1등급 공략집

공부 고수들의
비밀 노트 전격 공개

수만휘 공식 멘토 한정윤·오인경 외 11명
저자들의 입시를 위한 15가지 필승 공부법!

체인지업
CHANGEUP

〈서울대생의 실전 1등급 공략집〉 활용 가이드

서울대에 합격한 선배들은 어떤 방식으로 공부했을까요? 개념을 정리하는 노트 필기부터 오답 노트 구성, 시험에 대비하는 전략적인 학습 계획까지, 그들의 실제 공부법이 궁금한 학생들이 많을 것입니다.
이 콘텐츠는 서울대 합격생들이 직접 만들고 활용했던 필기 노트, 오답 노트, 수학 풀이, 스터디 플래너 등을 모은 자료집입니다. 다양한 사례를 참고해 자신에게 맞는 학습 방법을 구체화해보세요. 단순히 '열심히'가 아니라, '전략적으로' 공부한 선배들의 방식에서 공부의 방향을 찾을 수 있을 것입니다.

🔔 공부 자료, 이렇게 활용하자!

개념 선배들의 필기 노트와 오답 노트를 통해 개념을 익히고 정리하는 방식을 살펴볼 수 있습니다. 선배들의 방식을 참고해 개념의 흐름과 핵심 내용을 파악하고, 나아가 개념 간의 연결고리를 찾아 구조화하는 연습을 해보세요.

풀이 선배들의 풀이 노트와 오답 노트를 보며 다양한 공식을 적용해 풀이를 전개하는 과정을 익힐 수 있습니다. 또한 철저한 오답 분석과 정리를 바탕으로 오류를 바로잡는 방법을 확인할 수 있습니다.

전략 선배들이 직접 작성하고 실천한 과목별 공부 전략, 시험 행동 수칙, 스터디 플래너를 참고해 나의 상황과 학습 환경에 알맞은 공부 계획과 전략을 설정할 수 있습니다.

공부의
디테일

공부의 디테일

수만휘 공식 멘토
한정윤·오인경 외 11명 지음

선배들과 함께하는
'공부'라는 레이스

"지금부터 본격적으로 공부를 시작하려고 하는데 어떻게 해야 할까요?"

"내신과 수능 중 어디에 더 비중을 두어야 하나요?"

"탐구 과목은 어떻게 공부해야 하는지 가르쳐 주세요."

수만휘에는 매년 이런 질문이 수도 없이 올라옵니다. 그만큼 '공부하는 방법'을 제대로 알지 못해 헤매는 학생들이 많다는 뜻입니다. 《공부의 디테일》은 입시를 준비하는 학생들의 간절한 물음에 대한 공부 선배들의 진심 어린 조언이자, 해답입니다. 이 책에는 불과 얼마 전까지 입시의 최전선에 서 있던 서울대학교 재학생들의 노력과 시행착오가 고스란히 담겨 있습니다. 좋은 결과를 얻기 위해 기꺼이 쓰러지고 부딪힌 치열한 고민의 흔적이 녹아 있습니다. 그 시간 동안의 시행착오와 고민의 흔적이 모여 공부의 모범 답안과도 같은 15가지 공부법이 되었습니다.

암기, 이해, 적용 세 축 위에 차분하고 진솔하게 풀어낸 15가지 공부법은 수험생 여러분을 목적지까지 안내하는 가장 현실적이고도 정확한 이정표가 되어줄 것입니다. 공부는 '방법'을 아는 사람이 승리하는 레이스입니다. 넘어지고 일어서는 과정을 반복한 끝에 그 방법을 찾고, 마침내 결승점에 도달한 선배들의 발자취를 따라 목표한 곳으로 한 걸음 더 나아가기를 바랍니다.

더불어 공부가 막막하고 버겁게 느껴지는 모든 수험생과 학부모님에게 좋은 길라잡이가 되어줄 이 책을 추천합니다.

입시 사이트
'수만휘' 대표
윤민웅

공부법은 찾는 게 아니라 만드는 것

"공부를 했는데 왜 성적은 그대로일까?"

많은 학생이 한 번쯤은 이런 고민을 해본 적 있을 것입니다. 오랜 시간 책상 앞에 앉아 공을 들였지만 기대했던 것과는 다른 결과를 마주했을 때의 허탈함과 답답함도, 모두 조금씩 앞으로 나아가는데 나만 제자리에 멈춰 있는 것 같은 불안함도 이제는 오랜 친구 같을 거예요. 그런 생각이 들 때면 나의 노력이 부족했던 건 아닐까 자책하기도 하고, 열심히 해도 어차피 안 된다는 잘못된 믿음에 사로잡혀 포기하고 싶은 마음이 들기도 합니다.

모두가 공부를 해야 한다고, 심지어 잘해야 한다고 말하지만 어떻게 해야 하는지는 가르쳐주지 않습니다. 학교에서도 마찬가지입니다. 학교에 가면 우리가 꼭 알아야 할 폭넓은 지식을 배우지만, 그것들을 어떤 순서로 이해하고 암기해야 하며, 문제에는 어떻게 적용해야 하는지는 스스로 찾고 깨달아야 합니다. 그래서 많은 학생이 그저 문제를 많이 풀기만 하면 된다는 생각으로 수박 겉핥기식 공부를 합니다. 더러는 막막함을 느끼고 일찌감치 공부를 포기하기도 하지요.

이 책은 그런 어려움을 겪고 있는 학생들을 위해 만들어졌습니다. 《공부의 디테일》은 노력한 만큼의 결과가 따르지 않아 속상하고, 충분히 공부한 내용인데도 시험에서 마주치기만 하면 틀리는 것이 답답한, 그래서 더 나은 공부법을 찾고 싶은 여러분을 위한 공부 해법서입니다. 여러분과 마찬가지로 공부를 어떻게 해야 할지 몰라 막막하고, 노력해도 성적이 오르기는커녕 떨어지기만 하는 불안한 시간을 지나온 서울대학교 학생들이 직접 경험하고 검증한 15가지 공부법을 한 권에 담았습니다. 암기, 이해, 적용 세 가지 측면에서 활용할 수 있는 공부법을 소개하고, 그것을 실전 학습에 적용한 예시를 설명했습니다. 또한 공부법별로 난이도를 표기해 학습자의 상황에 따라 적용할 수 있도록 했습니다. 다음 난이도를 참고해 자신에게 맞는 공부법을 시도해보기 바랍니다.

난이도 ❶ 글을 한 번 읽고 쉽게 따라 할 수 있는 공부법
난이도 ❷ 글을 꼼꼼히 읽고 숙지하면 따라 할 수 있는 공부법

난이도 ③ 시간을 가지고 반복적으로 따라 하면 익힐 수 있는 공부법

난이도 ④ 학습자의 사고 능력이 뒷받침되어야 하며, 한 달 정도의 반복 연습을 통해 따라 할 수 있는 공부법

난이도 ⑤ 학습자의 사고 능력이 뒷받침되어야 하며, 모두가 따라 할 수 있다고 장담하기는 어려운 공부법

《공부의 디테일》은 하나의 완성된 정답을 제시하지 않습니다. 대신 수많은 시행착오 끝에 터득한 효과적인 공부법을 소개함으로써, 여러분이 스스로에게 가장 잘 맞는 학습 방식을 만들 수 있도록 돕습니다.

공부법은 찾는 게 아니라 만드는 것입니다. 부족한 점을 찾고 그것을 보완할 수 있는 방법을 하나씩 실천하며, 나에게 꼭 알맞은 형태로 다듬어가는 것이죠. 공부는 학문이나 기술을 배우는 일이기도 하지만 자신을 알아가는 여정이기도 합니다. 나는 무엇에 관심이 있고 흥미를 느끼는지, 내가 특히 자신 있는 분야는 무엇인지, 어떤 학습 방식이 나에게 도움이 되는지 등을 파악하고 이해하는 과정에서 여러분의 앞에 놓인 길은 조금씩 단순하고 선명해집니다. 이 책이 그 여정을 함께하는 좋은 동반자가 되어줄 것입니다.

목차

Chapter 1

죽이고 싶은 암기

친구 이름 외우는 것도 '암기'다   14
– 이미 알고 있는 공부법

내가 만든 자료가 곧 '암기'다   34
– 수업 흐름 잡는 공부법

그냥 외우는 것은 '암기'가 아니다   51
– 구조화 공부법

Chapter 1

죽이고 싶은 암기

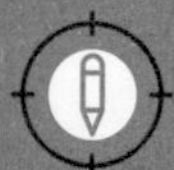

이미 알고 있는 공부법 (서울대학교 전기정보공학부 22학번, 김재경)

수업 흐름 잡는 공부법 (서울대학교 역사학부 23학번, 김보경)

구조화 공부법 (서울대학교 정치외교학부 23학번, 라동건)

친구 이름 외우는 것도 '암기'다
이미 알고 있는 공부법

서울대학교 전기정보공학부 22학번, 김재경

'암기'라는 단어에 좋은 감정을 가지고 있는 사람은 많지 않을 것입니다. 흔히 말하는 '암기 과목'이라고 하면 대부분의 학생은 치를 떨기 마련이고, '암기식 교육'이라는 말 또한 사람들의 입에 오르내릴 때는 으레 부정적 뉘앙스를 가지고 있습니다. 그렇다면 학습에 있어 암기는 지양해야 할 시대에 뒤떨어진 잔여물일 뿐일까요? 물론 그렇지 않다는 것을 잘 알고 계실 거라고 믿습니다.

암기만을 강조하는 교육 방식은 문제가 있습니다. 실제로, 과거와 비교하면 요즘은 단순 암기보다는 배운 내용에 대한 깊이 있는 이해와 적용을 중요하게 여기는 추세입니다. 하지만 저는 그만큼 효율적인 암기법의 중요성이 더욱 커졌다고 생각합니다. 얼마나 빨리 내용을 암기하고, 거기서 절약한 시간을 문제 해결에 투자할 수 있느냐로 시험의 성패가 갈리는 것이지요.

이러한 관점에서, 저는 역사와 같은 암기 과목(단순 암기가 역사를 공부하는 바람직한 방법이 아니라는 것에 저 또한 동의하지만, 대부분의 학생에게 암기 과목으로 받아들여지는 점을 고려했습니다)은 물론, 수학과 같이 적용 및 문제 해결 능력이 비교적 많이 요구되는 비암기 과목(전자와 구별하여 지칭하겠습니다)의 학습까지 고려하여 저만의 암기 방법을 소개하겠습니다.

〈이미 알고 있는 공부법〉이라니, 독특한 제목이라고 생각할 수 있습니다. 이렇게 이름을 지은 이유는 이 공부법의 근원적 원리를 다름 아닌 일상생활 속에서 찾아볼 수 있기 때문입니다. 우리는 평생 얼마나 많은 것을 외우며 살까요? 친구가 다급하게 "번호 몇 개 불러줄 테니 나중에 내가 물어보면 알려줘!"라고 하는 상황부터, 이제는 눈 감고도 찾아갈 수 있을 듯한 집으로 가는 길까지 모두 암기 능력이 필요한 영역입니다.

암기는 비단 공부에만 한정된 것이 아닙니다. 인간은 평생을 외우며 살아갑니다. 그러므로 우리는 모두 각자만의 암기 비법을 가지고 있습니다. 후에 설명하겠지만, 저 또한 무엇인가를 외우기 위해 자주 사용하는 방법이 있습니다. 그리고 확신하건대 대부분의 독자 여러분도 저와 같은 방법으로 많은 것을 외워 왔을 겁니다. 어떤 면에서는 매우 보편적인 방법이기도 하지요.

중요한 것은 우리가 그 방법을 정작 공부에는 잘 적용하지 않는다는 점입니다. 지금부터 설명할 〈이미 알고 있는 공부법〉은 이미 어떤 경지에 오른 우리의 암기 능력을 공부의 영역으로 끌고 온 것입니다.

학창 시절 저는 공부하고자 하는 의지는 컸으나 그에 비해 끈기가 조금 부족한 편이었습니다. 일정 시간 이상 앉아서 공부하다 보면 어느새 질려버리고 딴생각을 하기 마련이었습니다. 그렇다고 공부를 그만할 수는 없는 노릇이었지요. 저는 공부하는 방법을 계속해서 바꾸어보기 시작했습니다. 우리의 삶에서도 이따금 찾아오는 변화가 지루함을 해소해주는 것처럼, 저는 이렇게 공부하는 방법에 변화를 주며 그 시간을 버텨냈습니다. 그 덕에 저는 다양한 공부법을 체험하고, 또 개발할 수 있었습니다.

〈이미 알고 있는 공부법〉은 그렇게 시도한 다양한 암기법 가운데 효과가 가장 뛰어났던 두 가지 방법을 담았습니다. 이 방법은 누구나 쉽게 따라할 수 있습니다. 하나는 비암기 과목에서 필수 공식이나 개념을 외울 때 사용하는 방법이고, 다른 하나는 암기 과목 학습에 사용하는 방법입니다. 두 부류의 과목을 학습하는 데 있어 암기가 차지하는 비중이 다르므로, 그에 맞는 학습법 또한 다르다고 생각해 두 가지를 구분했습니다.

암기는 지루하고 막막하다고 느낄 수 있습니다. 개념과 공식을 열심히 암기한 후에 문제를 풀어보려고 하니 머릿속이 백지가 되어 버린 듯한 느낌이 들거나, 공부가 끝날 때쯤이면 처음에 외웠던 내용은 전혀 기억나지 않는 경험에 대해서는 많은 학생이 공감할 것입니다. 또한 외운 것을 문제 풀이에 적용하려고 할 때 괴리감을 느끼는 경우도 많을 테지요. 저는 앞으로 소개할 두 가지 방법을 통해 이와 같은 불쾌한 경험을 상당 부분 줄일 수 있었습니다. 평소 암기로 인해 많은 스트레스를 받는 학생들에게 좋은 참고 자료가 되기를 바랍니다.

공부 전략 설계도

● 비암기 과목 암기법

비암기 과목의 대표 주자로는 수학을 꼽을 수 있습니다. 여러분은 수학 공부를 어떻게 하나요? 대부분 먼저 기본 개념과 필요한 공식을 외우고, 문제 풀이에 도전할 것입니다.

그런데 개념 학습을 마친 후에 문제를 풀어보면 잘 풀리던가요? 저는 그렇지 않았습니다. 개념서에 나와 있는 간단한 예제들은 곧잘 풀었지만, 조금이라도 어려운 문제가 나오면 머릿속이 하얗게 변하는 느낌이었습니다. 불과 얼마 전에 외운 공식이 순간순간 머릿속에서 지워지고 있는데 그것을 응용하여 문제를 풀려니 너무 막막했습니다. 과학 같은 과목에서도 사정은 크게 다르지 않았습니다. 그러던 어느 날, 저의 암기 방법이 평소 제가 일상 속에서 다른 것들을 외울 때 쓰는 방법과 동떨어져 있을 뿐만 아니라, 문제 풀이에도 큰 도움이 되지 않을지도 모른다는 생각이 들었습니다.

예를 들어, 저는 종이접기를 참 좋아합니다. 마음에 드는 작품이 있다면 접는 법을 외워두었다가 접어보고는 하지요. 그런데 어려운 작품은 그 과정이 너무 복잡해 외우기가 여간 힘든 것이 아닙니다. 이럴 때 저는 우선 설명서와 색종이를 앞에 두고 열심히 '따라서' 접어봅니다. 이해가 안 되는 부분이 있으면 접었다가 펴보기도 하고, 가끔은 실패해서 다시 도전하기도 합니다. 그렇게 엉성한 작품을 하나 만들어내는 것이지요. 설명서를 보며 따라 접기를 여러 번 반복하다 보면, 어느새 설명서 없이도 완성할 수 있게 됩니다. 종이접기뿐만 아니라 악보나 지도를 외울 때도, 우리는 '따라 하기'를 통해 자연스럽게 정보를 머릿속에 저장합니다.

다시 공부 이야기로 돌아와서, 저는 공부에도 같은 방식을 적용해보기로 했습니다. 그래서 생각해낸 것이 암기해야 할 개념을 펴두고 실제 문제를 풀어보는 것이었습니다. 이때 '암기해야 할 개념'은 종이학을 접는 법, 그 내용을 담은 개념서는 종이접기 설명서, 적용과 문제 풀이는 종이를 이용하여 종이학을 접는 행위입니다. 우리의 최종 목표는 개념과 공식을 보지 않고 문제를 푸는 것입니다. 하지만 설명서를 보지 않고 학을 접기 위해 처음에는 설명서를 따라 접어보는 것처럼, 공부를 할 때도 외워야 할 개념과 공식을 담은 개념서를 펴두고 문제에 직접 적용해보며 외우는 것이지요.

외운 개념과 공식을 덮어두고 바로 문제 풀이에 도전하는 것은, 마치 학을 한 번도 접어본 적 없는 사람이 설명서를 열심히 외운 후 저 멀리 치워두고 기억에만 의존해 학을 접는 것과 같습니다. 피아노 연주곡을 외우기 위해 악보를 열심히 들여다본 후 아예 덮어두고 건반을 두드리는 것과 같고, 처음 가는 복잡한 골목길을 출발하기 전에 미리 봐둔 지도에만 의존하여 찾아가려 하는 것과 같습니다. 문제를 푸는 시점에 공부한 모든 내용을 기억하고 있기란 사실상 불가능에 가깝습니다. 그러므로 처음에는 '따라 하기' 단계가 반드시 필요합니다.

그렇다면 어떻게 따라 해야 할까요? 비암기 과목 암기법의 활용 방법을 구체적으로 알아보겠습니다.

1) 개념서와 문제집 준비

개념 학습에 앞서 적당한 난이도의 문제집을 준비합니다. 특히 각 문제가 어떤 개념을 활용하는지 대략 분류해놓은 문제집의 경우, 현재 암기하고자 하는 개념을 활용하는 문제가 무엇인지 알기 쉬워 편리하게 활용할 수 있습니다. 문제집을 선정한 후에는 그중에서 어느 정도 난이도가 있는 문제들을 골라둡니다.

2) 노트에 개념 정리하기

먼저, 공부하고자 하는 부분의 개념을 가볍게 학습합니다. 이 단계에서는 공식이나 주요 명제를 암기하기보다는 해당 파트의 흐름을 파악하고, 암기할 내용을 노트에 정리하는 데 집중합니다. 정리 노트에는 암기하고자 하는 내용을 최대한 보기 편하게 정리해줍니다.

3) 노트를 참고하여 문제 풀기

공부한 파트에 해당하는 문제들을 문제집에서 찾아 풀어봅니다. 이때, 이전 단계에서 작성한 노트를 함께 펴두고, 적극적으로 참고하면 좋습니다. 그렇게 하면 개념이나 공식이 기억나지 않을 걱정은 없으므로, 이 개념을 어떻게 활용할 수 있을지 고민하는 데 집중할 수 있습니다. 정답을 맞히는 데는 연연하지 않아도 됩니다. 문제가 어렵다고 해서 스트레스받을 필요도 없습니다. 이 과정은 문제를 풀어내기 위한 과정이 아니라, 문제 풀이를 통해 개념을 암기하는 과정이기 때문입니다.

정답을 찾기보다는 정리해둔 개념을 다양한 방법으로 적용하는 것에 집중해야 합니다. 이런 방식으로 문제를 풀다 보면, 어느새 노트를 거의 보지 않고 문제를 풀고 있는 자신을 발견하게 될 것입니다. 단순히 공식 자체를 암기한다는 일차원적인 사고를 넘어 해당 공식을 적용하는 방법을 고민하는 과정에서 자연스럽게 공식을 여러 번 되새기고, 기억 속에 자리 잡게 만드는 것입니다.

이 방법을 활용하기 전에는 저도 다른 친구들과 마찬가지로 개념을 공부한 후 간단한 예제 정도만 풀어보고 다음 개념으로 넘어가곤 했습니다. 그러다 보니 막상 문제를 풀게 되었을 때는 머릿속에서 배운 내용이 뒤섞여 개념을 처음부터 다시 공부해야 하는 일도 있었습니다. 하지만 시간이 조금 걸리더라도 개념을 완벽히 이해해 내 것으로 만든 후에는 이러한 문제에서 해방될 수 있었습니다. 더하여, 이 방법은 개념 학습에서 문제 풀이 학습으로의 전환을 물 흐르듯 자연스럽게 만들어줍니다. 공식을 외우기 위해 문제를 풀다 보면 자연스럽게 개념을 보지 않고 문제를 푸는 단계로 넘어가게 되지요. 그렇게 되면 이전에 공식을 외울 때마다 느꼈던 망각에 대한 불안함도 사라집니다.

하지만 이때 강조하고 싶은 점이 있습니다. 이 공부법의 주된 목적은 어디까지나 개념과 공식 암기라는 것입니다. 암기라는 목적을 이루기 위한 단서를 문제 풀이에서 찾은 것일 뿐, 결코 문제 풀이 자체가 목적이 되어서는 안 됩니다. 문제를 풀어 정답을 찾았다 하더라도 정작 암기하고자 했던 내용이 아직 가물가물하다면 계속해서 노트를 보며 다른 문제를 풀어보아야 합니다. 반대로 도무지 해결할 수 없을 것 같은 문제에 가로막혔다 하더라도 문제를 풀기 위해 고민하는 과정에서 암기하고자 하는 내용이 머릿속에 완전히 자리 잡았다면, 그 문제를 해결하기 위해 애쓰지 않아도 괜찮습니다. 그때부터는 노트를 보지 않고 자신의 수준에 맞는 문제를 찾아 본격적인 문제 풀이 학습을 시작하면 됩니다.

● 암기 과목 암기법

시험공부를 하다 보면 '한 번 보고 다 외울 수 있으면 얼마나 좋을까?' 라는 생각을 하곤 합니다. 외우고 또 외워도 자꾸만 잊어버리는 자신이 원망스러울 때도 있지요. 우리의 뇌가 무엇이든 망각하는 습관을 버리지 않는 한, 안타깝게도 암기는 언제나 지루하고 귀찮은 싸움이 될 수밖에 없습니다.

무엇보다 암기 과목은 비암기 과목보다 망각의 훼방에 훨씬 더 취약합니다. 암기해야 할 내용이 비암기 과목과는 비교할 수 없을 정도로 많기 때문입니다. 그만큼 잊어버릴 내용도 많다는 뜻입니다. 처음부터 끝까지 내용을 살펴보는 데만 몇 시간이 소요되고, 그래서 마지막 페이지를 넘길 때쯤이면 초반에 봤던 내용은 거의 기억나지 않습니다. 마음을 다잡고 처음부터 다시 공부를 시작해도 사정은 크게 달라지지 않습니다. 분명 공부한 내용임에도 마치 처음 보는 것 같고, 앞으로 몇 번이나 더 보아야 전체 내용을 암기할 수 있을지 막막한 기분이 듭니다. 아마 대부분 학생이 이런 경험이 있을 거라고 생각합니다.

비암기 과목 학습에서는 설령 망각한 개념이 있더라도 문제 풀이 과정을 통해 쉽게 보완할 수 있습니다. 어떤 개념이든 그것을 이용해 해결해야 하는 문제가 수없이 많고, 중요도에 있어 차등이 거의 없다시피 하므로, 문제를 풀다 보면 자신이 잊어버린 개념이 무엇인지 금방 알아차리게 됩니다.

그에 반해 암기 과목은 암기해야 하는 개념이 너무나도 방대해 문제 풀이만으로는 외운 내용을 확인하는 데 한계가 있습니다. 예를 들면 이런 경우가 있습니다. 철수가 한국사를 공부한 후에 문제집을 풀었습니다. 고려사 부분의 문제는 모두 맞혔지만 조선사 부분에서 오답이 다수 나왔다면, 철수는 '조선사 부분의 학습이 부족하다'고 판단할 수 있습니다. 그러면 철수는 조선사를 다시 한번 공부할 것입니다. 바람직한 방법입니다.

하지만 철수가 풀어본 고려사 문제 중에는 강감찬 장군에 관한 문제가 없었습니다. 철수는 강감찬 장군에 대한 내용을 잊어버린 상태였지만, 문제를 풀지 않았기 때문에 그 사실을 알아차리지 못했습니다. 그런 상태로 시험에서 강감찬 장군에 대한 문제를 만난 철수는 만점을 놓치게 됩니다.

이것이 바로 암기 과목에서 문제 풀이에만 기댈 수 없는 이유입니다. 몇 개의 문제로 개념 전체를 확인할 수 없을뿐더러, 문제 또한 암기한 내용을 단순히 확인하는 수준에 그치기 때문에 암기 과목 암기법에서 이야기한 효과를 누리기에는 한계가 있습니다.

이러한 문제는 지엽적인 내용이 출제되는 시험일수록 중요해집니다. 저의 고등학교 역사 시험에 경부선 개통 연도를 알아야 맞힐 수 있는 문제가 나온 적이 있습니다. 물론 틀렸습니다. 경부선 개통 연도에 대한 문제가 담긴 문제집을 풀어보았다면 맞힐 수도 있었겠지만, 안타깝게도 그러지 못했습니다.

결국 암기 과목 시험을 대비하는 방법은 모든 내용을 완벽하게 암기하는 것뿐입니다. 단순 암기에서 가장 중요한 것은 반복입니다. 외운 내용을 계속해서 상기하여 장기 기억으로 전환하는 것입니다. 그렇기에 우리는 소위 N회독이라 불리는 방법을 즐겨 사용합니다. 책을 처음부터 끝까지 여러 번 공부하는 것입니다. 하지만 앞서 말했듯이 이 방법은 저에게 그다지 효율적이지 않았습니다. 처음부터 끝까지 살펴본 후 다시 앞으로 돌아왔더니 마치 처음 보는 내용인 것 같았지요. 이렇게 되면 반복의 의미가 희미해집니다. 그래서 저는 전체를 잘게 조각으로 나누어 각각의 내용을 반복해 공부하는 방식을 활용했습니다.

우리는 일상생활 속에서 많은 양의 정보를 외워야 할 때 무의식적으로 이와 같은 방식을 활용합니다. 처음부터 어느 정도 외워나가다가 중간에 멈춰서 지금까지 외운 부분을 되풀이해보는 식입니다. 악보를 외울 때 몇 마디씩 끊어 연습하며 외우는 것처럼요. 저는 암기 과목 공부 또한 이렇게 하는 것이 효과적일 거라고 생각했습니다. 한 페이지나 반 페이지 단위로 내용을 나누어 하나하나를 확실하게 외우는 것입니다.

이렇게 하니 처음부터 끝까지 살펴보는 데 많은 시간이 소요되었지만, 한 번으로 거의 모든 내용을 장기 기억으로 전환할 수 있었습니다. 저는 주로 교과서와 노트를 활용하여 학습을 진행했는데, 방법은 다음과 같습니다.

1) 노트에 교과서 1페이지 내용을 정리하며 공부한다.

2) 노트에 교과서 2페이지 내용을 정리하며 공부한다. 그 후, 노트를 보고 1페이지 내용을 복습한다.

3) 노트에 교과서 3페이지 내용을 정리하며 공부한다. 그 후, 노트를 보고 1, 2페이지 내용을 복습한다.

4) 노트에 교과서 4페이지 내용을 정리하며 공부한다. 그 후, 노트를 보지 않고 1페이지 내용을 외워보며 암기 상태를 점검한다. 이어서 노트를 보고 2, 3페이지 내용을 복습한다.

⋮

53) 노트에 교과서 53페이지 내용을 정리하며 공부한다. 그 후, 노트를 보지 않고 50페이지 내용을 외워본다. 이어서 노트를 보고 51, 52페이지 내용을 복습한다.

장기 기억을 만드는 조각 반복 암기법

공부 순서 ➡

1페이지	필기	복습	복습	점검				
2페이지		필기	복습	복습	점검			
3페이지			필기	복습	복습	점검		
4페이지				필기	복습	복습	점검	
5페이지					필기	복습	복습	점검
6페이지						필기	복습	복습
7페이지							필기	복습
8페이지								필기

시간이 오래 걸리는 방법임은 부정할 수 없지만, 이렇게 한 번 공부한 내용은 시험 기간 내내 거의 잊어버리지 않습니다. 시험 전날에 전체 내용을 한 번 훑어보는 정도로 복습하면 충분하죠. 더군다나 교과서 한쪽에 조그맣게 나와 있는 부수적인 내용도 노트에 적어두면 다른 내용과 동일하게 학습하게 되니 걱정할 필요가 없습니다. 시간적인 측면을 생각하더라도 처음에 소요되는 시간이 길 뿐, 완벽한 암기를 위해 소모되는 총 학습 시간을 따져보면 내용 전체를 반복적으로 학습하는 방법보다 훨씬 효율적입니다.

반복의 단위와 횟수는 과목이나 전체 분량에 따라 조절하며 진행하면 됩니다. 하지만 어떤 과목을 공부할 때든 반드시 지켜야 할 것은 바로 노트를 보지 않고 외워보는 과정을 거치는 것입니다. 이 방법은 한 페이지의 내용에 대하여 필기-복습-복습-점검 과정이 이루어지도록 설정되어 있습니다. 1단계에서 암기할 내용을 노트에 필기한 후 2, 3단계에서 노트를 보며 복습하고, 4단계에서 노트를 보지 않고 외워봄으로써 한 번 더 복습할 뿐만 아니라 암기가 잘 되었는지 점검하는 것입니다.

저는 네 단계 중 '점검'을 가장 중요하게 생각합니다. 점검 단계를 통해 나에게 맞는 반복 단위와 횟수를 효과적으로 수정할 수 있기 때문입니다. 가령 위의 방법에 따라 필기를 하고 두 번의 복습을 마친 뒤 암기한 내용을 점검했을 때 아직 미흡한 부분이 있다면, 이후 내용부터는 한 번에 학습하는 양을 한 페이지에서 반 페이지로 줄이거나, 반복 횟수를 늘리는 것(예: 필기-복습-복습-복습-점검)을 고려해볼 수 있겠지요.

지금부터는 이해를 돕기 위해 실제로 〈이미 알고 있는 공부법〉을 학습에 적용한 예를 보여 드리겠습니다.

실전 적용 연습

● 비암기 과목 개념 암기하기

앞에서 이야기한 것과 같이 수학과 과학은 대표적인 비암기 과목입니다. 하지만 문제를 해결하기 위해서는 바탕이 되는 개념과 공식을 반드시 익히고 숙지해야 합니다.

수학 개념·공식 암기하기

중학 수학에 등장하는 '도형의 닮음' 단원은 유독 암기해야 할 공식이나 성질이 많은 단원 중 하나입니다. 문제를 풀기 위해서는 각 도형의 성질과 닮음을 판단하는 기준을 알아야 합니다. 저는 이 단원의 내용 중 암기해야 하는 개념을 보기 쉽게 노트에 정리했습니다. 다음은 정리 노트의 한 페이지입니다.

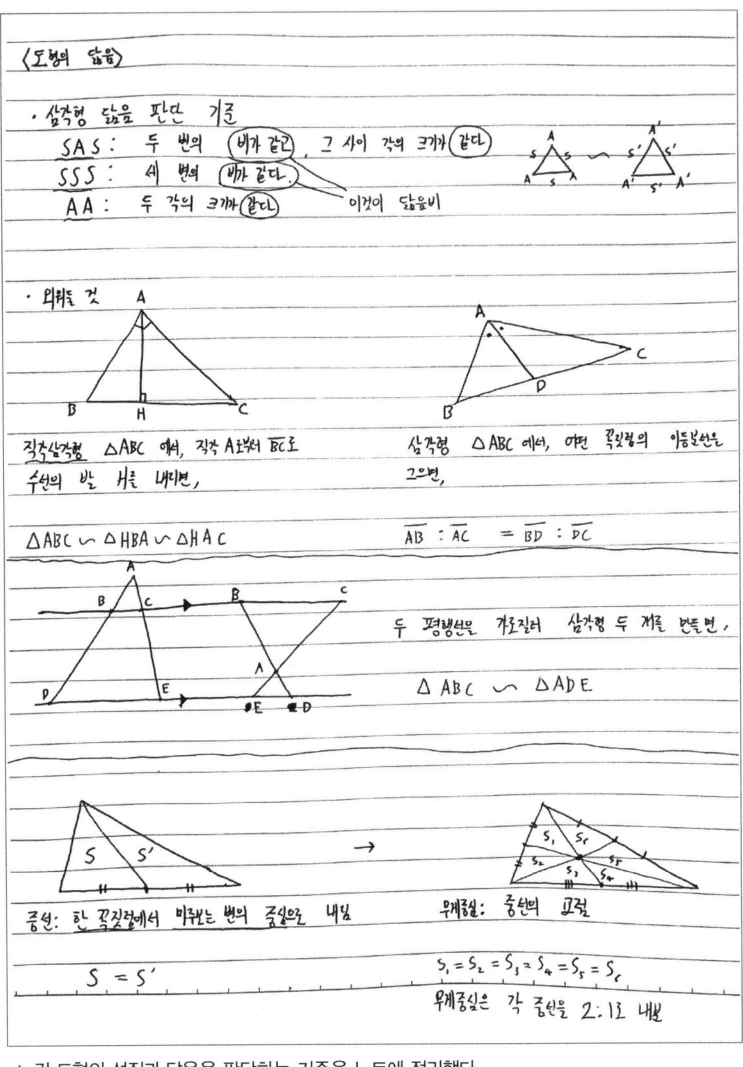

▲ 각 도형의 성질과 닮음을 판단하는 기준을 노트에 정리했다.

화학 반응식 암기하기

실전에서 화학 반응식을 올바르게 작성하기 위해서는 우선 반응식에 대한 정확한 이해와 작성 과정에 대한 암기가 필요합니다. 다음은 그 과정을 암기하기 위해 제가 작성한 노트입니다.

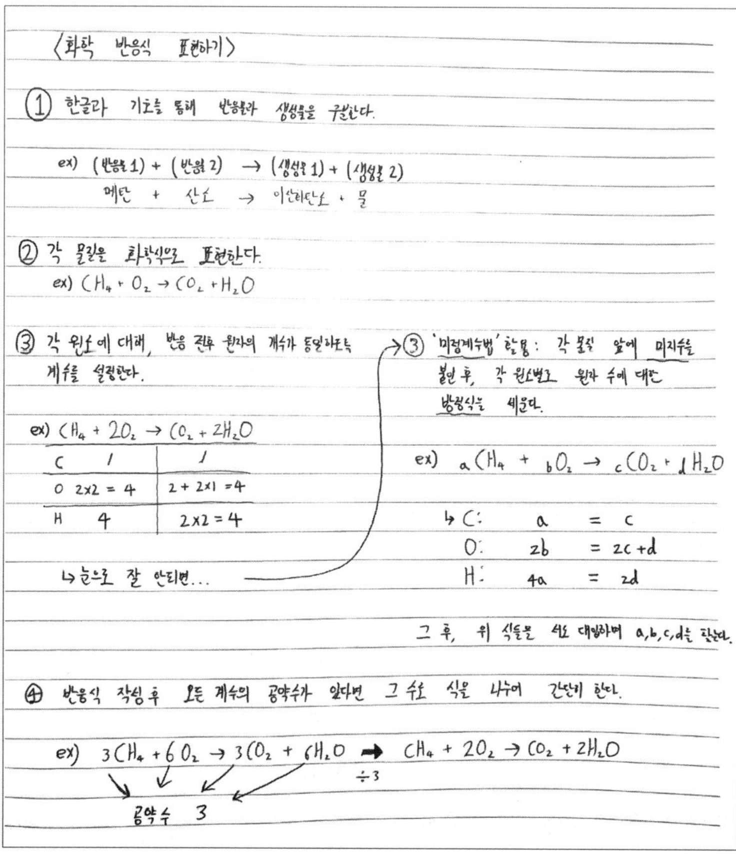

▲ 화학 반응식을 정리한 노트를 보며 문제를 풀어나간다.

해당 단원을 공부해본 학생이라면 알아봤겠지만, 앞의 노트에는 단원의 모든 내용이 들어 있지 않습니다. 노트를 작성한 목적이 어디까지나 정리된 내용을 암기하는 데 있었기 때문입니다. 저의 경우 정의와 같은 기본적인 개념들은 학습 초기 단계에서 충분히 이해할 수 있었기 때문에 굳이 정리 노트에 적어 가면서까지 암기할 필요는 없었습니다. '반응식 작성 과정' 하나만을 정리해둔 것을 통해 이것을 암기하는 게 목적이었다는 걸 알 수 있지요.

저는 이렇게 제작한 정리 노트를 참고하며 문제를 풀어나갔습니다. 닮음의 경우 제시된 문제와 정리한 공식을 비교하며 어떤 공식을 활용해야 할지 고민했고, 반응식은 노트를 참고해 수차례 따라 작성했습니다. 그러자 얼마 지나지 않아 노트를 보지 않고도 어려움 없이 문제에 접근할 수 있게 되었습니다.

● 암기 과목 조각 반복 암기하기

다음 그림은 제가 수능을 준비하는 과정에서 암기를 위해 작성한 노트의 일부입니다. 내용은 고등학교 수준이라 다소 난이도가 있지만, 학습 방법을 이해하는 데는 무리가 없을 듯하여 가져왔습니다. 박스로 구분한 것이 한 단위인데, 보다시피 한 단위의 내용이 그리 많지 않은 것을 알 수 있습니다. 학습 방법은 앞서 설명한 것과 같습니다.

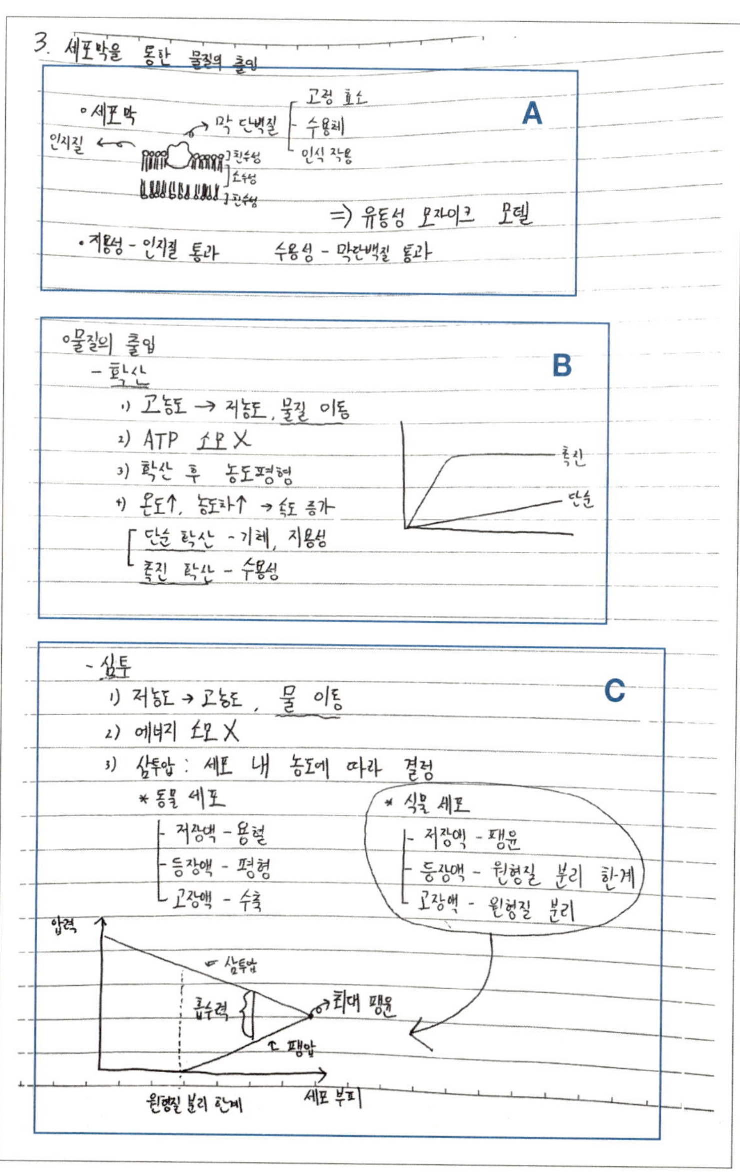

▲ 〈생명과학II〉의 전체 내용을 조각 반복 암기법으로 확실하게 외워나갔다.

D

- 능동 수송
  1) 저농도 → 고농도, 물질 이동
  2) 에너지 소모 O
  3) 막단백질 이용
  4) 이동 후 농도차 발생

- 세포내 섭취/ 세포외 배출
  1) 세포막 변형, 표면적 변화
  2) ATP 소모 O

4. 효소

E

- 활성화 에너지를 낮춤
  ↳ 반응에 필요한 에너지, 반응의 종류, 효소의 유무에 의해 변화

○ 효소의 구성

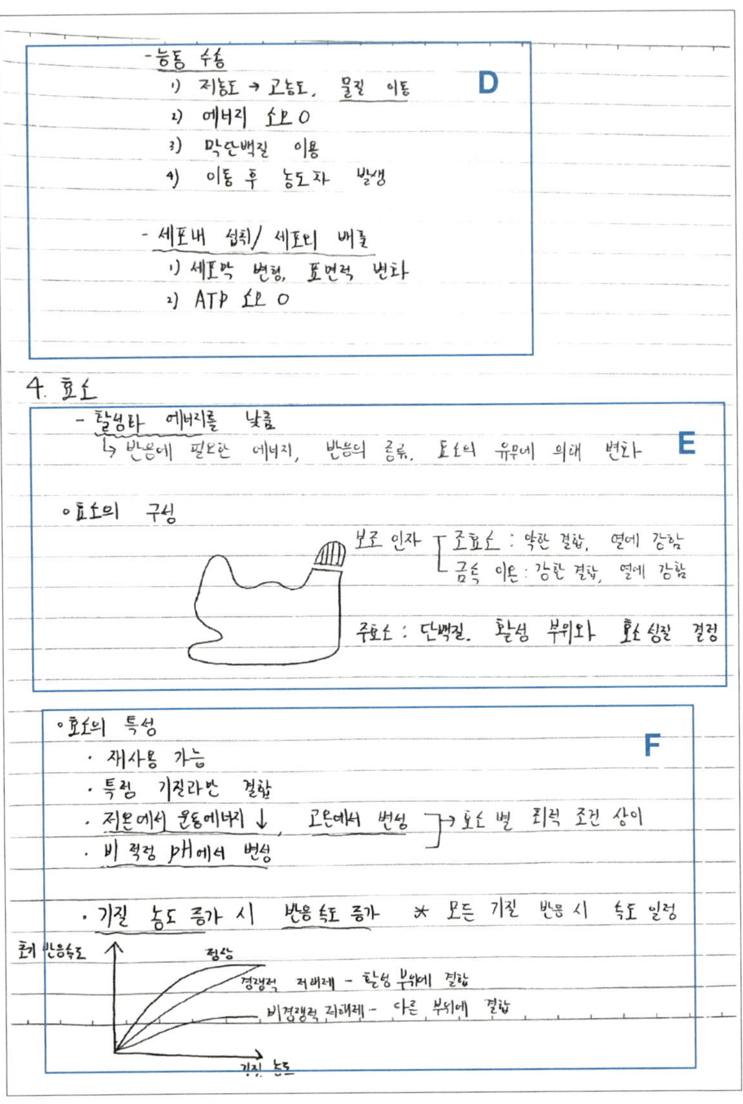

F

○ 효소의 특성
· 재사용 가능
· 특정 기질과만 결합
· 저온에서 운동에너지 ↓, 고온에서 변성 ┐→ 효소 별 최적 조건 상이
· 비 적정 pH에서 변성

· 기질 농도 증가 시 반응 속도 증가 ＊ 모든 기질 반응 시 속도 일정

▲ 실제로는 훨씬 많은 조각과 반복이 필요하다.

1) A 작성

2) B 작성 / A 복습

3) C 작성 / A, B 복습

4) D 작성 / A 가리고 외워보기 / B, C 복습

5) E 작성 / B 가리고 외워보기 / C, D 복습

6) F 작성 / C 가리고 외워보기 / D, E 복습

7) 계속

이런 방식으로 저는 〈생명과학II〉의 전체 내용을 처음부터 끝까지 암기했습니다. 그림의 조각 A~F는 전체 내용에서 극히 일부에 불과합니다. 실제로는 수십 개 이상의 조각이 필요했습니다. 단순히 과학 과목이라는 이유로 문제 활용 방법을 사용하기에는 내용이 너무 방대했고, 지엽적인 개념도 다수 존재했기에 느리지만 확실한 방법을 선택했습니다.

내가 만든 자료가
곧 '암기'다
수업 흐름 잡는 공부법

서울대학교 역사학부 23학번, 김보경

　문과 학생은 늘 사회과와 역사과 교과목에서 어마어마한 암기량을 마주합니다. 저 또한 그랬습니다. 처음에는 암기가 필요한 내용을 통째로 외워보기도 하고, 앞 글자 따기 등의 방법을 활용해 외워보기도 했지만, 그 어떤 방법을 써도 암기하고 나서 다시 보지 않으면 금방 잊어버리기 일쑤였습니다. 무엇보다 암기하기까지 너무 많은 시간이 소요되어 비효율적이라는 생각이 들었습니다. 시간을 들여 암기한 내용을 왜 자꾸 잊어버리는지 고민해 보니, 암기할 내용을 조직화하거나 체계화하지 않고 개별적으로 머리에 넣은 탓이었습니다. 기억해야 할 양이 너무 많은데 외운 후에도 머릿속에서 잘 정돈이 되지 않았습니다.

문제의 원인을 파악하고 나니 제일 먼저 암기해야 할 내용을 정돈해야겠다는 생각이 들었습니다. 효율적인 방법을 탐색하던 저는 수업의 흐름에 따라 내용을 유기적으로 암기해야겠다는 생각에 이르렀습니다.

수업 내용을 외우다 보면, 암기가 필요하다고 판단되는 부분들만 집중적으로 외우는 경우가 종종 있습니다. 하지만 이런 식으로 암기를 하다가 시험 때 내가 중요하게 생각하지 않은 부분에서 난이도가 높은 문제나 세부 사항에 대한 정확한 암기가 필요한 문제가 출제되면 전혀 대처할 수 없을 것입니다.

〈수업 흐름 잡는 공부법〉은 수업의 흐름을 먼저 잡고, 세부적인 내용을 그것에 맞게 채워 넣으면서 수업 내용의 전반을 다루기 때문에 스스로 중요하다고 판단한 내용만 선택적으로 암기하는 것을 방지해줍니다. 또한 많은 암기량을 효율적으로 조직화해 쉽게 암기할 수 있게 도와줍니다. '맹목적으로 암기하면 안 된다', '구조화해야 한다', '체계화해야 한다'라는 이야기에 대한 해답이 되는 셈이지요.

〈수업 흐름 잡는 공부법〉은 1단계 수업의 흐름 파악하기, 2단계 수업 내용 구조화하기, 3단계 흐름 안에 세부 내용 채워 넣기로 총 세 단계로 진행됩니다. 이 과정에 따라 수업의 흐름에 맞게 체계적으로 내용을 정리해본다면 빠짐없이 수업 내용이 암기가 되는 경험을 해볼 수 있을 것입니다.

● 1단계: 수업의 흐름 파악하기

〈수업 흐름 잡는 공부법〉은 수업의 흐름을 파악하는 것에서부터 시작합니다. 선생님께서 수업을 하러 교실에 들어오실 때, 수업 시작을 알리는 종이 울리자마자 곧바로 진도를 나가시지는 않습니다. 모든 수업은 학습 목표가 있으며 도입과 전개, 정리로 이루어져 있습니다. 그러므로 첫 번째 단계인 '수업의 흐름 파악하기'에서는 이 수업의 학습 목표가 무엇인지, 도입과 전개, 정리 부분에서 각각 어떤 내용을 다루는지 확인하는 과정을 거쳐야 합니다.

수업의 흐름을 파악하는 데 있어 그 방향성을 잡아주는 역할을 하는 것이 바로 학습 목표입니다. 학습 목표는 해당 차시의 수업에서 학생들이 필수적으로 알고 넘어가야 할 것을 안내하는 역할을 합니다. 학습 목표는 대개 수업의 도입 부분에서 소개됩니다. 기본적으로 교과서에 제시되어 있으며, 경우에 따라 선생님께서 구체적인 별도의 학습 목표를 알려주실 수도 있습니다.

이외에도 수업의 도입에서는 지난 차시 수업 내용에 대한 간단한 정리와 확인, 학습 동기 및 흥미 유발 등이 이루어집니다. 한편, 정리 부분에서는 학습 내용 정리, 다음 차시 예고 등이 이루어집니다.

도입

중학교 〈역사2〉 과목의 수업을 예시로 들어보겠습니다. '고조선과 여러 나라의 형성' 단원 중 고조선 이후 여러 나라들이 성장하는 부분을 학습했다고 가정해봅시다. 흐름 파악하기 단계에서 도입 부분의 흐름을 파악해보려 합니다. 그렇다면 먼저 교과서에 제시된 학습 목표를 확인해야 합니다. 학습 목표가 제시되는 방법은 교과서마다 약간씩 차이가 있습니다. 핵심 질문의 형태로 제시되기도 하고, '이 단원을 배우면' 등의 제목을 달고 제시되는 경우도 있습니다.

해당 부분의 학습 목표가 '철기 문화를 바탕으로 성립한 여러 나라의 생활 모습과 특징을 말할 수 있다'라고 한다면, 해당 차시의 수업에서 배워야 할 내용은 ① 철기 문화를 바탕으로 성립한 나라는 어느 곳인지, ② 그 나라의 생활 모습은 어떠한지, ③ 그 나라의 특징은 어떠한지임을 파악할 수 있습니다. 이후 선생님께서 흥미를 유발하기 위해 어떤 말씀을 하셨는지, 그것이 어떤 요지를 가진 말이었는지를 떠올려보면 도입 부분의 흐름 파악이 마무리됩니다.

전개

전개 부분은 해당 차시에서 학습해야 할 실질적인 내용이 제시되는 부분입니다. 도입과 정리에 비해 훨씬 더 많은 내용을 다루고 있기는 하나, 맥락 없이 단순나열식으로 제시되는 것은 아니기 때문에 논리와 구조를 파악할 수 있습니다. 물론 이 논리와 구조는 수업마다 다를 수 있습니다. 선생님마다 수업을 전개하는 방식이 다르기 때문이지요. 그래서 수업을 진행하시는 선생님에 맞게 수업 흐름을 파악하면 됩니다.

전개 부분의 흐름을 파악하는 단계에서 중요한 것은 선생님 설명의 흐름을 따라가며 각 정보가 유기적으로 연결된 논리적인 설명이 될 수 있게끔 정리하는 것입니다. 논리와 구조 없이 앞 글자 따기 등의 방식을 통해 내용을 암기하다 보면, 맥락과 흐름이 없어 외운 내용을 금방 잊어버리기 쉽습니다.

'논리와 구조'라고 하면 거창한 느낌이 들 수 있습니다. 그러나 그렇게 어렵고 대단한 작업을 하는 것은 아닙니다. 다시 예를 들어보겠습니다. 마찬가지로 중학교 〈역사2〉 과목의 예시입니다. '고조선과 여러 나라의 형성' 단원 중, 고조선 이후 여러 나라가 성장하는 부분을 학습했다고 생각해봅시다. 이 부분에서 신경 써서 암기해야 할 부분은 부여와 고구려가 몇 월에 어떤 제천 행사를 열었는지 같은 각 나라의 세세한 특징들일 것입니다. 그러나 〈수업 흐름 잡는 공부법〉에서는 그러한 세세한 특징부터 맹목적으로 암기하지 않습니다. 선생님께서 수업이 시작되자마자 각 국가의 세세한 특징부터 다짜고짜 설명하지 않는 것처럼 말이지요. 수업의 내용은 개별적인 정보의 나열이 아닙니다. 각 내용이 유기적으로 연결되어 있습니다. 역사 과목을 예시로 들어 그 연결성이 더 잘 드러나기는 하지만, 모든 사회과 교과목에 동일하게 나타나는 특징입니다. 고조선 이후에 형성된 나라의 성장 배경에는 '철기의 보급'이라는 사건이 있습니다. 그리고 각 국가의 특징은 서로 연결되어 논리적으로 이해할 수 있습니다.

정리

그렇다면 저는 다음과 같이 전반적인 흐름을 파악할 것입니다.

'지난 시간에 배운 고조선은 청동기 문화를 기반으로 세워졌지만 이후 철기가 보급되었어. 철은 청동에 비해 장점이 많다고 했어. 그러니까 당연히 청동의 쓰임이 줄어들고 철기의 시대가 열린 거지. 철로 농기구와 무기를 만들었는데 철제 농기구는 농업 생산력을 높여 인구가 증가에 영향을 미쳤고, 철제 무기는 정복 전쟁에 활용되어 국가가 만들어지는 데 기여했어. 이런 배경에서 생겨난 국가가 부여, 고구려, 옥저, 동예, 삼한이야. 선생님께서 먼저 부여의 특징을 설명하고, 그 이후에 고구려, 옥저, 동예, 삼한을 차례로 설명해주셨지. 부여, 고구려, 옥저, 동예, 삼한은 같은 층위에 존재하는 개념이고, 이 개념 아래에 존재하는 세부적인 내용까지 파악하면 학습 목표를 다 성취할 수 있겠어. 이들은 비슷한 시기에 형성된 집단이므로 서로 통하는 부분도 있지만, 위치한 지역이 달랐기 때문에 다른 부분도 있을 거야. 부여는 넓은 평야 지역에 위치했다고 해. 그러니 농경과 목축이 발달하는 게 당연하겠지? 다만 이때도 왕권이 그다지 강하지 않았다고 했으니, 여러 집단이 연합하여 왕을 선출하고, 왕 외에도 독자적인 통치 영역이 있었던 거구나.'

이와 같은 '수업의 흐름 파악하기' 단계를 실행할 때 유의할 점이 있습니다.

첫째, 수업 시간에 활용한 자료를 살펴보며 수업의 흐름을 파악합니다. 45분 혹은 50분 분량의 수업을 처음부터 끝까지 아무런 도움 없이 다시 떠올리는 것은 불가능한 일입니다. 그러니 교과서와 학습지 등 수업 시간에 활용한 자료를 다시 한번 살펴보며 수업의 흐름을 파악해야 합니다. 이는 수업 내용을 복습하는 데도 큰 도움이 됩니다. 수업 내용 복습 차원에서는 수업 자료를 꼼꼼하게 읽어보는 것이 가장 바람직한 방법이겠으나, 시간적 여유가 충분하지 않다면 대략 훑어봐도 좋습니다. 이렇게 수업 이후에 자료를 다시 확인하는 것만으로도 수업 내용을 이해하고 암기하는 데 큰 도움이 될 것입니다.

둘째, 도입과 정리 부분이 없을 때는 바로 전개 부분의 흐름을 파악하면 됩니다. 수업 시간에 다루어야 할 내용이 많은 경우 도입과 정리를 생략하고 바로 전개 부분으로 들어가기도 합니다. 이런 경우에는 흐름을 파악할 도입과 정리 부분이 존재하지 않으므로 학습 목표를 확인한 후 바로 전개 부분의 흐름을 파악합니다.

● 2단계: 수업 내용 구조화하기

앞선 단계를 통해 수업의 흐름을 살펴보았다면, 이제 그것을 자신의 언어로 정리해 구체화해야 합니다. '수업의 흐름 파악하기'에 능숙해진다면 두 단계를 하나로 합쳐서 진행할 수 있습니다. 그러면 시간이 단축되어 보다 효율적으로 공부할 수 있습니다.

'수업 내용 구조화하기' 단계에서는 거시적인 관점에서 수업의 흐름을 정리하는 것이 중요합니다. 이전 단계에서 떠올린 모든 내용을 전부 정리하는 게 아니라, 큰 흐름을 나의 언어로 정리하는 것입니다. 또한, 수업 내용의 논리적인 이해와 암기를 위해 도입과 정리 부분이 필요한 것이 아니라면, 그 부분은 생략할 수도 있습니다. 수업 내용 중 암기가 필요한 부분을 중점적으로 정리하면 됩니다. 이 단계부터는 손으로 필기하며 정리하는 것을 추천합니다.

다시 중학교 〈역사2〉 과목의 내용을 예로 들어 설명하겠습니다. 이전 단계에서 파악한 것을 바탕으로 다음과 같이 정리해볼 수 있을 것입니다.

'수업 내용 구조화하기'가 어렵게 느껴진다면, 컴퓨터의 파일을 정리하는 방법을 떠올려보세요. '고대'라는 상위 파일 안에 '고대국가 형성'이라는 하위 파일이 존재합니다. 그 파일을 누르면 '부여', '고구려', '옥저', '동예', '삼한'이라는 파일이 있습니다. 부여의 정치와 제천 행사에 대한 내용을 알고 싶다면 '부여' 파일을 또 한 번 눌러보아야 할 테지요.

이 단계에서는 각국이 어디에 위치했는지, 정치 분야에서 특기할 만한 사항이 무엇이 있는지, 문화는 어떠했는지, 제천 행사의 이름은 무엇이고 언제 진행했는지와 같은 세부적인 내용은 정리하지 않습니다. 이 내

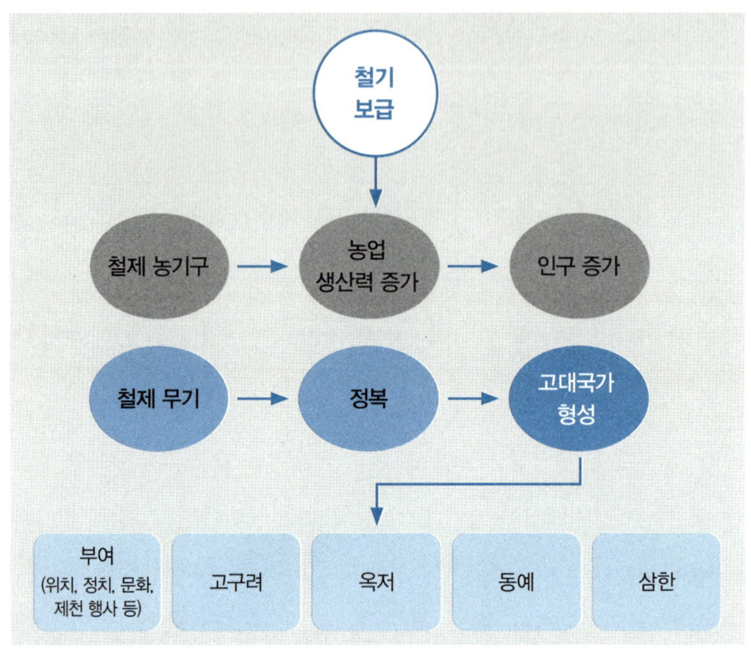

용은 다음 단계인 '흐름 안에 세부 내용 채워 넣기' 단계에서 정리할 것입니다. 이번 단계에서는 부여에 대한 설명에 어떤 카테고리가 있는지 그 구조만 정리하면 됩니다. 이 카테고리는 고구려, 옥저, 동예, 삼한에도 동일하게 적용되므로, 그림에는 부여에 대해서만 적어두었습니다.

한편 철기 보급과 관련된 내용은 고대국가 형성의 배경이 되므로 고대국가를 정리하기 앞서 간단히 정리해주었습니다. 특정한 카테고리로 분류되지 않는 내용이기도 하고, 내용이 많지 않기 때문에 이 단계에서 세부적으로 정리해주었습니다.

마지막으로, '수업 내용 구조화하기' 단계를 실행하며 유의해야 할 사항입니다. 이 단계는 수업이 끝나고 얼마 지나지 않았을 때 시행해야 합니다. 시간이 흐를수록 수업의 내용은 점점 잊히기 때문입니다. 저 같은 경우에는 '당일 수업 당일 복습' 원칙을 세우고 매일 그날 들은 수업의 흐름을 정리했습니다. 학원 일정을 비롯한 여러 사정 때문에 매일매일 당일의 수업을 복습하는 것이 어려울 수도 있습니다. 그렇다고 해도 최대한 이른 시일 안에 수업의 흐름 파악을 마무리하는 것이 좋습니다. 시간이 흘러 수업 내용이 많이 잊혔을 때는 오히려 더 많은 시간이 들어 비효율적일 수 있기 때문입니다.

● 3단계: 흐름 안에 세부 내용 채워 넣기

이제는 흐름 안에 세부적인 내용을 채워 넣을 차례입니다. 이 단계에서는 암기의 대상이 되는 구체적인 사실들이 수업의 흐름 안에 들어오게 됩니다. 앞서 정리해둔 내용에 추가적으로 살을 붙이는 식으로 자료를 만들어나가면 됩니다.

저는 위치, 정치, 사회 등의 분류를 만들어 각 국가의 세부적 특징을 정리해보았습니다. 소제목처럼 분류를 해두면 각 항목을 빠뜨리지 않고 암기하는 데 도움이 되기 때문입니다. 학습 내용에 따라 세부 내용을 채워 넣을 때 잘 정돈되지 않는 경우도 있을 것입니다. 이런 경우에는 앞서 정리한 구조에 맞추어 세부 내용을 나열하는 정도에서 그쳐도 좋습니다.

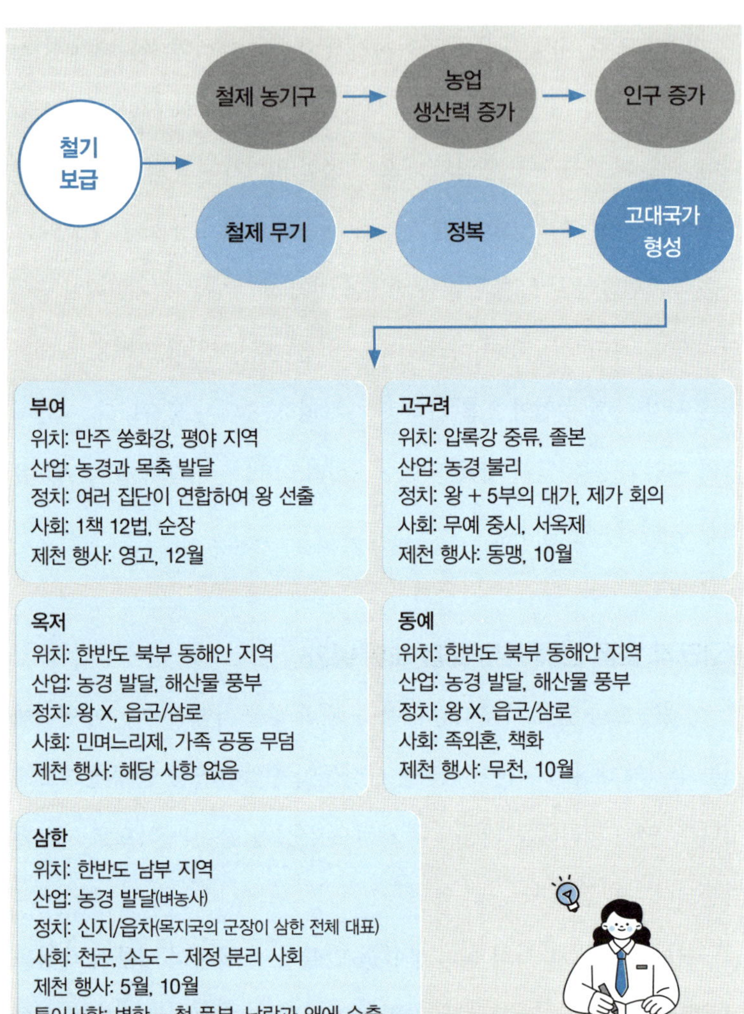

▲ 학습 자료에 세부 내용을 채워 넣어 한눈에 알아보기 쉽게 정리했다.

세부 내용을 채워 넣을 때는 교과서나 학습지 등 수업 시간에 활용한 학습 자료를 봐야 합니다. 〈수업 흐름 잡는 공부법〉은 암기를 잘했는지를 확인하는 방법이 아니라 암기를 잘하기 위한 방법이기 때문입니다. 학습 자료를 펼쳐두고 확인하면서 배운 내용을 구조에 맞게 배치하면 됩니다.

〈수업 흐름 잡는 공부법〉의 공부 자료를 만들 때 정해진 형식이 있는 것은 아니기 때문에 최종적인 공부 자료는 다양한 형식으로 만들 수 있습니다. 지금 공부법을 설명하며 예시로 든 것처럼 한눈에 알아보기 쉽게 표로 정리할 수도 있고, 별다른 형식 없이 나열할 수도 있습니다. 실전 적용 연습에 제시되는 사례처럼 마인드맵 형식으로 만들 수도 있습니다. 내용을 가장 잘 담을 수 있는 형식을 취해 세부 내용을 채우며 자신에게 맞는 공부 자료를 만들면 됩니다.

실전 적용 연습

다음 자료는 고등학교 1학년 윤리와 사상 과목을 공부하며 만든 것입니다. 이 자료는 완성된 최종 결과물이기 때문에 이것만 봐서는 〈수업 흐름 잡는 공부법〉의 적용 방식을 알아보기 어려울 수 있습니다. 이해를 돕기 위해, 자료를 만들기까지의 과정을 설명해보겠습니다. 수업을 통해 윤리 사상과 사회 사상의 정의 및 중요성 등을 학습한 후 동양 윤리, 한국

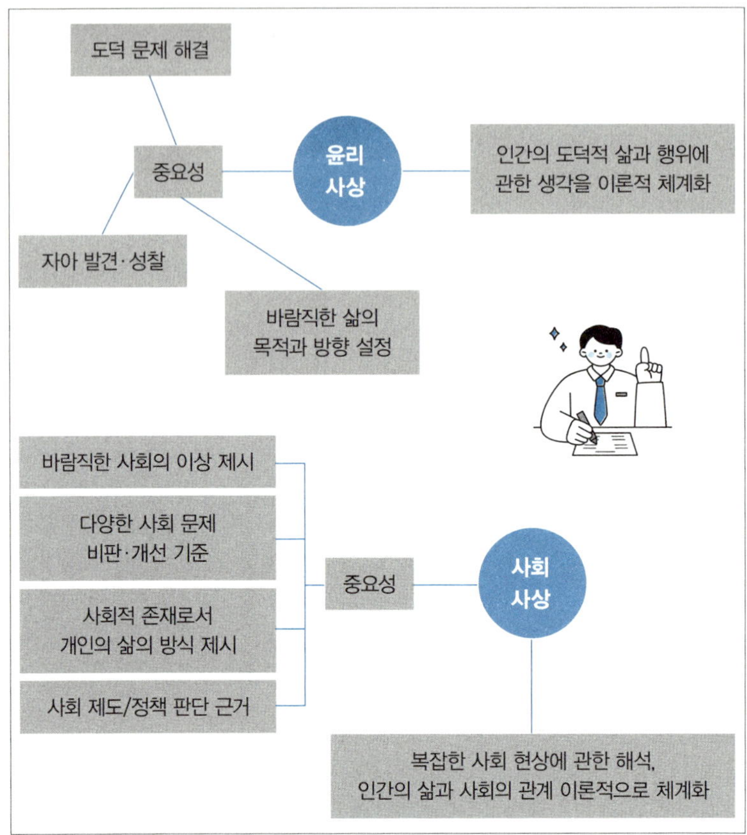

▲ 〈수업 흐름 잡는 공부법〉을 통해 윤리 사상과 사회 사상을 정리했다.

윤리, 서양 윤리로 분류해 수업의 흐름을 파악했습니다. 수업 구조를 정리하는 단계에서는 마인드맵 형식을 활용했습니다. 가운데 윤리 사상, 사회 사상, 동양 윤리 사상을 배치하고 가지를 쳐서 하위 개념을 정리했습니다. 이후 하위 개념 아래로 가지를 추가하여 흐름 안에 세부 내용을 채

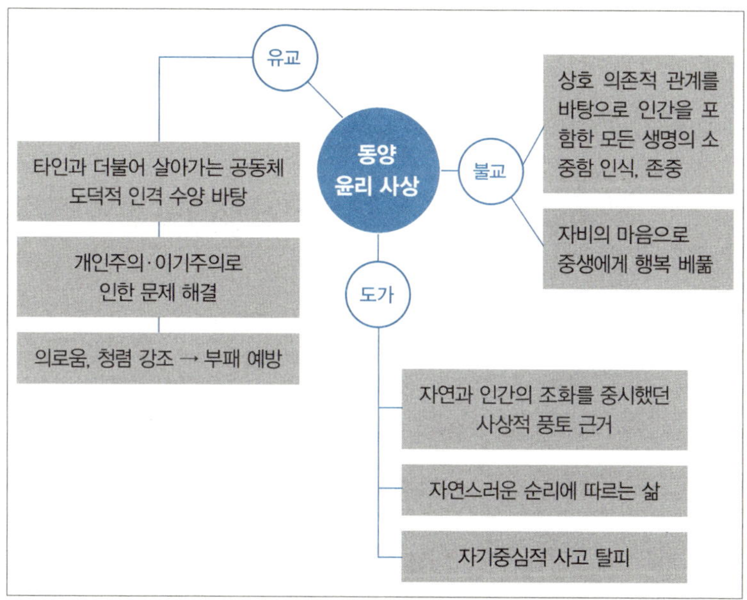

▲ 〈수업 흐름 잡는 공부법〉을 통해 동양 윤리 사상의 종류와 특징을 정리했다.

워 넣는 것으로 마무리했습니다. 자료에는 없지만, 한국 윤리 사상과 서양 윤리 사상도 동일한 방식으로 정리했습니다.

아래 그림은 한국사 과목을 공부하며 만든 자료입니다. 역사 과목은 시간의 흐름대로 수업이 진행되는 경우가 많고, 각 사건에 대한 내용 설명 역시 시간순으로 되어 있기 때문에 〈수업 흐름 잡는 공부법〉을 활용하기 좋습니다.

이를테면, 동학 농민 운동이라는 키워드 아래 교조 신원 운동, 고부

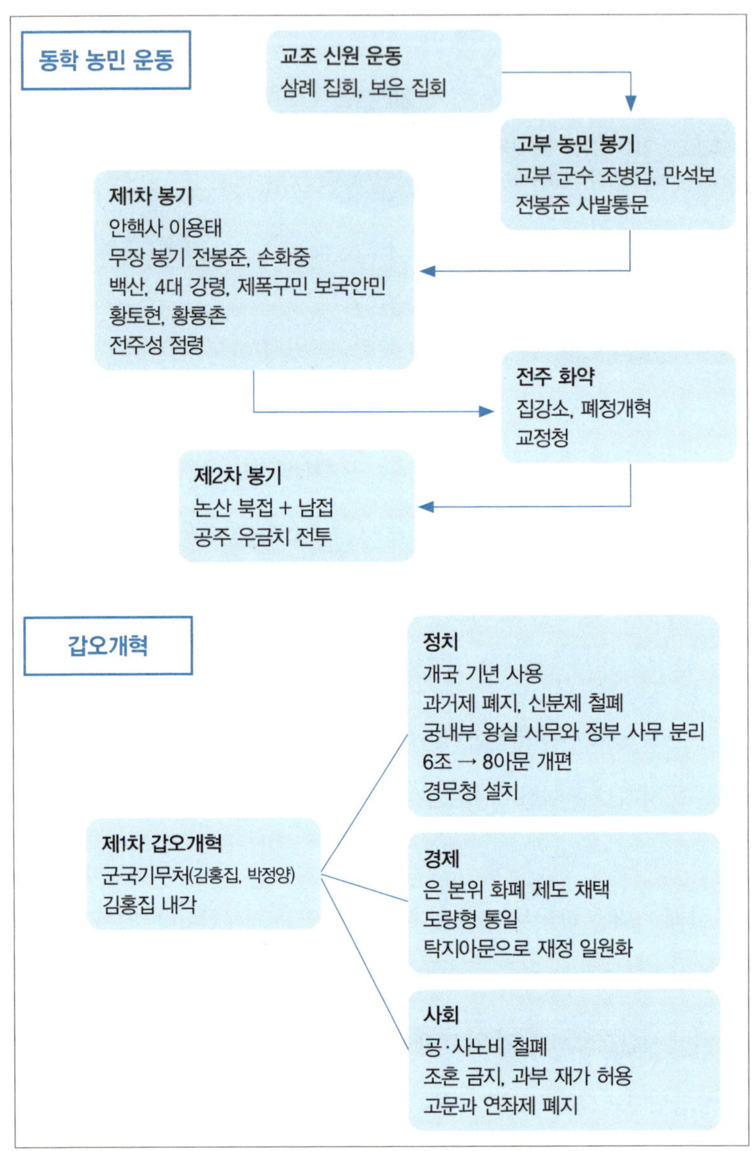

▲ 같은 방식으로 한국사 과목의 동학 농민 운동과 갑오개혁의 특징을 정리했다.

농민 봉기, 제1차 봉기, 전주 화약, 제2차 봉기와 같은 구조를 만드는 것입니다. 그런 다음 세부 내용을 채워 넣으며 수업 내용을 정리하고 암기했습니다. 동학 농민 운동의 경우 이미 잘 알고 있는 내용이었기 때문에 세부 내용도 백산, 4대 강령, 북접 + 남접과 같이 매우 간결한 키워드로만 정리했습니다. 그러나 갑오개혁의 경우 헷갈리는 내용이 많고 충분히 숙지하지 못했기 때문에 정치, 경제, 사회 등으로 세부 카테고리를 나누어 보다 치밀하게 내용을 정리했습니다.

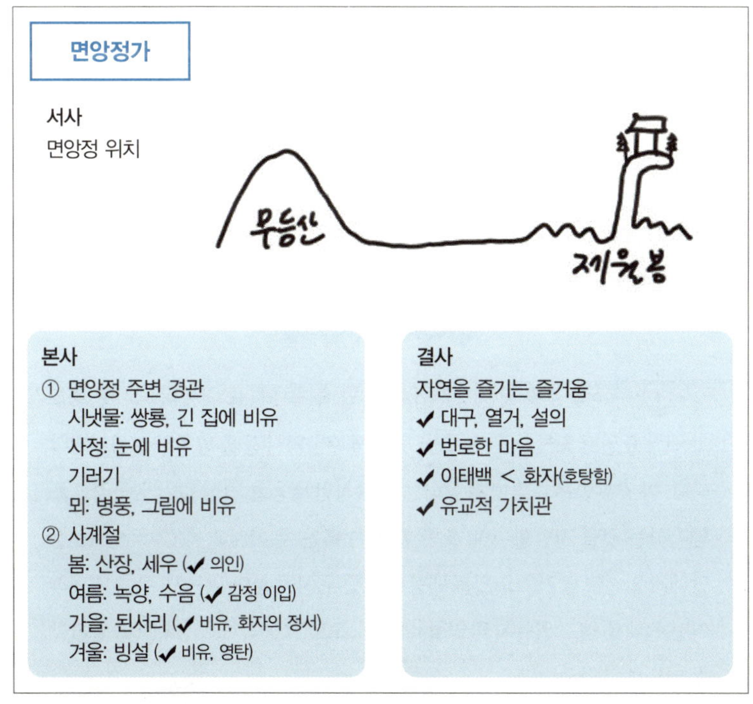

▲ 「면앙정가」의 내용을 '서사–본사–결사' 순서로 정리했다.

위 그림은 국어 과목 내신을 준비하며 만든 자료로, 고전시가 「면앙정
가」의 내용을 정리한 것입니다. '서사-본사-결사' 순서대로 읽어 내려가기
때문에 정리할 때도 그 순서를 따라 구조를 잡았습니다. 또한, 본사를 두
부분으로 나누어볼 수 있다는 선생님의 설명에 따라 본사를 한 번 더 구
분해 각각 '면앙정 주변 경관'과 '사계절'로 정리했습니다. 그 밑에 선생님께
서 중요하다고 짚으신 부분에 대하여 세부적인 내용을 적었습니다.

REVIEW

〈수업 흐름 잡는 공부법〉은 수업 속에서 학습 내용이 제시된 흐름
과 맥락을 먼저 포착한 후, 그 흐름 안에서 수업의 내용을 암기하는 공부법입
니다. 이 공부법은 수업에 등장하는 세부적인 내용을 맥락 없이 맹목적으로
암기하는 것을 지양합니다. 또한 한 차시 혹은 두 차시의 수업이라는 큰 틀
안에서 자신이 암기하고 있는 내용이 어떤 위치에 놓여 있는지, 다른 내용과
어떤 관계를 맺고 있는지 파악할 수 있어, 보다 효율적이고 정확하게 암기할
수 있도록 도와줍니다.

그냥 외우는 것은 '암기'가 아니다

구조화 공부법

난이도

서울대학교 정치외교학부 23학번, 라동건

'N회독 공부법'이라는 이름을 한 번쯤 들어본 적 있을 것입니다. 정해진 범위 안의 내용을 최대한 많이, 반복하여 보고 암기하는 공부법입니다. 당연히 한 번 보는 것보다는 여러 번 점검하고 확인했을 때 내용에 익숙해질 수 있겠지만, 무작정 많이 보기만 하는 것은 오히려 공부에 독이 될 수 있습니다. '여러 번 보았다'는 사실에만 경도되어 내실 있는 암기가 이루어지지 않았음에도 암기가 잘 되었다고 스스로 착각할 수 있기 때문입니다. 또한 고등학교에 가고 대학교에 가면 부족한 시간 속에서 암기해야 하는 양은 점점 많아지기에, 앞으로의 공부에 있어 횟수를 무작정 늘리는 것은 어찌 보면 불가능에 가깝습니다. 이것이 바로 효율적인 암기

습관이 필요한 이유입니다.

학창 시절을 돌이켜보면, 제가 중학생일 때는 학습할 내용이 그다지 많지 않고 시간적으로도 여유로웠기에 내용을 통째로 암기하는 것을 선호했습니다. 저는 암기가 필요한 내용을 종이에 반복적으로 적고는 했습니다. 잘 외워지지 않는 것은 될 때까지 적었습니다. 손이 아프고 손가락에 굳은살이 박이는 걸 자랑스럽게 여겼습니다. 열심히 공부한 시간을 증명하는 증표처럼 느껴졌으니까요. 하지만 고등학교에 진학하자 공부해야 하는 양은 이전과 비교도 할 수 없을 만큼 늘어났고, 더 이상 기존의 방법으로는 버틸 수 없게 되었습니다. 좀 더 효율적인 암기 방법을 찾아야 했습니다. 그래서 저는 다양한 방법을 시도하며 암기를 했고, 그 과정에서 〈구조화 공부법〉을 발견했습니다.

제가 소개할 〈구조화 공부법〉은 N회독을 효율적으로 하는 방법과 맞닿아 있습니다. N회독을 할 때 명심해야 할 점은, 우리는 N회독 그 자체가 아니라 그것을 통한 탄탄한 암기를 목표로 해야 한다는 것입니다. 탄탄한 암기가 이루어지게끔 하기 위해서는 외워야 할 내용을 구조화하며 머릿속에 저장하기 쉬운 형태로 바꾸는 작업이 필요합니다. 이때 구조화는 일종의 네트워크와 마찬가지로, 학습 내용을 명확한 틀이나 체계로 만드는 것을 의미합니다. 암기할 내용을 나열해두고 외우는 대신 내용과 내용을 관계 지어 저장하는 것입니다. 예를 들어 수학 공식을 암기할 때 무작정 외우는 것이 아니라, 그 공식이 유도되는 과정을 이해하고 다양한 문제에 적용하는 연습을 하는 것이지요.

이렇게 암기할 때 구조화를 활용하면 암기한 내용을 실제 상황에 적용하는 능력도 기를 수 있습니다. 문제를 푸는 데 필요한 지식의 전후 맥락을 이해할 수 있기 때문입니다. 고등학교와 대학교에 가면 암기한 내용을 활용하는 능력이 더욱 중요해집니다. 수능 시험도 마찬가지지요. 중학교까지는 대부분의 시험이 암기만 잘하면 좋은 성적을 받을 수 있는 구조였지만, 고등학교 내신과 수능은 그렇지 않습니다. 수능에서는 외운 내용을 잊지 않고 잘 기억하는 것만으로는 좋은 결과를 얻을 수 없습니다. 문제 해결 능력, 다시 말해 암기한 내용을 맥락에 맞게 활용할 수 있는지가 중요해지기 때문입니다. 다음 예시를 통해 구조화된 학습법의 필요성에 대해 조금 더 구체적으로 이야기해보겠습니다.

다음 그림은 제가 응시했던 2023학년도 수능 사회탐구 영역 한국지리 과목 문항 중 오답률이 가장 높았던 문제입니다. 이 문제에는 경지율, 농가수 및 작물 재배 면적 비율, 채소 및 과수 재배 면적 비율과 같은 데이터를 시각화한 그래프가 활용되었습니다. 그렇다면 이 문제는 모든 시도의 경지율과 같은 세세한 수치를 다 알아야만 풀 수 있는 문제일까요? 그렇지 않습니다. 더욱이 이 문제는 교과서에 나오는 내용을 그대로 복기만 한다고 해서 풀 수 있는 문제가 아닙니다. 암기한 내용을 바탕으로 한

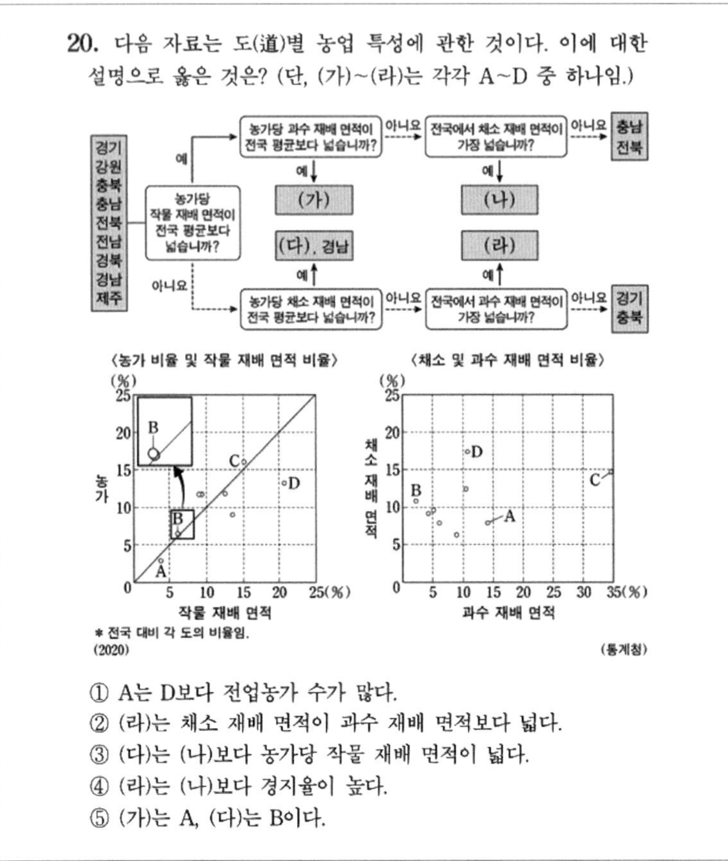

▲ 2023학년도 수능 사회탐구 영역 한국지리 20번 문제

새로운 자료나 그래프가 주어졌을 때, 그것을 분석하고 암기한 내용과 연결 지어 추론하는 능력이 필요합니다. 이것이 앞으로 여러분에게 필요한 암기의 핵심이자, 공부를 하는 데 있어 도달해야 할 궁극적인 목표입니다.

〈구조화 공부법〉을 활용하기에 앞서 여러분이 명심해야 할 점은 단순히 교과서나 학습지의 활자를 그대로 외우는 것은 효과적인 학습 방법이 아니라는 것입니다. 활자가 내포하는 내용의 의미를 곱씹으며 그 정보를 어떻게 연결하고 활용할 수 있을지 생각해야 합니다. 암기한 내용의 인과관계를 떠올리며, 해당 내용이 어떻게 다른 문제와 자료에 적용될 수 있는지 고민하는 훈련이 필요하지요. 이 과정에서 외운 내용을 나열하는 것을 넘어서, 적용 및 활용 방식을 고민하며 암기하는 것이 향후 더 큰 성과를 이끌어 낼 수 있습니다.

공부 전략 설계도

암기해야 할 내용을 구조화하는 방법은 개인마다 다를 테지만, 저는 거시적 구조화와 미시적 구조화 두 단계로 나누어 학습했습니다. 거시적 구조화는 공부해야 하는 범위의 전반적인 틀을 설정하며 맥락을 이해하는 과정이고, 미시적 구조화는 범위 내의 개별적인 내용을 세세하게 암기하는 과정입니다.

● 거시적 구조화하기

우리가 학교에서 배우는 교육과정에는 모두 중요한 의미가 있고, 대단원 안에 포함된 중단원과 소단원, 그리고 학습 목표가 설정된 순서에도 깊은 의미가 담겨 있습니다. 이 의미를 파악하는 것이 바로 거시적 구조화입니다.

거시적 구조화는 학습 내용을 전체적으로 조망하는 과정입니다. 이 과정은 단순히 암기할 내용을 지식의 나열을 통해 이해하는 것이 아니라, 범위와 주요 개념을 하나의 커다란 그림으로 그려보는 작업입니다. 이 작업을 통해 공부해야 할 내용이 어떤 흐름으로 이어지는지, 그리고 각각의 개념이 어떻게 연결되는지를 전반적으로 이해할 수 있습니다.

저는 본격적인 공부를 시작하기 전에 가볍게 1회독을 하며, 암기해야 할 내용을 대략적으로 파악하면서 거시적 구조화를 진행했습니다. 우리가 암기해야 할 지식에는 그 교과의 학습 목표를 달성하기 위해 필요한 단서가 반드시 있습니다. 그래서 저는 항상 전체적인 학습 목표나 학습할 내용의 흐름을 파악한 후, 큰 맥락 속에서 이 내용이 왜 필요한지, 왜 암기해야 하는지 깊이 생각했습니다. 이 과정은 내용의 중요성을 이해하고 학습 방향을 설정하는 중요한 단계입니다.

거듭 이야기하지만, '거시적 구조화하기' 단계에서는 학습해야 할 내용의 전체 흐름을 파악하고, 각 부분이 어떻게 연결되는지를 이해하는 것이 중요합니다. 단원 내에 큰 카테고리가 있음을 알고, 그 안에 세부적인 단원들이 어떻게 구성되어 있는지 파악하는 것이지요. 개념이 속한 범주를 확인하여 해당 내용이 전체 맥락 안에서 어떤 역할을 하는지를 이해해야 합니다. 이러한 큰 틀을 먼저 파악해두면 나중에 세부적인 내용을 공부할 때 훨씬 더 유리합니다.

뻔한 이야기를 한다고 생각하는 분도 있을 수 있습니다. 암기 과목에 흥미를 가지고 있고, 학습 감각이 뛰어난 분이라면 이제까지 제가 이야기한 내용을 매우 자연스럽고 당연하게 체득하고 받아들였을 테지요. 하지만 제가 거시적 구조화를 이토록 강조하는 이유는, 나와 잘 맞지 않는 암기 과목을 공부할 때 매우 큰 효과를 발휘하기 때문입니다.

가령 세계지리 과목의 목차를 살펴볼 때, 저처럼 지리 과목을 좋아하는 사람이라면 먼저 자연환경(2단원)과 인문 환경(3단원)을 구성하는 다양한 요소를 배우고, 이를 바탕으로 4단원에서 7단원에 걸쳐 세계의 다양

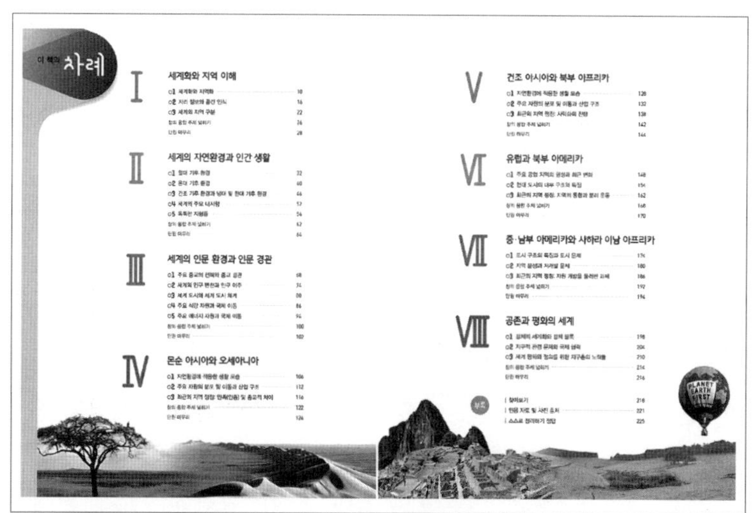

▲ 비상교육(최병천) 고등학교 〈세계지리〉(2015 개정 교육과정) 목차

한 문화권의 생활 양상을 학습하는 과정을 자연스럽게 떠올릴 것입니다. 머릿속에 학습의 로드맵이 저절로 그려지는 것이죠. 반면 지리를 좋아하지 않거나, 지리에 대한 관심과 흥미가 부족한 사람이라면 수업에서 배우는 내용을 파편적으로 받아들이고, 그것을 모두 암기해야 한다는 생각에 사로잡혀 곤란해할지도 모릅니다.

앞서 이야기했듯, 거시적 구조화는 자신에게 맞지 않는 과목을 공부할 때 큰 위력을 발휘합니다. 학습하려는 부분의 전반적인 구조를 이해할 수 있는 효과적인 방법이기 때문입니다. 또한 거시적 구조화는 학습의 목표를 설정하고 동기 부여를 하는 데도 도움이 됩니다. 시험 범위 안에서 무엇을 배우는지, 각 단원은 어떻게 연결되어 있는지를 파악하며 공부하면 현재 내가 공부하는 부분이 나의 전체 학습 계획 중 어디에 해당하는지 그 위치를 명확하게 알 수 있습니다. 이렇게 큰 그림을 그려 가며 학습할 수 있게끔 돕는 '거시적 구조화하기' 단계는 여러분의 공부를 더 체계적이고 전략적인 형태로 탈바꿈시켜 줄 것입니다.

비단 암기뿐만이 아니더라도, '내가 무엇을 배우고 있고, 왜 배우고 있는가?'라는 질문을 하는 것은 매우 중요합니다. 많은 학생들이 학교에서 진행되는 평가는 수업 시간에 다룬 범위 안에서 이루어진다는 사실을 간과하고 있습니다. 그렇기 때문에 평가를 준비하기에 앞서 이 개념을 배운 이유를 상기하는 것이 좋습니다.

이를테면 창의력을 요구하는 중학교 수학 문제를 풀 때 무리하게 고등학교 선행 과정을 적용하여 해결하는 경우를 심심찮게 볼 수 있습니다. 단기적으로 문제를 해결하는 데는 도움이 될 수 있지만, 장기적으로 보았을 때는 결코 좋은 행동이 아닙니다. 모든 시험은 주어진 교육과정 안에서 문제를 어떻게 해결할 것인지를 살펴보는 과정입니다. 시험 문제는 학교에서 배운 개념을 변형하여 출제되지요. 때문에 우리에게 필요한 것은 과도한 선행이 아니라, 학습한 개념을 활용하기 위해 제시된 조건을 어떻게 바라보는 것이 유리할지 고민하는 훈련입니다.

● 미시적 구조화하기

미시적 구조화는 '거시적 구조화하기' 단계에서 설정한 암기 범위와 맥락을 바탕으로 개별적인 내용을 구체적으로 암기하는 과정입니다. 시험공부의 핵심이자 암기의 꽃인 셈이지요. 거시적 구조화가 큰 틀을 잡고 암기해야 할 내용을 전체적인 흐름 속에서 이해하는 과정이라면, 미시적 구조화는 그 틀 안에서 세부 요소들을 구체적으로 정리하고 기억하는 과정입니다. 이러한 미시적 구조화는 N회독의 구체적인 방법론의 일환이기도 합니다.

저는 미시적 구조화를 통해 학습 내용을 반복하며 암기의 완성도를 높였고, 처음부터 끝까지 살펴보는 횟수를 점차 줄이면서도 높은 학습 효과를 낼 수 있었습니다.

미시적 구조화에서 중요한 점은 크게 두 가지로, 중심과 세부를 분류하는 작업과, 중심과 중심 간의 논리적 연결고리를 구조화하는 작업입니다.

먼저 중심과 세부를 분류하는 작업에 대해 설명하겠습니다. 거시적 구조화를 통해 큰 흐름과 맥락을 파악했더라도 결국 암기를 하는 과정에서는 순수한 암기력이 필요할 때가 있습니다. 슬프지만 인정할 수밖에 없는 현실입니다. 단적인 예로 역사 과목을 떠올려볼 수 있습니다. 어떤 사건의 인물, 단체명, 사건을 나타내는 고유명사를 생각해봅시다. 의열단과 한국독립군이 어떤 업적을 남겼는지 외울 때는 맥락을 떠올리며 암기할 수 있겠지만, 두 단체를 비롯한 수많은 단체의 이름은 맥락과 무관한 경우가 많습니다. 물론 이러한 요소들도 어원이나 배경지식을 함께 공부하면 더 쉽게 암기할 수 있지만, 일정 부분은 순수한 암기가 요구되지요.

그래서 '미시적 구조화하기' 단계를 통해 학습 내용을 중심과 세부로 나누는 것이 중요합니다. 예를 들어, 세계사 과목의 특정 사건을 공부할 때, 해당 사건이 발생한 배경과 주요 흐름은 중심 내용으로, 관련 단체명이나 인물 목록, 구체적인 연도 등은 세부 내용으로 분류할 수 있습니다. 이렇게 분류하여 중심 흐름을 먼저 확실하게 익혀두면, 교과서 구석진 곳에 자리한 세부 내용도 꼼꼼하게, 효율적으로 암기할 수 있습니다.

많은 학생들이 1회독, 2회독 단계에서부터 세부적인 요소까지 모두 암기하려 하는 실수를 범합니다. 저 또한 중학생 때까지는 암기에 익숙하지 않았던 터라 처음부터 세부 내용에 집착했습니다. 그러나 초반부터 시험 범위에 있는 모든 고유명사를 완벽하게 암기하려고 하면 오히려 전체적인 맥락을 혼동하게 됩니다. 중심 내용이 자리 잡히지 않은 상태에서 세부 내용에 집착하면 머릿속에서 정보가 체계적으로 정리되지 않아, 힘들게 외운 내용이 빠르게 휘발될 수 있지요.

그러니 학습 초반에는 중심 내용을 구조화하고, 세부 사항은 N회독을 거치면서 점진적으로 보강하는 것이 좋습니다. 저는 2회독 때 중심 내용을 분류하여 빈 종이에 정리한 후, 이 구조를 완전히 체화하는 방식으로 공부했습니다. 이후 암기를 거듭하면서 세부 내용이나 선생님의 필기를 겹겹이 보충하며 완성도를 높였습니다. 커다란 뼈대에 조금씩 살을 붙이는 느낌으로 말이지요. 초반에는 세부 사항을 눈에 익혀 개념을 익숙하게 만드는 것으로 충분합니다.

이때 구조화를 하는 구체적인 방식은 각자의 학습 스타일에 맞게 선택하는 것이 좋습니다. 저는 중심 개념만 종이에 기록하고 나머지는 머릿속에서 윤곽을 잡는 방식을 활용했습니다. 그리고 항상 일관된 방법을 유지하지도 않았습니다. 공부할 때마다 조금씩 다른 방법을 사용해보기도 했지요. 표나 마인드맵을 활용하여 개념을 도식화하기도 했습니다. 이렇게 시각 자료로 정리하면 중심과 세부의 관계를 한눈에 파악할 수 있고, 학습 내용을 보다 체계적으로 정리하는 데 큰 도움이 됩니다. 일정한 형식에 따라 내용을 깔끔하게 정리하는 것에 매달리지 말고 자신만의 구축 방식을 찾기를 권합니다.

중심과 세부를 분리했다면 다음은 중심과 중심 간의 연결고리를 찾을 차례입니다. 이것은 암기해야 하는 내용을 유기적으로 연결된 하나의 네트워크로 만드는 과정입니다. 쉽게 말해 학습 내용을 하나의 독립적인 정보로 간주하는 것이 아니라, 각각의 개념과 사건이 어떤 관계를 맺고 있으며, 어떻게 서로 영향을 주고받는지를 파악하는 것입니다. 모든 학문은 논리적인 인과 관계로 연결되어 있습니다. 즉, 구조화가 가능하다는 뜻입니다. 구조화한 내용은 암기하기가 훨씬 수월합니다. 앞에서 이야기한 바와 같이 어느 순간에는 순수 암기력이 필요한 때가 옵니다. 하지만 사전에 이러한 구조화 작업을 해두었다면 크게 걱정할 필요 없습니다. 연결고리를 활용해 단순 암기의 영역을 최소화했기 때문에 부담을 줄일 수 있습니다.

이렇게 큰 흐름 속에서 중심 개념을 연결하면 단편적인 지식이 아니라 하나의 유기적인 이야기로써 내용을 이해할 수 있습니다. 이렇듯 단순 암기에서 벗어나 개념 간의 관계를 이해하는 방식으로 학습하면 외운 내용을 장기 기억으로 저장하는 데도 도움이 됩니다.

미시적 구조화에서 중요한 것은 호기심과 직감을 적극적으로 활용하는 것입니다. 여기서 말하는 직감이란, N회독을 통해 암기할 때 서로 닮은 듯하지만 다른 개념들 사이의 연결고리가 눈에 들어오는 순간을 말합니다. 처음에는 전혀 관련 없는 것처럼 느껴졌던 개념들이 구조적으로 연결되어 있는 것처럼 보일 때, 그 순간을 그냥 지나쳐서는 안 됩니다.

영어 지문을 읽다가 익숙한 단어가 낯선 문맥에서 다른 의미로 쓰인 걸 보고 '여기서는 왜 이런 뜻으로 사용되었지?'라는 의문을 가져본 적이 있을 것입니다. 또는 문법 구문이 다른 형태로 재구성되어 등장하거나, 같은 의미를 나타내고 있음에도 전혀 다른 구조로 쓰인 경우에 찜찜함을 느끼기도 하지요.

이런 찜찜함은 매우 좋은 신호입니다. 이와 같은 감각을 느끼는 순간 우리는 단순 암기에서 벗어나 개념과 개념의 관계를 연결 짓고 구조화하기 시작합니다. 그러니 여러분의 직감을 무시하지 말고, 관련 개념이 처음 등장했던 부분으로 돌아가 두 개념을 비교하며 유사점과 차이점을 고찰해보는 것이 좋습니다. 그렇게 구조화한 개념은 쉽게 잊어버리지 않고, 다른 과목을 학습할 때도 많은 도움이 됩니다.

실전 적용 연습

● 생명과학 I 의 거시적 구조화

고등학교 2학년 1학기, 내신의 중요성을 깨닫고 본격적으로 공부를 시작하는 시기에 저는 〈생명과학I〉 과목을 수강했습니다. 저는 어릴 적부터 국어와 영어 과목을 좋아했고, 과학 과목보다 사회 과목에 더 흥미를 느꼈습니다. 완벽한 문과 성향이었지요. 그런 저에게 과학 과목은 언제나 큰 도전이었습니다. 고난도 응용문제를 풀기는커녕, 기본적인 개념을 이해하고 암기하는 것만으로도 벅찼습니다.

당시 학교 수업에서 처음 다뤘던 내용은 첫 단원인 생물의 특성이었습니다. 생명과학의 가장 기본적인 내용이었고, 그래서 많은 학생이 쉽다고 생각해 가볍게 여겼습니다. 하지만 저는 복습하는 과정에서 중요한 사실을 한 가지 깨달았습니다. 생물의 특성은 단순히 기초 개념이 아니라, 생명과학 과목 전체를 관통하는 중요한 내용이라는 것입니다.

교과서에 제시되는 생물의 특성은 크게 여섯 가지로 나뉩니다. 세포로 구성, 물질대사, 자극에 대한 반응과 항상성, 발생과 생장, 생식과 유전, 적응과 진화입니다. 저는 수업을 듣고 수업 내용을 복습하는 과정에서 생물의 특성이 단순한 기본 개념이 아니라 교과 전체를 이해하는 열쇠라는 사실을 알아차렸습니다. 이를 통해 전체적인 개념의 흐름을 파악할 수 있는 것이지요.

1단원의 '생물의 특성'을 구성하는 내용이 각각 하나의 대단원으로 이어지고, 각 대단원에서는 관련 세부사항을 다룹니다. 2단원에서는 세포와 물질대사를, 3단원에서는 신체에 대한 다양한 자극과 반응 그리고 항상성에 관한 내용을 학습할 수 있습니다. 4단원에서는 발생과 생장을 이끄는 세포 분열과 다양한 유전 현상을, 5단원에서는 개체군 및 군집의 발달을 통한 생물의 적응과 진화를 배웁니다.

'생물의 특성은 무엇인가?'라는 큰 질문 아래 만들어진 각각의 대단원이 서로 유기적으로 연결되어 있는 것입니다. 당시 저희 학교의 중간고사 범위는 1단원부터 3단원까지였습니다. 방대한 내용을 이해하고 암기할 생각에 막막했는데, 1회독을 하며 거시적 구조화를 통해 내용을 정리했더니 그 과정이 한결 수월해졌습니다. 만약 거시적 구조화로 내용 간의 연결고리를 찾지 못했다면 근육의 팽창, 이완과 질병을 서로 관련 없는 이론으로 받아들이고 파편적으로 암기하려 했을 것입니다. 하지만 내용을 관통하는 중심 개념을 이해한 덕분에 공부의 방향성을 잃지 않고 앞으로 나아갈 수 있었지요.

▲ 비상교육(심규철) 고등학교 〈생명과학I〉(2015 개정 교육과정) 목차

● 독립운동사의 미시적 구조화

역사 시험을 위해 한국의 독립운동사를 암기한다고 가정해봅시다. 이
때는 앞에서 이야기한 것과 같이 중심과 중심 간의 연결고리를 찾아 구
조화해야 합니다. 삼일 운동, 대한민국 임시 정부 수립, 광주 학생 항일
운동, 한인 애국단 활동 등 각 사건 사이의 인과 관계와 흐름을 이해하는
것이 중요할 테지요. 삼일 운동이 대한민국 임시 정부 수립과 독립운동의
행보에 어떤 영향을 미쳤는지, 또한 광주 학생 항일 운동에서 시작된 학
생들의 항쟁이 이후의 민족 운동을 어떻게 이끌었는지를 연결 지어보는
것입니다. 다시 말해, 단순히 사건을 나열하는 게 아니라 원인과 결과를
짝짓고, 각각의 사건이 역사적 흐름 속에서 어떤 의미를 지니는지 분석해
야 합니다.

이때 비교 분석을 활용하면 사건 간의 연결고리를 쉽게 찾을 수 있습
니다. 국내 독립운동과 국외 독립운동의 차이점은 무엇인지, 시기별로 어
떤 공통점이 있었는지, 민족운동과 사회운동은 어떻게 다른지 따위를 비
교하면 각각의 개념이 더욱 명확해집니다.

중심 개념 간의 연결고리를 파악하는 또 다른 방법은 시간적·공간적
흐름을 고려하는 것입니다. 같은 시기에 일어난 사건들이 어떻게 상호작
용하는지 파악하고, 하나의 사건이 이후에 어떤 영향을 미쳤는지 이해하
는 것이지요. 예를 들어, 일제의 문화 통치 정책이 1920년대 민족 운동의

변화를 이끌어낸 배경이 되었으며, 이와 같은 변화가 1930년대 사회주의 운동으로 확대되었다는 것을 파악하면 역사적 흐름이 더욱 뚜렷하게 정리됩니다.

REVIEW

암기는 누구에게나 어렵고 따분한 작업이지만, 암기 없이는 어떤 학습도 제대로 이루어질 수 없습니다. 문제를 창의적으로 해결하고 비판적 사고를 적용하는 데도 기초적인 암기는 필수이지요. 정말 천재적인 사람이 아닌 이상 암기는 누구에게나 어렵고 고된 작업일 것입니다. 하지만 우리는 그 어렵고 고된 작업을 성공적으로 해낼 수 있습니다. 다시 말해, 암기를 대하는 태도와 방법을 조금만 바꿔본다면 큰 수확을 거둘 수 있다는 의미입니다.

Chapter 2

공부 기강 잡기

서울대학교 수학교육과 24학번, 오인경

〈교과서 공부법〉이라고 하면 으레 진부한 이야기라고 생각할 것입니다. 공부 비결을 묻는 질문에 "교과서로만 공부했어요"라며 현실성이 떨어지는 대답을 하는 모범생의 모습을 떠올릴지도 모르겠습니다. 지금부터 소개할 〈교과서 공부법〉은 공부를 하는 데 있어서 가장 기본적이고 그만큼 중요하지만 많은 학생들이 놓치고 있는 교과서를 이용한 학습 방법입니다.

수년간 직접 공부하고 다른 사람을 가르치기도 하면서, 저는 상당수의 학생이 문제집이나 요약서에 의존한 암기 위주 학습에 매몰되는 모습을 봐왔습니다. 공부를 하는 데 있어 암기의 필요성을 부정하는 것은 아니지만, 무분별한 암기는 단기적이고 미미한 성적 향상에만 효과적일 뿐 장기적으로 사고력을 키우고 진정한 이해를 도모하는 데는 분명한 한계가 있습니다. 그래서 많은 내용을 억지로 암기하는 대신 개념을 깊이 있게 이해하는 효율적인 공부 방법을 찾는 것이 중요합니다. 하지만 이때 이런 의문이 들 것입니다. '이해하는 공부는 무엇이며, 어떻게 하는 것일까?' 그 해답은 바로 〈교과서 공부법〉에 있습니다.

〈교과서 공부법〉은 '기승전결 정리'와 '교과서 단권화' 두 가지로 나눌 수 있습니다. 먼저 기승전결 정리는 교과서가 만들어진 목적에 맞춘 학습 방법입니다. 스스로 학습 목표를 세우고 질문을 던지며, 교과서의 내용을 기승전결의 흐름으로 파악하는 것이지요. 교과서 단권화는 교과서를 중심으로 해 관련된 정보를 한데 모으는 작업입니다. 별도의 정리 노트를 만들지 않고 교과서 한 권으로 공부를 마치는 것이 핵심입니다.

교과서는 학습자가 스스로 사고하며 성장할 수 있도록 설계된 학습 도구입니다. 이 도구를 제대로 활용하려면 그만큼 훈련이 필요합니다. 깊이 있게 읽고 끊임없이 질문하며, 나에게 알맞은 방식으로 정리하는 훈련 말입니다. 이제까지 해오지 않았던 방법이라 어색하고 낯설게 느껴질 수도 있을 텐데요. 지금부터 소개할 〈교과서 공부법〉이 여러분의 훈련 지침서가 될 수 있을 것이라고 생각합니다. 이 공부법을 통해 여러분의 학습 여정이 새로운 국면을 맞이하기를 바랍니다.

● 교과서의 본래 목적을 파악하는 기승전결 정리

우리가 교과서를 봐야 하는 이유는 완벽한 개념 이해를 위한 과정이 모두 포함되어 있기 때문입니다. 개념을 완벽히 이해하려면 가장 먼저 학습의 목적과 목표를 파악해야 합니다. 이 단원을 학습하며 어떤 것을 배울 수 있는지, 그것을 왜 배워야 하는지를 알면 깊이 있고 효율적인 공부가 가능합니다.

교과서는 그런 내용을 모두 담고 있습니다. 대부분의 학생이 그냥 지나쳤을 대단원과 소단원의 내용 요약('배울 내용 살펴보기', '한눈에 보기' 등)과 소단원별 학습 목표가 바로 그것입니다. 〈수업 흐름 잡는 공부법〉에서 살펴봤듯이 모든 교과서는 학습 목표를 제시하고 있습니다. 학습 목표는 학습자가 어떤 순서와 흐름으로 개념을 습득하고 적용하면 좋을지를 설계해둔 것이죠. 학습 목표를 지나치지 않고 이 개념을 배우는 까닭이 무엇인지, 이전에 배운 것과 어떤 연결고리가 있는지를 의식적으로 생각하는 것만으로도 공부의 깊이가 달라집니다. 공부를 시작하기에 앞서 단원별 목표를 먼저 확인하고, 이 단원의 주제가 어떤 의미를 지니며 어떠한 배경에서 출발했는지 스스로 묻고 답하는 연습을 하면 좋습니다.

교과서의 본문을 읽을 때도 마찬가지입니다. 내용을 '읽는 것'에 그칠 게 아니라, 본문 속에서 개념이 등장하게 된 맥락과 그 배경이 되는 문제

의식, 개념 간의 논리적 연결고리, 개념이 가지는 실제적 의미까지 함께 생각해야 합니다. 예를 들어 과학 교과서를 보며 힘에 대해 공부할 때 단순히 힘의 정의를 암기하는 것이 아니라 다양한 질문을 던져보는 것입니다. 이를테면 우리는 왜 힘이라는 개념을 정의하게 되었는지, 이전의 어떤 역학적 개념과 연관되어 있는지, 만약 힘이라는 개념이 없다면 어떤 문제를 설명할 수 없게 되는지 같은 질문 말입니다.

물론 단순 암기보다 더 많은 시간이 걸릴 것입니다. 하지만 한번 제대로 이해하고 나면 문제를 풀거나 개념을 응용하는 데 있어 훨씬 유연하고 확장력 있는 사고가 가능해집니다. 이후 배울 내용과도 자연스럽게 연결되어, 마찬가지로 학습 목적과 목표, 그리고 흐름을 잡아주는 역할을 하기 때문입니다. 하지만 이런 의문을 품는 학생도 있으리라 생각합니다. "학습 목표가 중요한 것은 알겠는데, 그럼 학습 목표만 확인하고 다른 심화 문제집으로 개념을 학습하면 안 되나요? 왜 하필 교과서인가요?"라고 말이에요. 저는 이 질문에 "교과서가 아닌 다른 교재로 개념을 학습하는 것은 바람직하지 않다"고 대답하고 싶습니다. 그 이유는 교과서 본문의 완벽한 기승전결에 있습니다.

교과서의 본문은 '개념의 발생 배경 → 개념의 정의와 설명 → 개념의 응용 및 실제 사례'와 같은 흐름을 갖추고 있습니다. 가령 과학 교과서에 밀도 개념이 등장하는 경우, '밀도 = 질량 ÷ 부피'라는 공식만 설명하는 것이 아니라 밀도라는 개념이 왜 필요한지, 밀도를 비교함으로써 어떤 현상을 설명할 수 있는지와 같은 전후 맥락을 함께 제공합니다. '왜 얼음은 물에 뜨는가?'라는 의문에서 시작해 부피와 질량 개념을 소개하고, 밀도의 정의로 연결 지은 후 이어서 다양한 물질의 밀도 비교를 통해 그 개념이 실생활에서 어떻게 적용되는지 설명하는 식이지요.

이런 흐름을 차근차근 따라가다 보면 개념을 마치 하나의 이야기처럼 자연스럽게 받아들이게 됩니다. 이는 문제집이나 요약서 등의 교재에서는 경험하기 어려운 깊이로, 단순히 개념이나 공식을 암기하는 것과는 차원이 다른 학습 효과를 만들어냅니다. 문제집이나 요약서는 개념의 정의만을 간추리거나 공식을 강조해 보여주는 경우가 많아, 다른 중요한 내용을 놓치기 쉽습니다. 그러나 교과서를 활용하면 개념의 탄생 배경과 맥락까지 이해하게 되어, 공부한 내용을 스스로 설명하거나 적용할 수 있는 개념의 내면화가 가능합니다.

지금까지 설명한 내용을 기승전결 구조로 정리할 수 있습니다.

기(起): 개념이 등장하게 된 배경을 이해하는 단계입니다. 앞 단원에서 어떤 내용을 다루었고, 그 내용을 왜 확장하거나 보완해야 하는지 생각해봅니다. 예를 들어 수학에서 방정식 단원 이후에 연립방정식이 나온다면 '왜 한 개의 식으로는 해결할 수 없는 문제가 생기는가?'라는 의문을 갖는 것이죠. 교과서의 학습 목표와 도입 부분에서 출발하면 됩니다.

승(承): 본격적인 개념 설명 단계입니다. 정의, 특징, 공식, 구성 요소 등이 소개되는 개념의 핵심적인 내용을 말합니다. 이때 교과서에 나오는 예시나 시각 자료를 한 번 읽고 넘기기보다는, 그 자료가 개념의 어떤 부분을 강조하고 설명하는지 생각하며 살펴보는 것이 중요합니다.

전(轉): 학습한 개념을 다른 개념과 비교하거나 실제 사례, 실험 등에 적용하는 단계입니다. 다시 말해, 교과서에 제시된 여러 사례를 살펴보며 개념을 단단히 다지는 과정이죠. 여기서 활용력, 사고력, 응용력이 생기며, 단순 암기에서 벗어나 이해 기반의 학습이 가능해집니다. 예를 들어 사회 교과서에서 시장 경제를 배운 뒤, 실생활에서의 시장 사례(전통시장, 온라인 쇼핑몰 등)와 연결해보는 활동이 바로 '전'에 해당합니다.

결(結): 학습의 마무리로, 개념을 종합하고 정리하는 단계입니다. 이 단계에서는 '이 개념은 결국 어떤 의미였나?', '내가 배운 개념을 한 문장으로 어떻게 정리할 수 있을까?'와 같은 자문을 통해, 배운 내용을 내 언어로 재구성할 수 있어야 합니다. 이때 교과서 뒤에 나오는 '핵심 정리'나 '개념 한눈에 보기' 등이 좋은 도구가 됩니다. 하지만 무조건 베껴 쓰는 것이 아니라, 스스로 요약해보는 연습을 반드시 병행해야 학습 효과가 극대화됩니다.

기(起)	• 학습 목표의 핵심 키워드는 형광펜으로 표시 • 교과서 도입부 중 중심적인 문장 또는 중요한 질문은 연필로 밑줄을 그어 나중에 다시 문제의식을 떠올리도록 함
승(承)	• 형광펜으로 중요 용어 표시 • 정의는 파란색 펜으로 밑줄 • 특징이 여러 가지 나올 때는 ①, ②, ③, … 과 같이 명확히 표시 • 주요한 구성 요소나 부연 개념은 빨간색 펜으로 밑줄 → 중요 개념을 한눈에 알아볼 수 있도록 함
전(轉)	• 각 사례의 내용을 살펴본 후 사례와 연관된 핵심 개념을 분홍색 펜으로 작성 • 사례에 대한 설명 중 중요한 부분을 분홍색 펜으로 밑줄, 핵심적인 사례는 별표
결(結)	• 소단원이 끝나는 부분에 배운 내용을 아우르는 요약도 or 요약 문장을 작성 → 단순히 핵심 정리를 읽는 것보다 개념 다지기에 도움이 됨

이처럼 기승전결의 구조로 교과서를 바라보면, 교과서 자체가 하나의 튼튼한 서사 구조를 가진 공부 도구임을 실감하게 됩니다. 즉 기승전결 구조 정리는 앞서 이야기했던 완벽한 이해를 위한 과정인 것입니다.

저는 기승전결 구조를 효과적으로 습득하기 위해, 시험이 임박하기 전에 미리 교과서의 기승전결 포인트들을 위와 같은 방식으로 표시해두었습니다. 여러분은 반드시 제 방식을 따를 필요는 없습니다. 자신에게 적합한 방식으로 바꾸어 진행하면 됩니다. 이렇게 기승전결을 꼼꼼하게 구분하고 확인하는 것만으로도 개념이 머릿속에 또렷하게 자리 잡습니다. 나아가 시험 직전 복습을 할 때도 큰 도움이 됩니다.

● 효율성을 극대화하는 교과서 단권화

많은 학생이 방대한 학습 내용을 관리하기 위해 정리 노트나 요약 노트를 따로 만들고는 합니다. 그러나 저는 고등학교 내내 별도의 정리 노트를 만들지 않았습니다. 노트를 만드는 일은 언뜻 보면 성실하고 체계적인 학습 방법처럼 보이지만, 실제로는 많은 시간을 소모하며, 학습 효과는 별반 차이가 없는 경우가 많습니다. 특히 정리의 목적이 '이해'가 아닌 '정돈'에 있다면 오히려 비효율적입니다. 또한 정리 노트는 통합성이 부족합니다. 학생들은 교과서 외에도 선생님의 유인물, 자습서, 문제집, 학원 교재 등 다양한 자료를 활용하여 공부합니다. 이런 자료를 각각 살펴보며 새롭게 내용을 정리하는 것은 어렵고, 모두 정리하더라도 엄청난 시간이 소요됩니다. 효율성이 떨어지는 것은 물론이고, 연관된 개념이나 정보가 각각의 자료에 흩어지며 학습의 흐름을 해치게 됩니다.

이와 같은 효율성 문제를 해결하기 위해 제가 활용한 공부 방법은 '교과서 단권화'입니다. 교과서 단권화란 말 그대로 공부에 필요한 모든 자료를 교과서에 모으는 것입니다. 선생님의 유인물, 학원 교재, 문제집 등의 자료에서 얻은 보충 설명이나 중요 내용을 교과서에 덧붙여 정리하는 것입니다. 이렇게 하면 정리 노트를 따로 만들 필요 없이 교과서 한 권만으로도 밀도 높은 공부가 가능합니다. 교과서 한 페이지 안에서 연관된 개념과 예시를 모두 확인할 수 있지요.

교과서 단권화는 내용 간의 유기적 연결을 파악하고, 큰 흐름을 유지하며 공부하는 데 가장 적합한 학습 방법이라고 생각합니다. 이 방법은 시험 직전 복습에서도 강력한 힘을 발휘합니다. 교과서에 이미 자세한 설명이 있어 추가적인 내용을 덧붙이기만 하면 되기 때문에 정리에 소요되는 시간을 대폭 줄일 수 있습니다. 또한 정리 노트를 만들어두면 노트의 내용을 보는 데 집중하여 교과서와 다른 참고 자료를 놓칠 위험이 있습니다. 하지만 단권화한 교과서에는 관련된 세부 내용이 모여 있고 중요한 부분이 표시되어 있어 한눈에 알아볼 수 있습니다. 그렇기 때문에 곧바로 최종 복습 자료로 활용 가능합니다. 정리의 핵심은 체계적이고 가지런한 모양새가 아니라, 빠르게 떠올리고 적용할 수 있는 구조를 만드는 것입니다. 이런 점에서 교과서 단권화는 정리의 핵심을 정확히 짚어낸 강력한 학습 방법입니다.

실전 적용 연습

● 〈통합과학Ⅰ〉의 기승전결 구조화 예시

고등학교 〈통합과학Ⅰ〉 교과서를 보며, 완벽한 이해의 첫걸음인 '학습의 목적과 목표 파악'을 해보겠습니다.

대단원 학습 목표를 살펴보면, '우주의 탄생 이후 다양한 원소가 만들어지는 과정에서 지구와 생명을 구성하는 물질의 역사가 우주 역사의 일

▲ 지학사(전상학) 고등학교 〈통합과학I〉(2022 개정 교육과정): 교과서의 학습 목표를 먼저 파악하다.

부분임을 알아본다'라고 적혀 있습니다. 이 문장을 통해 저는 '물질과 규칙성' 단원이 단순히 '원소'만을 설명하는 것이 아니라 '우주 → 원소 → 물질 → 생활' 속 응용의 흐름으로 전개된다는 점을 파악했습니다. 이후 교과서 본문을 읽을 때도 이 흐름을 잊지 않고 각 소단원이 전체 구조 속에서 어떤 역할을 하는지 의식하며 읽어나가다 보니, 내용 간의 관계를 쉽게 이해하고 단원 전체의 큰 그림을 놓치지 않을 수 있었습니다.

이제 소단원의 학습 목표와 도입 부분, 즉 기(起)에 해당하는 단계를 살펴보겠습니다. 소단원 학습 전 스스로 '원소의 성질을 왜 배워야 하는

가?'라는 질문을 던집니다. 그리고 학습 목표를 보면서 원소들의 성질이

주기성을 가지고 있으며, 이는 자연 현상 또는 자연의 규칙성을 서술해

주므로 체계적인 원소의 규칙성 파악이 필요하다는 것으로 생각을 확장

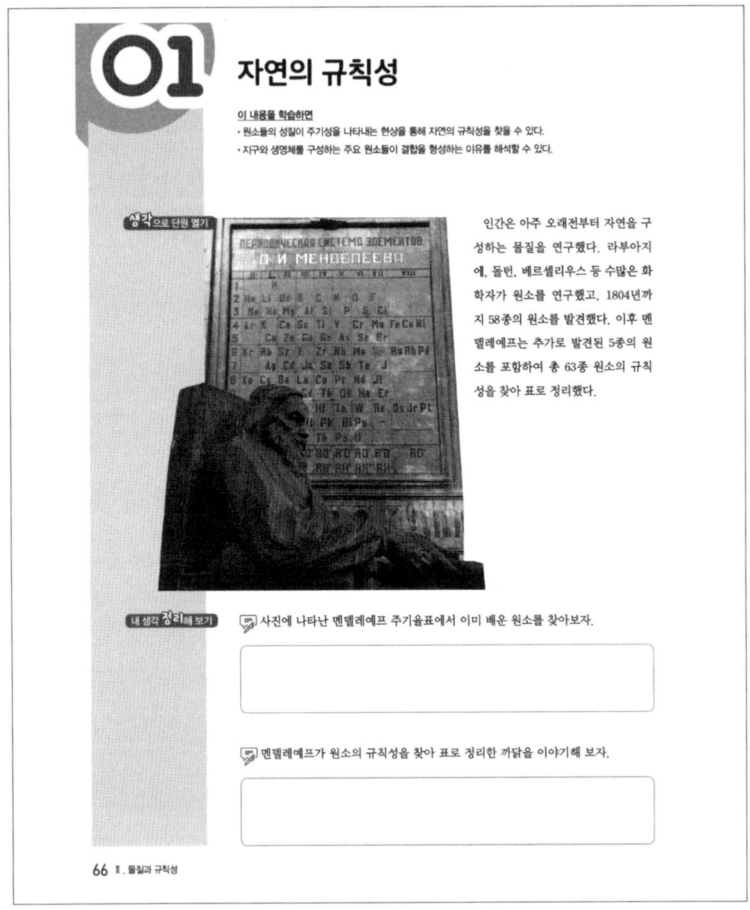

▲ 지학사 〈통합과학I〉: 학습 목표와 도입 부분을 확인한다.

할 수 있습니다. 이어서 '내 생각 정리해 보기'에 제시된 '멘델레예프가 원소의 규칙성을 찾아 표로 정리한 까닭'을 스스로 떠올려보며 자연스레 개념에 대한 흥미를 불러일으키고 개념의 내면화를 실현할 수 있습니다.

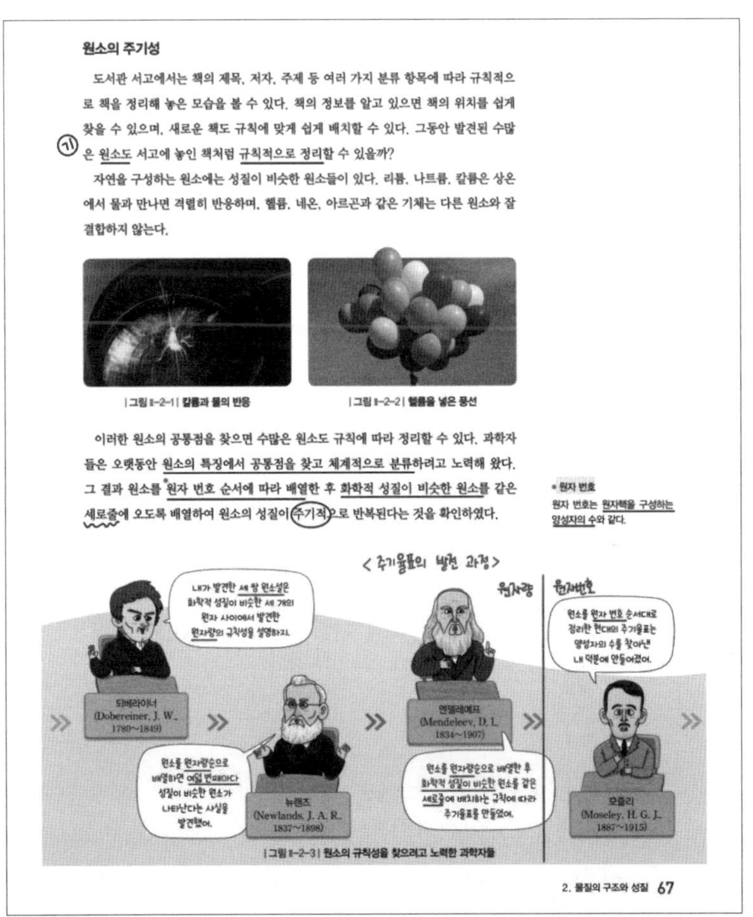

▲ 지학사 〈통합과학I〉: 기승전결 구조에 따라 주목할 만한 포인트를 표시했다.

또한 기(起), 승(承), 전(轉), 결(結)의 구조를 세울 때는 앞서 이야기했듯이 다음과 같이 포인트를 꼼꼼히 표시하는 것이 중요합니다.

저는 여러 색상의 펜을 이용해 기승전결 구조를 꼼꼼히 표시하고 그것을 바탕으로 개념을 이해했습니다. 마지막에는 키워드를 활용한 간단

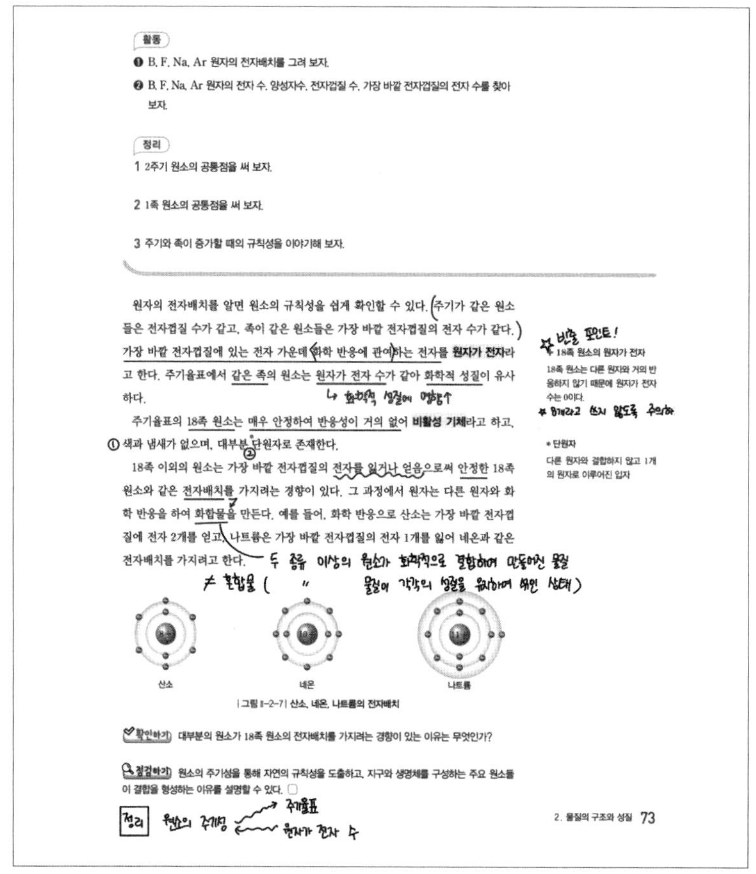

▲ 지학사 〈통합과학I〉: 교과서 단권화를 통해 원소의 주기성에 관한 핵심 내용을 한데 모았다.

한 요약도를 작성해봄으로써 단원에서 배운 내용을 다시 한번 머릿속에 정리하는 시간을 가졌습니다.

또한 이 그림에서는 교과서 단권화의 활용 모습도 확인할 수 있습니다. 교과서에 나와 있지 않은 중요한 설명이나, 유의해야 할 개념, 빈출 포인트 등을 표시해 모든 핵심을 교과서에 다 모아둔 것이죠. 이처럼 교과서를 중심에 두고 학습 목표를 먼저 파악한 뒤, 본문의 기승전결 구조 정리와 교과서 단권화를 적극적으로 활용하면 단순 암기를 넘어 깊이 있는 이해가 가능합니다.

● 과학 교과서 단권화 예시

중학교 과학 수업 시간에 광합성에 대해 배우는 상황을 떠올려볼까요? 선생님께서는 '광합성은 엽록체에서 일어나고 빛의 세기와 이산화탄소의 농도에 따라 그 속도가 달라진다'고 설명하셨지만, 교과서에는 '광합성은 엽록체에서 일어나고 이산화탄소의 농도에 따라 그 속도가 달라진다'고 나와 있습니다. 그렇다면 교과서의 '이산화탄소의 농도' 앞에 '빛의 세기 &'를 적어 선생님의 설명을 채워 넣는 것이죠.

개념 설명 외에 실험 결과나 관련 그림 같은 요소를 보충할 수도 있습니다. 관련된 내용을 다루는 페이지에 사진을 인쇄해 붙이거나 간단한 그림으로 표현해도 좋고, 중요한 수치를 적어두어도 괜찮습니다. 예컨대 교과서에는 없는 광합성 실험 내용이 자습서에만 제시되었다면, 실험 수치를 표로 정리한 후 표에서 알 수 있는 결과 해석을 교과서에 보충할 수 있습니다.

문제집의 문제를 풀며 빈출 유형 키워드를 교과서에 정리하는 것도 좋은 방법입니다. 광합성 관련 문제를 푸는데 광합성과 호흡의 구분을 주제로 하는 문제가 자주 등장했다면, 교과서의 광합성 설명 옆에 광합성과 호흡 비교표를 정리하는 것이죠.

단권화 과정을 마친 뒤에는 누적 읽기를 합니다. 정리한 교과서를 반복해서 읽으며 광합성의 세부 과정(빛 에너지 → 포도당 합성 → 산소 방출)과 이러한 과정이 일어나는 이유를 함께 이해하게 됩니다. 또한 이산화탄소 농도가 증가하면 광합성 속도도 증가하지만, 일정 농도 이상에서는 더 이상 증가하지 않는다는 실험적 사실까지 자연스럽게 연결해 이해할 수 있지요.

이는 과학 과목에만 국한되는 이야기가 아닙니다. 역사 과목을 공부할 때도 마찬가지입니다. 삼국시대의 전개 과정을 배울 때, 요약된 자료만 보면 사건의 발생 흐름이 헷갈리지 않던가요? 이때 각 나라의 주요 사건을 색으로 구분해 밑줄 긋고, 연대표에 간단한 사건 키워드와 관련 자료를 추가해 교과서 단권화를 하면 전개 과정이 마치 하나의 이야기처럼 머릿속에 그려집니다. 이렇게 그려진 흐름은 기억에도 오래 남습니다. 암기가 아닌 이해를 하는 것입니다.

교과서 단권화는 단순한 요약 정리를 넘어, 개념의 흐름과 맥락을 이해하는 데 큰 힘이 됩니다. 학습 목표를 중심에 두고 기승전결 구조로 내용을 연결하면, 단원 전체의 큰 그림이 머릿속에 자연스럽게 자리 잡습니다. 여기에 나만의 보충 정리와 시각적 요소를 더하면 교과서 한 권이 곧 완성도 높은 복습 자료가 됩니다. 이렇게 단권화한 교과서를 반복해 읽으면 이해를 기반으로 한 공부의 세계가 비로소 열릴 것입니다.

REVIEW

기승전결 정리를 통한 교과서 단권화는 이해를 통한 학습의 단단한 기반이 되어줄 것입니다. 물론 교과서 한 권으로 공부한다는 것이 처음에는 낯설고 불안하게 느껴질 수도 있습니다. 하지만 교과서를 중심으로 자료를 통합하고 이를 반복적으로 읽고 이해한다면, 공부는 점점 더 간단명료해질 것입니다. 중요한 건 백 권의 책을 가볍게 한 번씩 살펴보는 공부를 할 것인가, 한 권의 책을 깊이 있게 백 번 읽는 공부를 할 것인가입니다. 〈교과서 공부법〉은 여러분의 공부 방식을 전자에서 후자로 바꾸어 진짜 실력을 쌓는 공부의 길로 안내할 것입니다.

인간 포스트잇 되기
필기 공부법

서울대학교 서어서문학과 24학번, 이수정

    필기는 수업을 들으며 중요한 내용을 받아적는 것입니다. 무엇인가를 받아적는 일은 상당한 집중력이 필요한 행위입니다. 게다가 우리의 오감 중에서 시각, 청각, 촉각을 필수로 사용하는 만큼 학습 효과도 뛰어나지요. 하지만 학습에 효과적으로 활용하기 위해서는 단순히 받아적는 행위에 그쳐서는 안 됩니다. 필기한 내용을 나만의 것으로 체화해야 합니다.

    저는 필기를 무척 중요하게 생각합니다. 그래서 필기로 학습의 많은 단계를 대신하는 편입니다. 저의 공부 과정을 살펴보면 필기와 문제 풀이가 8:2의 비율을 이루고 있습니다. 어떤 내용이든 받아적지 않으면 잘 기억하지 못하고, 문제 풀이를 선호하지 않는 저의 성향에 맞게 설정한 것입니다.

하지만 이처럼 저에게 맞는 공부법을 찾기까지 굉장히 오랜 시간이 걸렸습니다. 많은 시행착오를 겪기도 했지요. 필기를 통해 학습 내용을 체화시키는 〈필기 공부법〉을 채택한 뒤에도 필기 형식이나 필기도구 등을 바꿔보며 다양한 시도를 거듭했습니다. 또한 과목의 특성과 선생님의 수업 방향성에 따라 조금씩 변주를 주기도 했습니다.

이렇게 저에게 가장 적합한 방식을 찾고 정착하기까지 장장 12년이 걸렸습니다. 길라잡이가 되어줄 참고 자료 없이 주춧돌부터 하나하나 쌓아 올렸기 때문입니다. 지금부터 저는 12년간의 시행착오 끝에 터득한 필기 노하우를 독자 여러분에게 소개하려 합니다. 저의 공부법이 작게나마 여러분에게 도움이 되기를 바랍니다.

저의 공부법을 설명하기에 앞서 독자 여러분에게 당부할 말이 있습니다. 지금부터 다룰 내용은 어디까지나 저만의 공부법이라는 것입니다. 저의 필기 방법이 모두에게 적합할 수는 없습니다. 각자의 성향과 수업의 특성에 따라 적용할 수 있는 필기 방법은 천차만별일 것입니다. 그러므로 제가 소개하는 방법 외에도 여러 가지 방법을 직접 시도해보기를 권합니다. 저의 방식을 참고하여 자신의 성향과 학습 방식에 가장 효과적인 필기 방법을 찾아보세요.

저는 수업 내용을 받아적으며 1차로 필기하고, 시험 기간에 그동안 다루었던 교재와 학습지, 필기 내용을 종합하는 단권화 작업을 거쳤습니다. 이렇게 저만의 학습서를 완성했습니다. 능률적인 단권화 작업을 위해서는 먼저 체계화된 필기가 뒷받침되어야 합니다. 하지만 많은 사람들이 필기하는 방법을 잘 모릅니다. 수업 내용을 받아적으면 된다고 쉽게 이야기하지만, 무엇을 어떻게 받아적어야 하는지 알지 못하지요. 그래서 지금부터 모든 과목에 적용 가능한 필기의 기초를 이야기해보려 합니다.

공부 전략 설계도

● 선생님의 수업 성향 파악하기

사람마다 공부 방식이 다르듯, 선생님마다 수업 방식도 다릅니다. 때문에 대부분의 선생님은 첫 수업 때 오리엔테이션을 진행합니다. 진도는 어떻게 나가는지, 어떤 학습 자료를 활용하는지, 수행평가는 어떻게 진행되는지 등을 설명하는 것이지요. 더불어 자신의 수업 방식에 대해서도 어느 정도 이야기할 것입니다. 이때 우리는 수업에 대한 설명을 들으며 선생님의 성향을 파악해야 합니다.

예를 들어보겠습니다. 제가 다녔던 고등학교에서는 영어 과목을 세 파트로 나누어 수업했습니다. 각 파트마다 수업을 진행하는 선생님이 달랐고, 수업 방식도 달랐습니다. 문제는 그 선생님들 모두가 시험 문제를 출제한다는 것이었습니다. 어떤 선생님은 어휘와 문법에 집중하는 반면, 또 어떤 선생님은 본문 내용을 중요하게 다루었습니다. 또 다른 선생님은 수능 형식으로 문제를 내기도 했습니다. 같은 영어 과목인데도 중점을 두는 영역이 달랐지요. 출제자와 관계없이 모든 문제에 완벽하게 대비하려면 선생님의 성향을 제대로 파악하고, 그에 따라 필기의 방향성을 달리하는 수밖에 없습니다. 이것은 과목을 바꾸어도 동일하게 적용되는 이야기입니다.

더하여 선생님이 주로 사용하는 학습 자료를 잘 챙기고 활용하는 것도 중요합니다. 교과서를 깊이 있게 다루는 선생님이 있는가 하면, 손수 제작한 요약본이나 학습지를 제공하는 선생님도 있습니다. 수업 내용을 흘려듣고 선생님이 나누어준 자료를 소홀히 관리했다면, 다시 공부하기 위해 교재를 펴보아도 선뜻 시작하기 어려울 거예요. 그러니 수업을 열심히 들어야 합니다. 수업을 잘 듣는 것은 기본 중의 기본입니다. 그저 부지런히 듣기만 하는 것이 아니라, 수업의 진행 방식과 중요한 내용을 파악해야 한다는 것이죠.

● 일단 적기

수업의 성향을 파악했다면 이제 필기를 시작할 차례입니다. 방법은 간단합니다. 일단 적는 것입니다. 수업 시간에 다루는 내용을 전부 적습니다. 후에 2차 정리를 거칠 것이기 때문에 깔끔하고 예쁘게 적을 필요가 없습니다. 그보다는 정보를 잃어버리지 않는 것이 더 중요합니다.

이때 어디에, 무엇을, 어떻게 적는지 궁금한 분들이 있으리라 생각합니다. 그 답은 선생님이 활용하는 자료에 있습니다. 교과서와 학습지를 동시에 사용할 수도 있고, 아예 다른 교재를 사용할 수도 있지요. 선생님이 어떤 자료를 활용하느냐에 따라 필기도 자연히 달라집니다. 필요에 따라 별도의 노트나 태블릿을 이용할 수도 있습니다.

매체	학습 자료(교재, 학습지 등)	별도의 노트
종이	교재를 바탕으로 진도를 나갈 때 가장 편리	판서 위주 설명을 바탕으로 한 수업에서 활용
태블릿 (수정이 용이하며 위치를 쉽게 바꿀 수 있음)	판서나 설명이 많아 종이에 알아보기 쉽게 정리하기 어려울 때 활용	도표, 도형, 지도 등 손으로 그리기 어려운 것을 그려야 할 때 활용할 수 있음

저는 종이에 필기하는 것을 선호하여 보통 교재와 학습지 같은 자료에 직접 필기했지만, 내용이 많아서 공간이 부족하거나 자료 이외의 것으로 수업할 때는 별도의 노트를 만들거나 태블릿을 이용했습니다. 정리해야 할 정보가 많을 때 종이에 필기하면 한눈에 파악하기 힘들고, 필요한 내용을 빠르게 찾기 어렵다는 단점이 있기 때문이지요.

어디에 필기할지 정했다면 이제 무엇을 어떻게 적을지 생각해야 합니다. 앞서 수업 시간에 다룬 내용을 모두 적는다고 이야기했는데, 선생님이 말을 토씨 하나까지 똑같이 기록하라는 의미는 아닙니다. 이미 있는 자료를 활용한다면 세부 내용을 덧붙여 정리하고, 별도의 노트를 직접 만든다면 내가 알아보기 편한 형식과 구성으로 수업 내용을 기록하면 됩니다.

선생님이 교재와 학습지를 적극적으로 활용한다면 형광펜이나 색연필을 이용하여 중요한 개념에 표시를 하거나, 자료에 없는 설명을 덧붙여 적는 정도로 충분합니다. 반면에 밑바탕이 되는 자료가 없는 상태에서 선생님의 말과 판서를 필기한다면 말 그대로 모든 것을 적어야 할 것입니다. 단, 선생님의 설명을 문장 그대로 받아쓰는 것이 아닙니다. 형식에 구애받지 않고 적되 중요도에 따라 내용을 구분하고, 후에 필기를 다시 봤을 때 수업의 흐름을 상기할 수 있게끔 적어야 합니다.

그러나 아직 필기가 익숙하지 않은 사람이라면 수업 내용을 따라가면서 동시에 정리하는 것이 쉽지 않을 것입니다. 그럴 경우에는 우선 자유롭게 받아적은 후 단권화 작업 과정에서 정리하는 것을 추천합니다. 처음에는 시간이 많이 걸리고 속도가 나지 않아 놓치는 내용도 더러 있겠지만, 계속해서 연습하다 보면 차츰 익숙해져 1차 필기의 완성도를 높일 수 있습니다.

● '좋은' 필기 만들기

좋은 필기란 핵심 내용을 한눈에 알아볼 수 있고, 시간이 한참 흐른 후에 봐도 쉽게 이해할 수 있는 필기입니다. 지금부터 좋은 필기를 만들기 위한 구체적인 방법을 소개하겠습니다.

1) 다양한 색깔과 기호 활용하기

사람마다 눈에 잘 들어오는 표식이 있습니다. 저는 색깔이 그랬습니다. 그래서 필기할 때 검정색, 빨간색, 파란색, 초록색으로 이루어진 4색 볼펜을 사용했습니다. 검정색은 눈에 잘 띄지 않는 색이기 때문에 주로 문제를 풀거나 중요도가 낮은 참고 사항을 작성할 때 이용했습니다. 또 국어나 영어처럼 해석을 요구하는 과목을 공부할 때, 저의 해석을 적는 데 사용했습니다. 별도의 노트를 만들어 내용을 새롭게 정리할 때는 검정색을 기본 색상으로 활용했지요.

검정색을 제외한 나머지 색상에는 각각 의미를 부여했습니다. 파란색으로는 일반적인 내용을 필기했고, 초록색으로는 특별히 강조할 내용을 표시했습니다. 빨간색은 부정적인 의미를 나타낼 때 사용했습니다. 이렇게 모든 과목에 동일하게 활용할 수 있는 기준을 만들고, 과목별로 조금 더 세분화하여 이용하곤 했습니다.

네 가지 색상만으로 부족한 경우에는 주황색, 분홍색, 보라색을 추가로 사용했습니다. 꼭 알아두어야 할 특별한 개념을 표시할 때는 다른 내용과 구분되는 특이한 색을 쓰는 것이 좋습니다. 기호에 따라서 형광펜이나 색연필을 활용해도 괜찮습니다. 저는 제외할 내용이 없고 전체적으로 중요도가 높은 개념을 표시할 때나 두 가지 개념의 대비를 나타내야 할 때 형광펜을 사용했습니다.

하지만 색깔만으로 모든 것을 구별하여 나타내기 어렵기 때문에, 과목에 따라 여러 기호를 활용했습니다. 이때 특정 기호에 의미를 부여하여 나만의 상징처럼 사용하면 좋습니다. 가령 영어 지문을 볼 때 접속사에는 동그라미를, 전치사에는 네모를 그리는 것처럼 말이지요.

이렇게 색깔과 기호에 부여한 의미는 나와의 약속이 됩니다. 지도를 그릴 때 삼각형으로 산을 표시하는 것과 같이, 내가 바로 알아볼 수 있는 상징을 만드는 것이지요. 이렇게 만든 상징을 필기에 활용하면 시간을 단축할 수 있고, 헷갈리지 않고 한눈에 의미를 파악할 수 있습니다.

다음 표에 제가 직접 사용한 색깔과 기호의 의미를 정리했습니다. 제 방식을 참고하여, 자신에게 맞는 상징을 만들어 활용해보기를 권합니다. 저도 처음부터 이런 상징을 만들어놓고 필기를 시작한 것은 아닙니다. 선생님의 설명과 판서를 받아적다가 각각의 요소를 구분할 수 있는 표식이 효율적인 학습에 도움이 될 것 같다는 생각에 만들게 된 것입니다. 이처럼 여러분도 필요에 따라 자신만의 규칙을 정하고 활용하면 됩니다. 다만 한 가지 주의할 점이 있습니다. 이 약속들은 어디까지나 학습 효과를 높이기 위한 나만의 규칙일 뿐임을 잊지 말아야 합니다.

볼펜 색상 / 과목	영어	스페인어	국어
검정	질문, 주제, 소재	해석	본문, 기본 필기
파랑	일반적인 문법 표시 접속사, 관계사, pp / ing ⇒ ◯ 전치사 ⇒ ▢ 괄호( ) 표시	기본적인 필기 내용 단어 의미(예외적으로 스페인어만 이렇게 했습 니다)	해석, 부연 설명 감정, 감각 표시 긍정 ⇒ ◯ 부정 ⇒ △
초록	의문사 간접 의문문〈 〉 이중 괄호 ( ) 대명사(무엇을 나타내는지 연결, 표시)	성수 일치 처음 배우는 개념 / 주요 개념	의문, 설의, 감정 이입, 비유법, 공감각 등 각종 문법적 요소
빨강	단어 의미 부정 표현 표시 이외 부가적 요소	단어 의미 아주 중요한 개념 부정 표현 표시 (볼펜 & 형광펜) tilde 표시	각운, 명령형 등 어미 표시 아주 중요한 개념 (* 이외 다른 색깔도 자주 사용 – 같은 요소, 속성 표시)

다시 말해, 규칙에 집착하거나 얽매여서는 안 된다는 뜻입니다. 우리가 필기를 하는 이유는 공부한 내용을 정리하여 나의 것으로 만들기 위함이지, 색색의 펜으로 정갈하고 예쁜 동그라미를 그린 노트를 갖기 위함이 아닙니다. 필기에는 절대적인 정답이 없습니다. 예외가 생기면 규칙을 변형하고, 또 새로운 상징을 만들어 사용하면 됩니다.

2) 중요한 것에만 밑줄 긋기

수업을 듣다 보면 선생님께서 특별히 강조하시는 부분이 있습니다. 이는 크게는 한 문단, 작게는 한 개념의 정의 내에서까지 확인할 수 있습니다. 이때 모든 글씨에 밑줄을 치는 것은 좋지 않습니다. 오히려 가독성만 떨어뜨리고, 나중에 무엇을 중점으로 공부해야 할지 헷갈리게 만들뿐입니다. 선생님이 특별히 강조해서 설명하는 부분에 밑줄이나 동그라미를 치고 설명을 적는 것으로 충분합니다.

처음에는 뭐가 더 중요한 것인지, 선생님께서 무엇을 강조하신 것인지 분간하기 어려울 수 있습니다. 하지만 필기를 차근차근 진행하다보면 이러한 것을 구분하는 노하우가 생기기 마련이니, 꾸준히 연습하며 시행착오를 겪어볼 것을 거듭 강조합니다.

3) 예시 적기

대부분의 교재에는 예시가 포함되어 있습니다. 그러나 개념을 이해하고 적용하기에는 양이 턱없이 부족합니다. 이를 보완하기 위해 선생님은 수업 시간에 다양한 예시를 보여줍니다. 우리는 이것을 놓치지 말고 받아적어야 합니다. 그리고 학습에 적용해야 합니다. 예시를 적는 과정에서 개념이 체화되기 때문에 따로 시간을 할애하여 공부하지 않아도 자연스럽게 익힐 수 있습니다. 수업 시간에 다루어진 예시는 또한 시험에 출제될 확률이 높습니다. 선생님의 성향을 파악하고 시험을 대비하는 데 활용할 수 있습니다.

4) 부연 설명 덧붙이기

3번과 연결되는 내용입니다. 마찬가지로 대부분의 교재에는 개념에 대한 서술적 정의만 나와 있기 때문에 개념조차 자세한 설명이 아닐 수 있습니다. 특히 교과서, 학습지, 문제집이라는 자료들의 특성상 예외적인 사항이나 특이사항, 구체적으로 알아두어야 할 내용이 한 곳에 모여 있지 않고 곳곳에 흩어져 있기 마련입니다. 이를 보완하기 위해 선생님은 수업 시간에 더욱 구체적으로 설명을 해주실 겁니다. 우리는 이 내용을 놓치지 않고 받아적어야 합니다. 이것을 받아적지 않는다면 수업을 제대로 들었다고 할 수 없습니다.

5) 포스트잇 활용하기

앞서 종이에 필기할 때 자리가 부족할 수 있다고 이야기했습니다. 하지만 우리에게는 포스트잇과 같은 다양한 도구가 있습니다. 그것을 적재적소에 활용하세요. 부가적인 설명, 예시 등을 포스트잇에 적어서 붙여두면 가독성도 더욱 좋아지고, 공간을 효율적으로 활용할 수 있습니다.

실전 적용 연습

지금까지 대략적인 필기 방법을 소개했습니다. 이제부터는 저의 과목별 필기를 살펴보면서 구체적으로 무엇을 어떻게 적어야 하는지 알아보겠습니다.

● 국어 과목 필기법

먼저 국어 과목의 필기법을 살펴보겠습니다. 국어 과목은 주어진 지문이 운문(시, 시조)인지 산문(소설, 수필, 비문학)인지에 따라 필기 방식이 조금씩 다릅니다.

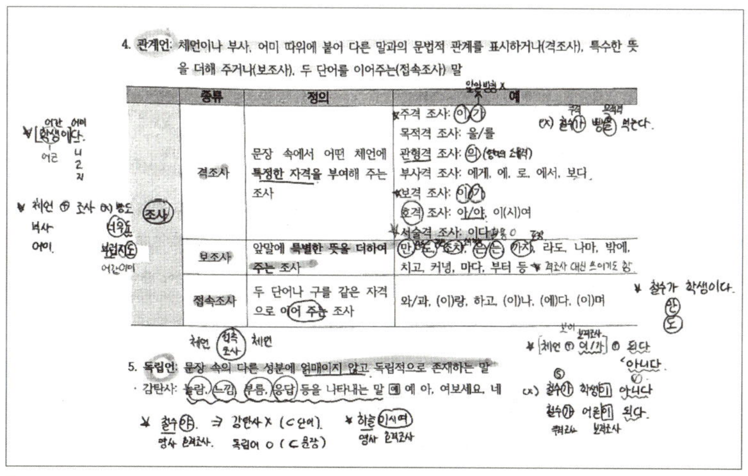

▲ 고2 〈언어와 매체〉 학습지 필기 내용이다.

다음 그림은 고등학교 2학년 〈언어와 매체〉 수업 필기입니다. 해당 수업은 유인물을 통해 개념을 먼저 익히고, 후에 교과서로 복습하는 순서로 진행되었습니다. 유인물과 교과서의 내용 위주로 설명하고 그 중간에

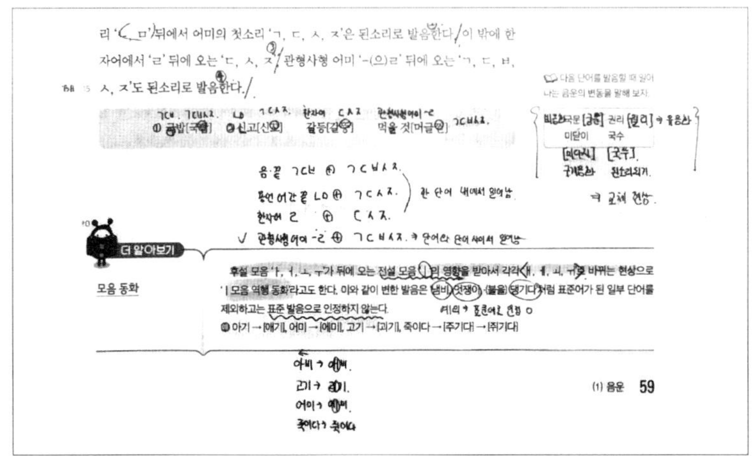

▲ 고2 〈언어와 매체〉 학습지 필기 내용이다.

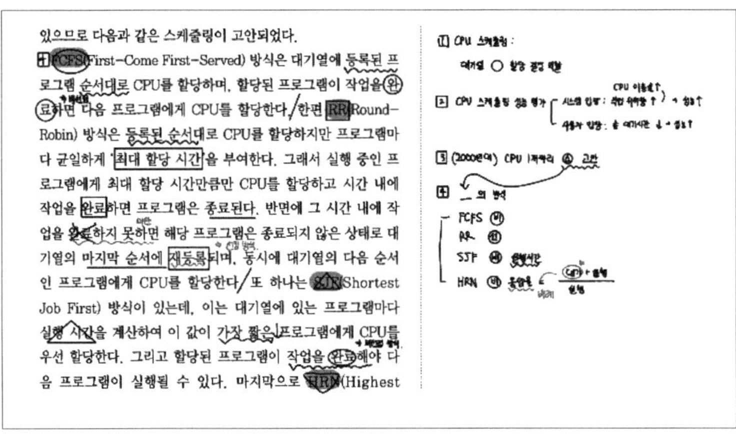

▲ 태블릿으로 작성한 수능특강 비문학 필기 내용이다.

세부 사항이나 예시를 보충하는 방식이었기 때문에 위와 같은 필기 방식을 채택했습니다.

[18~21] 다음 글을 읽고 물음에 답하시오.

심규에 드러안자 옥매로 벗을 삼아
여행을 맑게 닷고 [방적을 힘쓰더니]
동군이 유정하여 삼사월을 모라오니
㉠원근 벼랑에는 황금당을 둘러 잇고
촌변의 도리화는 가지마다 색을 띠어
사창 안 부녀 흥을 제 혼자 돋우는데
도로혀 생각하니 인생이 이만이라
여자의 달라짐도 예부터 이심으로
한 걸음 돌려서 완풍경 하려 하고
지심하는 *우생들과 일언의 구일하니
맛바위 사미당에 대회를 여러 내여
금차 옥잠은 용모의 광채 되고
녹의홍상은 도로의 문명하다
춘풍이 다시 부러 새봄을 더하는 듯
㉡일시에 모인 부녀 삼십 여인 열좌하네
규리 한담으로 차차로 수작하고
청유 분 모아 내어 소담히 장만하여
옥녀 선동들을 먼저 엮어 내어노코
㉢조용히 모여 안자 정결히 요기한 후

▲ 태블릿으로 작성한 수능완성 문학 필기 내용이다.

필기할 내용이 많은 국어와 영어 과목은 태블릿을 이용하는 것도 좋습니다. 공간 활용이 자유로워 내용을 어떻게 배치할지 걱정할 필요 없고, 위치 변경이나 수정이 편리하다는 장점이 있습니다.

▲ 태블릿으로 작성한 2024 수능특강 영어 독해 연습 필기 내용이다.

다음은 영어 과목입니다. 앞에서 이야기한 것과 같이 저희 학교에서는 영어 과목을 세 파트로 나누어 수업했습니다. 그래서 선생님마다 수업 방식이 달랐지만, 기본적으로 지문을 분석하며 문법 요소와 단어의 의미 등을 설명하는 것은 동일했습니다. 저는 그 내용을 필기에 담았습니다.

2024 수능특강 영어 독해 연습 연습 문제 7번 필기에서는 빨간색으로 단어의 의미를 적고, 파란색으로 전치사, 접속사, 관계사 등을 정리했습니다. 또한 초록색으로 'For example', 'In contrast'와 같은 접속 부사

를 알아보기 쉽게 표시했습니다. 추가로 노란색, 연두색, 하늘색, 보라색 형광펜을 사용하기도 했습니다.

● 생활과 윤리 과목 필기법

사회 과목에서는 선생님의 판서 위주로 수업이 진행됐습니다. 교재는 부수적으로 사용했기 때문에 별도의 노트에 판서를 그대로 받아적고, 구두로 설명하는 내용을 추가적으로 보충하는 식으로 정리했습니다. 필기량이 많다 보니 주요 개념을 구분하고 개념의 성질을 표시해야 했습니다. 이를 위해 다양한 색깔의 필기도구를 활용했습니다.

아래 그림은 〈생활과 윤리〉 필기의 일부입니다. 이 경우 선생님께서

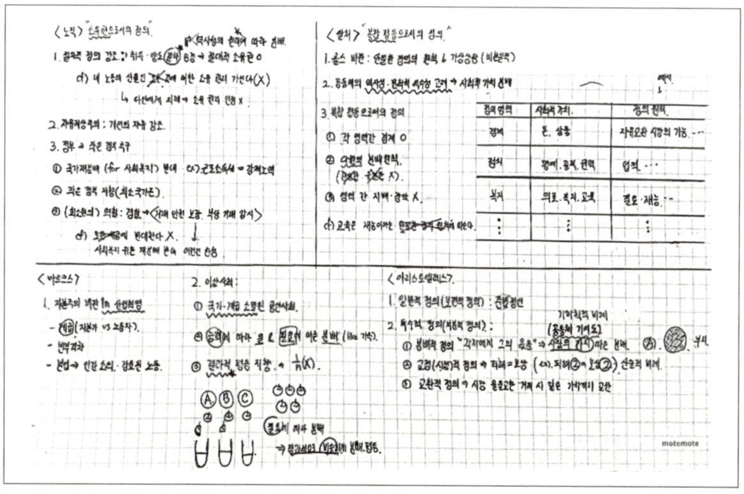

▲ 〈생활과 윤리〉 필기 내용으로, 수업 판서를 받아적었다.

칠판 필기를 굉장히 질서 정연하게 해 주셨기 때문에 사실상 이를 받아 적기만 하면 되는 수준이었습니다. 다만 판서로는 적지 않으시고 말로 설명하시는 부분이 있어 추가로 정리해야 했습니다. 형광펜을 칠한 기준은 주요 개념인데요, 큰 분류를 구별하기 위해 사용했습니다. 앞에서 이야기한 것과 같이 여기서도 빨간색은 부정의 의미를 표현하기 위해 이용했습니다.

● 한국지리 과목 필기법

다음은 〈한국지리〉 수업 중에 작성한 필기입니다. 과목 특성상 지도나 그림을 그려야 하는 경우가 많았는데요. 간단한 지도는 직접 그려 내용을 적었고, 보다 정확한 표기가 필요한 경우에는 시중에 판매하는 지도 포스트잇을 활용했습니다. 학습에 활용할 수 있는 다양한 포스트잇이 많으니 필요에 따라 이용해보기를 권합니다.

〈한국지리〉 수업은 주로 선생님의 말씀을 통해 진행되었습니다. 교재를 참고해 구두로 설명하고, 필요한 경우 직접 그림을 그렸습니다. 교재의 내용이 부실한 데다 개념이 지나치게 피상적으로 제시되어 있기 때문이었습니다. 설상가상으로 필기할 자리도 충분하지 않았지요. 그래서 저도 별도의 노트를 활용하기로 했습니다.

앞에서 언급한 것과 같이 저는 평소 필기할 때 4색 볼펜을 사용했습니다. 하지만 〈한국지리〉 필기에는 검정색, 주황색, 하늘색 3색을 사용했

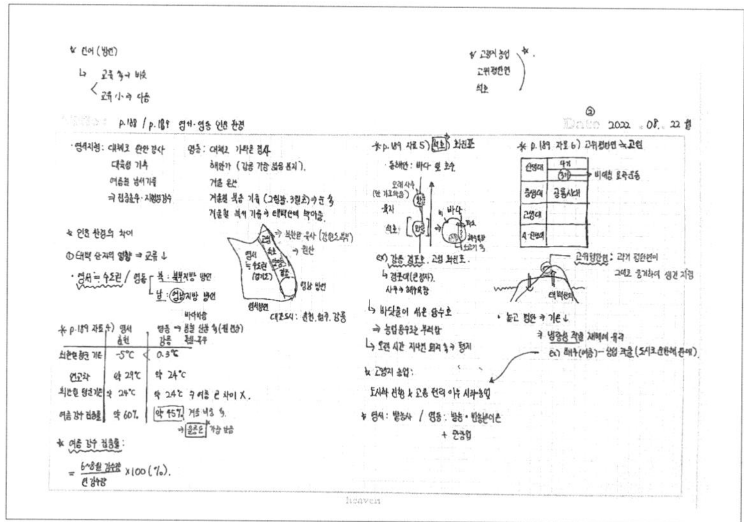

▲ 〈한국지리〉 필기 내용으로, 선생님의 말씀을 받아적었다.

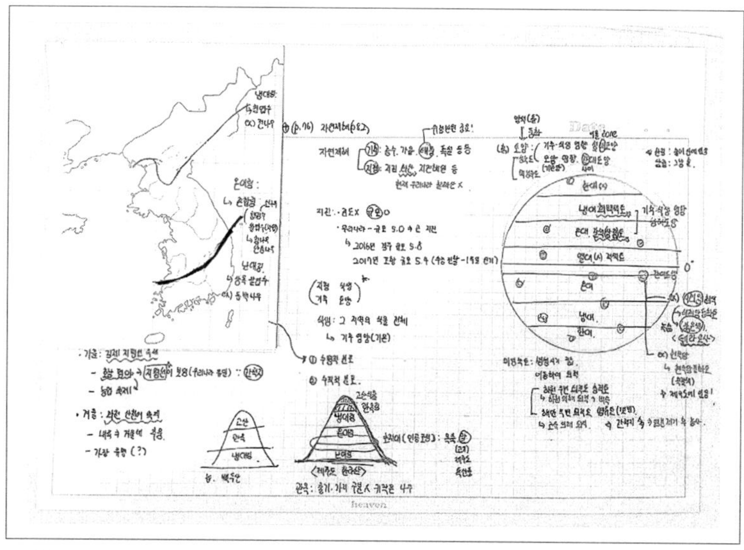

▲ 〈한국지리〉 필기 내용으로, 한반도 모양이 그려진 포스트잇을 활용했다.

습니다. 필기할 내용이 많고 다른 과목에 비해 시각적인 요소가 많아 눈에 띄는 색을 이용하는 게 좋겠다고 판단했기 때문입니다. 이처럼 정해둔 방식에 얽매이지 않고 필요에 따라 규칙을 변경하기도 했습니다.

● 그 밖의 과목 필기법

역사와 같은 단순 암기 과목은 1차 필기보다 단권화 작업이 더 중요합니다. 특히 경제, 사회, 문화 등 암기 요소가 많은 경우에는 시간 순으로 각 요소를 정리해 한눈에 알아볼 수 있게 만드는 것이 좋습니다. 그러

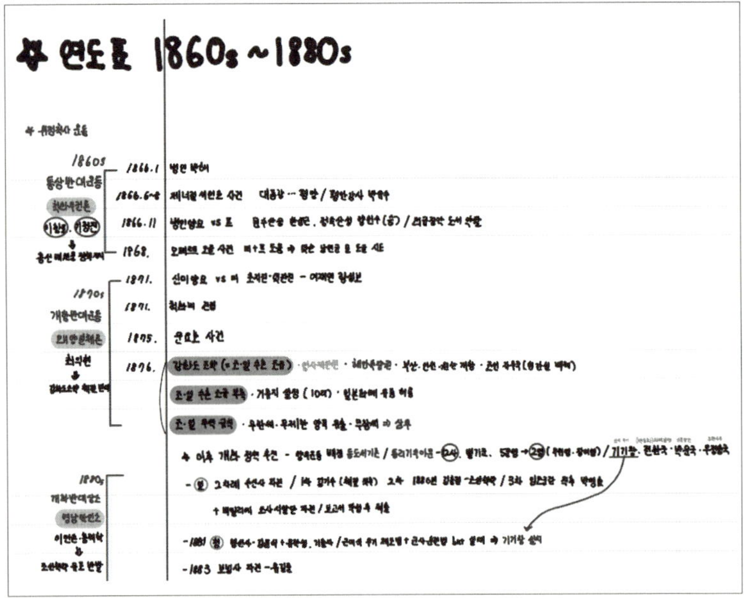

▲ 〈한국사〉 필기 내용으로, 1860년대부터 1880년대까지의 역사적 사건을 연도표로 나타냈다.

니 처음부터 완벽한 필기를 만들기 위해 시간과 노력을 쏟기보다는 알맞은 분류에 따라 정확한 정보를 기록하는 데 집중하기를 권합니다.

수학과 같은 비암기 과목의 경우에도 필기는 필요합니다. 개념을 완벽하게 이해하는 데 필요한 부가적인 설명을 적어두는 것이지요. 하지만 수학 과목에서 중요한 것은 개념을 이용한 문제 풀이이기 때문에, 개념 암기만을 위한 필기는 크게 의미가 없습니다. 개념은 관련 유형의 문제를 반복적으로 풀다 보면 자연히 익힐 수 있습니다. 그러니 우리는 해설을 중점으로 필기해야 합니다. 필기를 통해 출제 의도를 정확히 파악하고 그에 대한 올바른 풀이 과정을 작성하는 연습을 하는 것입니다.

필기는 머릿속에 복사본을 만드는 과정입니다. 뇌 속에 보이지 않는 작은 도서관을 만들어서 필요한 내용을 쉽고 빠르게 찾아볼 수 있도록 구획하는 것이지요. 필요한 내용을 곧바로 머릿속에서 꺼내어 쓸 수 있도록 만들기 위해서는 필기에 아주 많은 공을 들여야 합니다. 또한 자신에게 맞는 방법을 최대한 빨리 찾아야 합니다. 매번 익숙하지 않은 새로운 방식으로 필기를 하면 시간이 오래 걸리고, 학습의 효율이 떨어질 수밖에 없습니다. 필기 시간을 단축하고 학습 효율을 높이려면 언제든 고민 없이 바로 적용 가능한 획일화된 필기 방법을 만들어야 합니다. 과목의 특성과 수업 방식에 따른 필기법을 한 번 정해두면 효율적인 학습이 가능해집니다.

서울대학교 정치외교학부 25학번, 윤소정

공부하는 학생들에게 가장 큰 방해물이 무엇일까요? 한번 시작하면 쉽게 멈출 수 없는 스마트폰입니다. 스마트폰은 대부분 학생에게 방해 요인으로 작용합니다. 그렇기에 원만한 학습을 위해 기능이 제한적인 2G 휴대폰을 사용하는 학생들도 많습니다.

저 또한 비슷한 문제를 겪었습니다. 스마트폰을 곁에 두면 새로운 알림과 자극이 끊이지 않아 공부에 온전히 집중할 수 없었습니다. 잠자리에 들기 전에 잠깐 스마트폰을 본다는 것이 금세 서너 시간이 지나버려 잠을 충분히 자지 못한 적도 많고, 인터넷 강의를 듣다가 무의식적으로 스마트폰으로 딴짓을 해서 중요한 내용을 놓치는 경우도 더러 있었습니다. 그럴 때마다 스마트폰을 내려놓고 반성했지만, 얼마 지나지 않아 같은 실수를 반복했지요. 그런 시간들이 쌓이며 저는 점점 더 큰 죄책감을 느꼈고, 스마트폰 사용을 조절하지 않으면 계속해서 시간을 낭비하게 될 것이라는 생각에 불안해졌습니다.

그러던 어느 날, 문득 '언제까지 스마트폰의 노예로 살아야 할까?'라는 생각이 들었습니다. 더 이상 이렇게 시간을 낭비하고 싶지 않았던 저는 스마트폰 사용을 줄이기 위해 노력했습니다. 공부에 방해가 되는 SNS나 게임 앱을 삭제하고 설치하기를 반복했고, 아예 스마트폰을 멀리해 보기도 했습니다. 그러나 사용을 차단하는 방식은 지속하기 어려웠고, 결국 효율적인 스마트폰 활용 방법을 찾는 것이 중요하다는 결론에 도달했습니다. 스마트폰을 학습에 최적화하여, 공부에 방해되는 존재가 아니라 학습을 돕는 도구로 바꾸는 것입니다.

이제부터 수많은 시행착오 끝에 터득한 스마트폰을 공부에 최적화하는 방법, 일명 〈스마트폰 공부법〉을 여러분에게 공유하려 합니다. 작은 변화로도 공부 환경은 크게 달라질 수 있습니다. 저처럼 스마트폰 때문에 집중력이 흐트러지고 후회를 반복하는 학생들이 있다면, 이 방법을 참고하여 스마트폰을 더욱 효과적으로 활용해보기를 바랍니다.

지금부터 소개할 내용의 핵심은 방해 요인에 대한 접근성을 낮추는 것입니다. 스마트폰을 켜자마자 보이는 수많은 앱들은 터치 욕구를 자극합니다. 습관적으로 홈 화면의 앱을 누르는 순간, 한두 시간이 금방 지나가버리기도 합니다. 이러한 방해 요소를 줄이기 위해서는 공부에 필요하지 않은 앱을 눈에 띄지 않게 만드는 것이 중요합니다.

그러나 단순히 방해 요소를 없애는 것만이 답은 아닙니다. 스마트폰을 완전히 멀리하기보다는 학습에 도움이 되는 활용 방법을 찾아야 합니다. 불필요한 사용을 줄이는 동시에 스마트폰을 유용한 학습 도구로 만드는 방법을 살펴보겠습니다.

● 스마트폰 앱의 접근성 낮추기

홈 화면에는 학습과 생활에 꼭 필요한 앱만 남겨두고 나머지는 최대한 눈에 띄지 않도록 정리하는 것이 좋습니다. 스마트폰을 사용할 때 무의식적으로 홈 화면의 아이콘을 눌러버리는 경우가 많기 때문입니다. 공부하기 위해 스마트폰을 켰다가 습관적으로 SNS나 게임 앱을 실행하는 일이 잦아지면 학습 시간을 빼앗길 수 있습니다. 따라서 공부에 방해되는 앱들은 홈 화면에서 완전히 제외하는 것이 바람직합니다.

이때 방해 요소가 될 만한 앱들을 무작위로 두세 개의 폴더에 나누어 정리하면 좋습니다. 이렇게 하면 특정 앱이 어디에 있는지 쉽게 찾을 수 없어 접근성이 떨어집니다. 검색 기능을 사용해야 해당 앱에 접근할 수 있게 되는 것이지요. 앱을 폴더에 넣어 실행하기까지의 터치 횟수를 늘리는 것만으로도 무의식적인 앱 실행을 어느 정도 차단할 수 있습니다. 또한 이 앱을 지금 꼭 사용해야 하는지 한 번 더 생각해볼 수도 있지요. 이런 방식으로 스마트폰을 사용하는 목적을 더욱 명확히 하고 불필요한 앱 사용을 줄이는 것입니다.

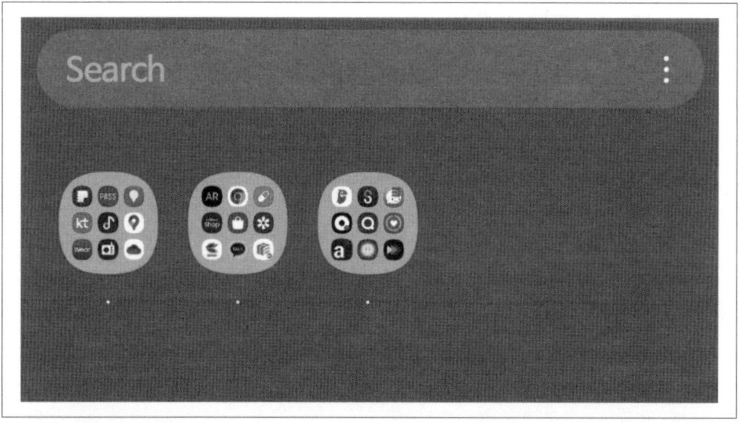

▲ 스마트폰 앱 화면

위 사진은 저의 스마트폰 화면입니다. 저는 앱 화면의 첫 번째 페이지에 학습과 생활에 필수적인 앱만 남겨두고, 나머지는 두 번째 페이지에 세 개의 폴더로 정리했습니다. 이때 앞에서 이야기한 것처럼 무작위로 배치해 어떤 앱이 어디에 있는지 알기 어렵게 만들었습니다. 이렇게 하면 학습에 방해되는 앱이 눈에 잘 띄지 않아 자연스레 실행 횟수가 줄어들고, 특정한 목적이 있을 때만 스마트폰을 사용하게 됩니다. 불필요한 앱을 사용하며 시간을 낭비하는 빈도를 줄이고, 의식적인 스마트폰 사용을 할 수 있도록 돕는 방법입니다.

더불어 저는 공부에 방해되는 앱 사용을 원천적으로 차단하기 위해 앱 잠금 서비스를 활용했습니다. 말 그대로 스마트폰 기능이나 별도의 앱을 활용하여 공부에 방해되는 앱을 잠그는 것입니다. 앱뿐만 아니라 웹사이트도 차단할 수 있습니다.

한번은 시험 기간에 온라인 지뢰 찾기 사이트에서 많은 시간을 허비했던 적이 있습니다. 평소에는 관심도 없었던 지뢰 찾기 게임이 시험 기간에는 공부를 방해하는 가장 큰 요인이 되곤 했습니다. 그래서 저는 AppBlock이라는 서비스를 활용하여 해당 웹사이트에 접속할 수 없도록 설정했습니다. 이때 잠금을 해제하기가 어려울수록 차단의 효과가 커집니다.

앱 스토어의 접근성을 낮추는 것 또한 도움이 됩니다. 아무리 SNS나 게임 앱을 삭제했다고 하더라도 앱 스토어가 눈에 띄는 곳에 있으면 쉽게 다시 설치할 수 있습니다. 공부에 대한 의지가 흔들릴 때 순간적인 충동으로 다시 앱을 설치하는 경우가 종종 발생합니다. 이를 방지하기 위해 앱 스토어 자체를 삭제하거나, 접근하기 어렵게 숨기는 것이죠.

삭제한 앱 스토어는 스마트폰 설정에서 언제든 복구할 수 있습니다. 필요할 때는 다시 활성화하여 사용하면 되지요. 이 기능은 시험 기간처럼 집중력이 필요한 시기에 이용하면 좋습니다. 작은 설정 하나만으로도 방해 요소를 줄이고, 집중할 수 있는 환경을 조성할 수 있습니다.

그밖에도 스마트폰의 시스템 언어를 한국어 대신 낯선 외국어로 바꾸거나, 화면을 흑백으로 설정하는 것도 좋은 방법입니다. 이러한 설정 변경은 조작을 불편하게 만들고, 스마트폰 사용의 재미를 감소시켜 사용 시간을 줄이는 데 도움이 됩니다.

● 알고리즘 멈추기

오늘날 알고리즘은 사용자의 이용 패턴을 정밀하게 분석하여 사용자의 취향에 들어맞는 콘텐츠를 추천합니다. 때문에 스마트폰 사용량이 늘어나, 많은 시간을 웹 서핑이나 영상 시청에 소모하게 됩니다. 특히 유튜브 같은 영상 플랫폼은 흥미로운 영상을 끊임없이 추천하여 공부 중에도 무심코 시청하게 되는 경우가 많습니다. 하지만 유튜브는 강의 영상이나 학습 자료를 찾는 데 유용하게 활용할 수 있어 완전히 차단하기는 어렵지요.

이럴 때는 알고리즘이 개인의 취향을 반영하지 못하도록 설정하여, 불필요한 영상 추천을 줄이는 것이 해결책이 될 수 있습니다. 가장 간단한 방법은 활동 기록을 비활성화하는 것입니다. 시청했던 영상이나 좋아요를 눌렀던 기록이 남지 않도록 설정하면, 플랫폼이 나의 관심사를 기반으로 맞춤형 콘텐츠를 추천할 수 없게 됩니다. 이렇게 하면 알고리즘이 추천한 흥미로운 영상을 보느라 시간을 허비하는 일이 줄어들고, 필요할 때 원하는 콘텐츠를 찾아볼 수 있습니다. 이 방법은 유튜브뿐만 아니라 포털 사이트에도 동일하게 적용할 수 있습니다. 포털 사이트 역시 검색 기록을 기반으로 사용자가 관심을 가질 만한 기사나 광고를 추천하기 때문에, 기록을 비활성화하면 원하지 않는 콘텐츠에 노출될 가능성이 줄어듭니다.

하지만 영상 플랫폼과 달리 SNS는 학습에 거의 도움이 되지 않기 때문에 가급적 비활성화하거나 탈퇴하는 것이 가장 바람직합니다. SNS는 짧고 강렬한 자극을 끊임없이 제공하기 때문에 한 번 접속하면 쉽게 빠져나오기 어렵습니다. 또한 짧고 강렬한 자극에 반복적으로 노출되면 집중력이 흐트러지고 기억력이 감퇴하여 학습에 역효과를 불러일으킵니다.

따라서 학습에 방해되지 않도록 SNS 사용을 최대한 제한하고, 알림은 차단해두는 것이 효과적인 해결책이 될 수 있습니다. SNS를 완전히 탈퇴하기 어렵다면 최소한 앱을 삭제하거나 로그인하지 않은 상태로 유지하는 것만으로도 불필요한 사용을 줄일 수 있습니다. 이러한 작은 변화만으로도 SNS가 주는 강한 유혹에서 벗어나, 보다 안정적인 학습 환경을 조성할 수 있습니다.

▲ 스마트폰 잠금화면

공부할 때는 동기 부여가 중요합니다. 공부하는 이유를 상기시키며 힘들어도 포기하지 않고 앞으로 나아가게 도와주기 때문이죠. 그래서 저는 스마트폰이 방해 요인이 아닌 동기 부여 요인이 되면 좋겠다고 생각했습니다. 수험 생활 중 저에게 가장 큰 동기 부여가 된 것은 다름 아닌 '꿈'이었습니다. 꿈을 이룬 미래의 나의 모습을 떠올리는 것은 누구에게나 확실한 동기 부여가 될 것이라고 생각합니다.

이처럼 나의 학습 의욕을 불러일으키는 일이 무엇인지 떠올리고, 그것을 스마트폰 잠금화면으로 설정해두기를 추천합니다. 저는 진학하고 싶은 대학교의 캠퍼스 사진이나 입사하고 싶은 꿈의 직장 사진을 잠금화면으로 설정해두고는 했습니다.

또한 홈 화면은 스스로의 양심을 자극할 수 있는 내용으로 구성했습니다. 스크린타임 현황을 배치하고, 윤동주 시인의 「서시」를 배경으로 설정했습니다. 스크린 타임은 스마트폰을 사용한 시간을 측정하여 보여주는 기능입니다. 앱별 사용량을 나타내어 스마트폰을 너무 많이 사용하지 않았는지, 불필요한 앱을 실행하지 않았는지 등을 점검할 수 있게 도와줍니다. 더불어 윤동주 시인의 「서시」는 부끄러움 없이 최선을 다하는 삶에 대해 생각하게 합니다. 저는 "죽는 날까지 하늘을 우러러 한 점 부끄럼이 없기를"이라는 구절을 보면서, 나 자신과의 약속을 지키며 목표한 바를 향해 나아갈 수 있는 힘을 얻고, 한결 단단해진 마음으로 학업에 열중할 수 있었습니다.

● 스마트폰으로 암기 효율 높이기

공부를 하다 보면 외워야 할 것이 참 많은데, 이때 스마트폰을 활용하여 많은 양을 쉽고 빠르게 암기할 수 있습니다.

첫 번째 방법은 암기 카드를 만드는 것입니다. '퀴즐렛', '원보카' 등의 앱을 활용하면 손쉽게 나만의 암기 카드를 제작할 수 있습니다. 이렇게 앱으로 암기 카드를 만들면 반복 학습을 할 수 있습니다. 암기 카드를 통해 단어의 의미를 익힌 뒤 테스트를 진행하고, 오답을 모아 다시 한번 공부하는 것이지요. 이렇게 아는 것과 모르는 것을 구분하여 반복적으로 학습하면 많은 양을 금세 외울 수 있습니다. 또 이동 시간에도 틈틈이 들여다볼 수 있어 편리합니다.

두 번째는 녹음 기능을 활용하는 것입니다. 논술형 수행 평가 등을 위해 긴 줄글을 외워야 할 때, 암기할 내용을 녹음하여 반복적으로 들으면 도움이 됩니다. 더 나아가서 암기할 내용을 노래로 만들어 듣는 것도

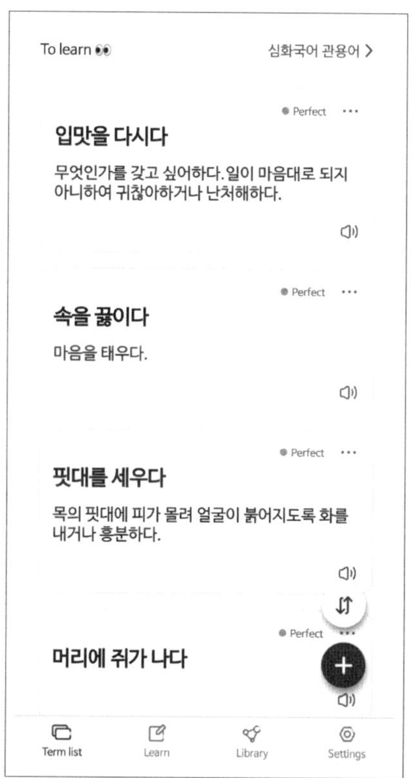

▲ 원보카 단어장

좋은 방법입니다. 역사적 사건이 일어난 연도나 원소 기호 등을 외울 때, 잘 알고 있는 노래 가사를 암기할 내용으로 재구성하는 것이죠. 직접 가사를 붙여 녹음하고, 자투리 시간이나 잠자리에 들기 전에 들으면 큰 힘을 들이지 않고도 쉽게 암기할 수 있습니다.

● 학습에 도움을 주는 앱 활용하기

암기 외에도 학습에 도움을 준 앱이 여러 개 있습니다. 첫 번째는 사전 앱입니다. 국어나 영어 과목을 공부하다 보면 생소한 단어가 종종 등장합니다. 이때 의미를 확실하게 아는 게 아니라면 반드시 사전을 찾아봐야 합니다. 어휘력은 학습의 기반입니다. 단어의 의미를 알면 개념을 더 쉽게 이해할 수 있지요. 이것은 비단 언어 과목에만 해당하는 이야기가 아닙니다. 사회탐구나 과학탐구 영역을 공부할 때도 낯선 용어를 만나면 사전을 찾아 그 의미를 정확하게 알고 넘어가기 바랍니다.

두 번째는 타이머 겸 스톱워치 앱 '포레스트'입니다. 포레스트는 사용자의 집중 시간을 나무로 형상화하여 보여주는 앱으로, 스마트폰 사용을 차단하면서 공부 시간을 측정할 수 있다는 장점이 있습니다. 원하는 나무를 선택하고 기능을 작동시키면 스마트폰 사용이 차단되며, 작동 시간이 늘어남에 따라 나무가 자라는 모습을 보여줍니다. 오래 켜두어서 나무가 많이 자라고 그것이 모이면 숲을 이루게 되지요. 작동 시간에 따라 코인이 제공되는데, 그것으로 새로운 나무를 획득하거나 나무 심기 캠페인에 참여할 수 있습니다.

이때 과목별로 다른 나무를 선택하고 공부 시간을 측정하면, 순수 공부 시간을 파악하는 것과 더불어 과목별 공부 비중까지 확인할 수 있습니다. 공부할 때 소소한 동기 부여가 필요하거나, 재미를 붙이고 싶다면 이런 앱을 이용하는 것도 좋습니다.

이외에도 독서 기록 앱과 '알라미', '뉴닉' 등을 추천합니다. 학교에서 수행 평가 준비를 할 때 책을 참고해야 하는 경우가 있습니다. 이때 독서 기록 앱을 이용해 읽은 책의 인상 깊은 구절이나 느낀 점을 정리해두면 시간을 많이 할애하지 않고도 준비할 수 있습니다.

알라미는 특정 미션을 수행해야 알람이 꺼지는 알람 앱입니다. 수학 문제 풀기, 기억력 게임 등을 통해 뇌를 깨우고, 걷기, QR코드 스캔하기 등으로 몸을 깨울 수 있습니다. 미션의 난이도와 횟수를 직접 설정할 수 있다는 장점이 있습니다. 마지막으로 뉴닉은 시사 이슈를 이해하기 쉽게 정리해둔 앱입니다. 중고등학생도 이해할 수 있도록 뉴스를 쉽게 풀어 설명해주기 때문에 틈틈이 배경지식을 쌓고 수행 평가를 대비할 수 있습니다.

● EBSi 단추 활용하기

학습을 도와주는 웹사이트도 있습니다. 중고등학생이라면 모두가 알고 있을 'EBSi'인데요. 그중에서도 특히나 유용했던 인공지능 단추 서비스를 소개하겠습니다.

인공지능 단추는 맞춤형 인공지능 추천 학습을 제공하는 EBSi의 무료 서비스입니다. 지금까지의 모든 기출문제와 EBS 교재 문제를 풀어볼 수 있으며, 맞춤형 시험지를 제작할 수도 있습니다. 저는 이 웹사이트를 활용하여 질 좋은 학습 자료를 마음껏 만들어 쓸 수 있었습니다.

가장 먼저 소개할 기능은 문제 검색 기능입니다. EBSi 홈페이지에 접속해서 하단 중앙의 로봇 아이콘을 클릭하면 '푸리봇'이라는 서비스에 접속할 수 있습니다. 여기에 문제 사진을 전송하면 모든 EBS 교재 문제와 기출문제를 검색할 수 있습니다. 전 문항 풀이와 해설 영상을 제공하고 있으니 언제든 유용하게 활용할 수 있습니다. EBS 교재에 수록된 문제라면 문제 번호 옆의 문제 코드를 통해서도 검색이 가능합니다. 푸리봇을 활용하여 우리 학교 내신 기출문제의 출처를 확인하는 것도 가능합니다. 모르는 문제나 출처가 궁금한 문제가 있을 때 이 서비스를 활용하면 도움이 될 것입니다.

다음은 앞서 언급했던 맞춤형 시험지 제작 기능입니다. 이 기능은 내신 대비에서 빛을 발합니다. 학력평가 및 모의고사 기출문제로 시험 범위에 맞는 나만의 시험지를 제작할 수 있기 때문이지요. 저는 이 기능을 활용해 최근 5개년 기출 중 4점짜리 문제를 모아 시험지를 만들고, 모든 문제를 완벽히 풀 수 있을 때까지 공부했습니다. 문학 분야를 공부할 때는 교과서에 수록된 작품을 바탕으로 출제한 기출문제를 풀기도 했습니다. 또 한국사나 사회탐구 영역처럼 개념 암기가 중요한 과목은 오답률이 높은 기출문제로 시험지를 꾸려 모르는 내용이나 헷갈리는 개념을 확인했습니다. 이렇게 제작한 시험지는 출력과 온라인 열람이 모두 가능하여 자신에게 맞는 방식으로 활용할 수 있습니다.

단추는 내신 준비 기간뿐 아니라 수능 대비 파이널 기간에도 도움이 되었습니다. 수능이 가까워지면 과목별로 내가 취약한 부분이 명확하게 드러납니다. 저의 경우에는 〈수학I〉의 삼각함수의 활용 부분과 〈영어〉의 순서·삽입 유형, 그리고 〈경제〉의 환율 부분 시간 안배에 취약했습니다.

이런 점을 보완하기 위해 저는 단추를 활용해 문제 풀이를 진행했습니다. 삼각함수의 활용은 교재와 기출문제에서 오답률이 높은 문항 100개를 선별해 시험지를 만들었고, 〈영어〉는 평가원의 10개년 순서·삽입 문항을 모두 풀이했습니다.

수능 전날에는 최근 기출문제에서 오답률이 가장 높았던 문항 10개를 풀어보았습니다. 〈경제〉의 환율 부분은 교재와 기출문제에서 뽑은 100문항을 시간을 재며 풀고, 풀이가 오래 걸리는 문제를 분석하여 시간을 단축할 수 있도록 했습니다. 저는 이렇게 단추를 통해 부족한 부분을 효율적으로 보강했습니다. 여러분도 이런 서비스를 학습에 적극적으로 활용하기를 권합니다.

실전 적용 연습

지금부터는 〈스마트폰 공부법〉의 적용 및 활용 예시를 살펴보겠습니다.

　고등학교 1학년 때, 사회 과목 수행 평가로 인구 문제에 관한 유인물 4장을 외운 적이 있습니다. 당시 어마어마한 분량에 전부 외울 수 있을지 걱정이 앞섰습니다. 그렇게 암기 방법을 고민하던 중 방대한 암기량을 노래를 통해 극복할 수 있을지도 모른다는 생각이 들었습니다. 대중가요를 반복해서 듣다 보면 자연스레 가사가 외워지는 것처럼 말이지요.

　노래를 만들 때는 먼저 외울 내용을 간단한 명사형으로 정리하고, 이것을 담기 좋은 노래를 찾아봅니다. 제 경험에 따르면 동요나 CM송이 개사하기 수월했습니다. 저는 동요 '신데렐라' 가사의 글자 수 또는 음절에 맞추어 개사를 했습니다. 다음은 제가 개사한 내용입니다.

결혼 및 출산 가치관변화
평균 결혼 연령 상승
여성의 사회활동 출산육아 비용부담 업

경제활동 인구감소
노동력 부족해졌네
잠재 성장률 하락
소비감소 경제성장둔화 (장기적 경기 침체!)

의학발달 생활수준 업
평균수명 연장됐네
노년부양비 노년층사비 증가한 고령화 현상

빠른 감소 완만한 감소

개사를 마치면 원곡 또는 MR에 맞추어 노래를 부르며 녹음합니다. 이제 남은 것은 이 노래를 반복해서 듣는 것뿐입니다. 처음에는 도무지 암기하지 못할 것 같았던 내용이었지만 이런 방법을 활용하니 2시간 이내에 모든 내용을 암기할 수 있었습니다. 암기할 내용이 방대한 경우에는 스마트폰을 활용하여 '암기 송'을 만들어보세요.

● EBSi 단추로 나만의 시험지 만들기

저는 〈경제〉 과목의 기출문제 학습에서 어려움을 겪었던 적이 있습니다. 문제를 풀 때 필요한 개념은 알고 있지만 정확한 풀이 과정이 떠오르지 않거나, 비슷한 유형의 문제를 계속 틀리는 경우가 많았습니다. 반복 학습이 부족한 탓이라는 것을 깨달은 저는 효과적인 반복 학습 방법을 고민하게 되었습니다. 이때 활용한 것이 EBSi 단추 서비스입니다. 저는 최근 10년 동안 출제된 3점짜리 기출문제를 모아 하나의 시험지로 만들었습니다. 부족한 부분을 보강하며 실전 감각을 익히기 위해 스톱워치를 사용하여 풀이 시간을 측정하기도 했습니다. 시간이 지나치게 오래 걸리는 문제 유형을 발견하면 그에 대한 대응 전략을 정리했습니다.

예를 들어, 그래프 해석 문제에서 특정 조건을 놓쳐 풀이가 길어지는

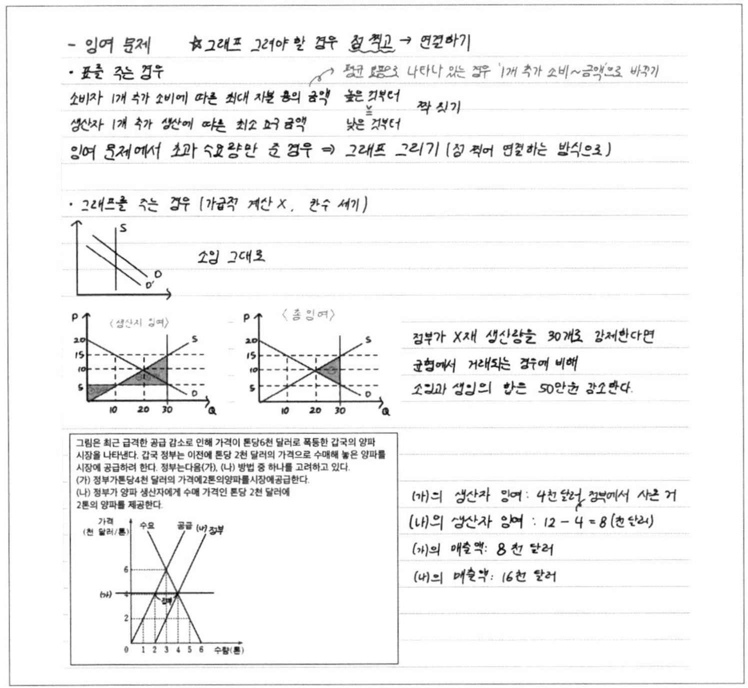

▲ 사회탐구 영역 경제 과목의 소비자 잉여 문제 대응 전략을 정리했다.

것을 막기 위해 핵심 조건을 미리 확인하는 습관을 들였습니다. 또 계산 실수가 잦은 문제는 풀이 과정을 단계별로 나누어 검토했습니다. 이러한 학습 내용을 정리하기 위해 태블릿 PC의 노트 앱을 활용했습니다. 문제를 풀면서 발견한 유형별 특징과 해결 전략을 한눈에 보기 쉽게 정리하고, 자주 틀리는 유형은 색을 달리하여 표시하는 것이지요. 저는 이렇게 정리한 내용을 바탕으로, 단추 서비스의 고난도 문제를 여러 번 풀어보면서 반복 학습이 자연스럽게 이루어지도록 했습니다. 이렇게 학습한 결과 고난도 문제에서 풀이 속도가 현저히 빨라졌고, 실수도 줄어들었습니다. 단순히 기출문제를 반복해서 푸는 것이 아니라, 스마트 기기를 활용해 나만의 시험지를 제작하고 유형별 대응 전략집을 만든 것이 큰 도움이 되었습니다.

스마트폰을 어떻게 활용할지는 개인의 선택에 달렸습니다. 지금까지 소개한 방법들을 참고하여 스마트폰을 유용한 학습 도구로 만들어 가기를 바랍니다.

REVIEW

스마트폰을 올바른 방식으로 적절히 활용하면 강력한 학습 도구가 될 수 있습니다. 스마트폰을 방해 요소가 아니라 학습 도구로 만들기 위해서는 환경을 조성하는 것이 중요합니다. 불필요한 알림을 차단하고, 집중 시간을 정해 스마트폰 사용을 제한하며, 노트나 암기 카드 앱을 활용해 자료를 정리하는 습관을 들이면 더욱 효과적인 학습이 가능합니다.

서울대학교 정치외교학부 25학번, 윤소정

제 삶의 신조는 '부족한 점을 보완해 어제보다 더 나은 내가 되자'입니다. 삶을 살아가는 데뿐만 아니라 공부할 때도 항상 잊지 않고 마음에 새기는 말이지요. 제가 오답 노트를 꾸준히 활용하는 것도 이 때문입니다. 고등학생이었던 저는 헷갈리는 부분과 자주 틀리는 문제를 파악해 빈틈을 메운다면 결국에는 만점에 도달할 수 있을 거라고 생각했습니다.

오답 노트는 틀린 문제를 모아서 정리한 노트입니다. 시험 대비를 위한 정석적인 공부 방법 중 하나라고 할 수 있지요. 그런데 제가 작성한 오답 노트에는 약간의 차별화 요소가 있습니다. 대부분의 학생이 틀린 문제만을 정리하는 반면, 저는 풀이 과정에서 조금이라도 헷갈렸거나 확실하게 알고 있다는 판단이 들지 않는 문제와 선지까지 함께 적었습니다. 그렇게 빈틈을 완벽히 메우는 것입니다.

과목을 막론하고, 공부에서 가장 중요한 세 단계는 '개념 익히기 - 문제 풀이 - 오답 노트 작성'이라고 생각합니다. 내신 공부와 수능 공부 모두에 해당하는 이야기입니다. 그만큼 오답 노트의 중요성이 큽니다. 개념을 익히고 문제 풀이를 통해 적용하는 것도 물론 중요한 과정입니다. 하지만 아무리 많은 개념을 외우고 아무리 많은 문제를 풀어도 틀린 문제를 제대로 짚고 넘어가지 않으면 발전할 수 없습니다. 틀린 문제가 있을 때, 그 문제를 철저히 분석해 오답의 원인을 파악하고 관련 개념을 숙지하지 않으면 비슷한 문제를 계속해서 틀리게 됩니다. 틀린 적이 있다는 기억만 남고 올바른 풀이 과정과 정답은 떠오르지 않는 것이지요.

틀린 문제를 분석하고 올바른 문제 풀이에 필요한 개념을 정리하면 이전에 놓쳤던 개념을 꼼꼼하게 다시 한번 볼 수 있습니다. 취약한 부분만을 모아둔 것이기 때문에 오답 노트를 반복적으로 살펴보는 것만으로도 복습이 됩니다. 추가 학습이 필요한 부분만을 집약적으로 살펴볼 수 있어 시간이 절약되고 학습 효율도 올라가지요. 이렇게 만든 오답 노트는 시험 직전 최종 점검에 활용하기도 좋습니다. 단, 내신 대비용과 수능 대비용 오답 노트는 따로 작성하는 것이 좋습니다. 시험의 성향에 따라 오답 노트의 방향성이 달라지기 때문입니다.

내신은 주로 암기 위주이며, 시험을 출제하는 선생님의 관점이 무엇보다 중요하다는 특징이 있습니다. 때문에 내신 대비 오답 노트에는 아직 암기하지 못한 내용과 수업에서 다루었던 내용을 작성합니다. 그리고 선지에 대한 선생님의 해설을 구체적으로 작성해, 출제자의 정오 판단 기준을 파악합니다. 내신 시험의 출제자는 각 과목별 선생님이기 때문에 수업을 열심히 듣고, 의문이 드는 부분은 그때그때 질문해 해소해야 합니다.

수능을 대비하기 위한 오답 노트는 조금 다릅니다. 평가원에서 출제하는 시험은 출제자를 만나거나 질문할 수 없기 때문에 출제 의도를 스스로 파악해야 합니다. 또한 상대적으로 짧은 시간 동안 적은 범위 내에서 출제된 문제를 푸는 내신 시험과 달리, 수능에서는 70~100분 내외의 긴 시간 동안 많은 문항을 풀어야 하지요. 그렇기에 전략적으로 문제에 접근해야 합니다.

수학을 예로 들면, 내신 시험에서는 비교적 짧은 시간이 주어지는 대신 깊이 있는 사고를 요하는 문제가 많지 않습니다. 그래서 쉽게 풀 수 있는 문제부터 마구잡이로 풀어나가도 큰 문제가 없습니다. 쓸 수 있는 식을 모두 쓴 뒤에 그 사이에서 짜 맞추는 식으로 답을 내는 경우도 많지요. 하지만 수능 시험의 수학 영역은 100분으로, 문제에 어떻게 접근하느냐에 따라 시간 차가 많이 벌어질 수 있습니다. 이럴 때는 문제를 차근차근 읽으면서 생각을 정리하고 답으로 가는 경로를 머릿속에 떠올린 다음, 계산이 필요한 시점에 펜을 들어 풀이하는 것이 이상적입니다.

오답 노트를 작성할 때, 풀이 과정에서 떠올리지 못했던 아이디어 혹은 문제를 대하는 태도의 문제점 등을 함께 작성하면 시간 단축에서 큰 효과를 볼 수 있습니다. 일례로 저는 오답 노트에 '케이스 분류 후 그것이 전체 케이스인지 다시 한번 생각해보기', '서로 다른 모든 실근의 합을 구할 때 무턱대고 근과 계수의 관계 쓰지 않기: 중근일 가능성 염두에 두기'처럼 개선할 점을 작성해, 문제에 접근하는 방식과 풀이하는 태도를 교정하고자 했습니다.

지금까지 내신과 수능 대비 오답 노트의 차이점에 대해 이야기했습니다. 이제부터 본격적으로 내신과 수능을 위한 과목별 오답 노트 작성법을 알아보겠습니다.

공부 전략 설계도

● 내신 대비 오답 노트 작성하기

오답 노트를 작성하려면 먼저 시험의 특징을 파악하고 과목별 공부 전략을 수립해야 합니다. 내신 시험의 특징은 아래와 같습니다.

· 암기 위주이다.

· 시험 시간이 짧다.

· 시험 범위가 한정되어 있고, 좁다.

· 선생님의 수업이 가장 중요하다.

· 한 달 동안 집중적으로 준비한다.

이런 특징을 고려할 때, 내신 대비에서 가장 중요한 것은 수업을 잘 듣는 것입니다. 수업에 집중하고 선생님이 강조한 부분을 표시해두는 것은 기본 중의 기본입니다. 더하여, 내신 대비 오답 노트는 반드시 교과서 N회독과 병행하기를 추천합니다. 교과서 N회독이란 시험 범위에 해당하는 교과서와 학습 자료를 반복해서 읽는 것을 말합니다. 틀린 문제를 확실히 이해하고 습득하기 위해 오답 노트를 작성하지만, '방어가 최선의 공격'이라는 말처럼 처음부터 틀리지 않는 것이 가장 좋습니다. 교과서 N회독을 통해 개념을 충분히 익혀 오답을 선제적으로 예방하는 것이지요.

실제로 개념 숙지가 미흡해서 틀리는 문제는 오답 선지가 교과서 개념 파트에 그대로 나와 있는 경우가 많습니다. 따라서 문제만 풀 것이 아니라 N회독을 통한 암기도 병행할 것을 추천합니다. 그렇다면 올바른 교과서 N회독을 방법을 알아볼까요?

1회독을 할 때는 시험 범위를 가볍게 훑어봅니다. 2회독부터 4회독까지는 소리 내어 읽거나 밑줄을 긋는 등 다양한 방법으로 읽어봅니다. 이해가 어려운 부분은 관련 자료를 찾아보거나, 다른 사람에게 설명하듯 읽어도 좋습니다. 5회독을 할 차례가 되면 대부분의 내용이 머릿속에 자리 잡고 있습니다. 이때부터는 암기되지 않은 부분을 외우려고 노력하며 읽습니다. 머리에 잘 들어오지 않는 내용은 따로 표시를 해두면 도움이 됩니다. 시험 직전이 되면 이전에 표시해둔 부분과 수업 중 선생님이 강조한 부분 위주로 다시 읽습니다.

저는 중학생 때부터 이런 방식으로 거의 모든 과목을 다섯 번에서 여덟 번 정도 살펴본 후 시험을 치렀고, 수월하게 문제를 풀 수 있었습니다. 내신 시험 문제는 학교 수업을 기반으로 출제되기 때문에 범위와 수업을 벗어난 문제는 없었습니다.

이렇게 오답 노트를 작성할 준비를 마쳤다면, 이제 과목별 오답 노트를 작성할 차례입니다.

국어 오답 노트 만들기

1. ㉠과 ㉡에 대한 설명으로 적절한 것은?

① ㉠은 화자가 동경하는 대상이다.
② ㉡은 문제 상황을 유발하는 원인이다.
③ ㉠은 ㉡과 달리 자아 성찰의 도구이다.
④ ㉡은 ㉠과 달리 흐르는 동적 이미지와 관련이 있다.
⑤ ㉠과 ㉡은 모두 시간의 경과를 나타내는 상징물이다.

▲ 2015학년도 9월 고1 학력평가 국어 영역 38번

위 문제는 현대시「가는 길」의 특정 시어 ㉠과 ㉡에 대해 묻는 문제입니다. 이 문제를 풀 때 2번 선지와 4번 선지를 두고 고민하다가 정답인 2번 선지를 골라서 답을 맞혔다고 가정해봅시다. 운이 좋아 이번 문제는 틀리지 않았지만, 해당 선지가 변형되어 출제되면 틀릴 가능성이 있습니다.

이렇게 조금이라도 정오 판단이 고민되는 문제는 표시해두었다가 오답 노트에 적는 것이 좋습니다. 저는 선지 옆에 물음표 표시를 남겨두었다가 오답 노트를 작성했습니다. 특정 시어 '강물'이 시간의 흐름을 나타내는지 판단하는 게 어려웠다면 이 부분을 구체적으로 메모하는 것이죠. 이후 유사한 문제를 풀다가 헷갈리는 선지가 등장하면 그것 또한 같은 카테고리에 메모함으로써 정확한 판단 기준을 확립할 수 있습니다.

다음 그림은 제가 작성한 국어 오답 노트입니다. 국어 내신 대비 오답 노트를 작성할 때는 상단에 단원명을 쓰고, 본문에 선지와 정오 판단의 근거를 메모했습니다. 글의 특징을 묻는 문제라면 별다른 표시 없이 본문에 해당 선지를 적었고, 지문과 문제를 읽어야 해결할 수 있는 선지의 경우에는 별표와 함께 문제도 적었습니다. 선지 옆에는 (O) / (X) 등으로 정오 표시를 하고 색이 다른 펜으로 선지의 틀린 부분을 고쳐 적거나 해설을 덧붙였습니다. 그리고「가는 길」같은 문학 작품의 경우에는 제목 아래에 작품 개관을 작성하기도 했습니다. 작품의 주제나 특징 등은 문제의 선지로 자주 등장하기 때문입니다.

〈가는 길〉

─ 작품 개관

갈래: 자유시, 서정시 / 성격: 전통적, 민요적, 애상적, 서정적

제재: 임과의 이별 / 운율: 내재율 (3음보, 7·5조의 민요적 율격)

주제: 이별의 아쉬움과 임에 대한 그리움

특징: ·선정 후경의 구조 ·유음과 비음을 사용하여 음악적 효과를 거둠.
·객관적 상관물(까마귀, 강물)을 통해 화자의 정서를 드러냄. ·시행의 길이와 어조로 화자의 심리를 표현함.

* 강(江)물
·시간의 흐름 (O) ·이별을 재촉하는 소재 (O) ·인간의 힘으로는 극복할 수 없는 한계 (O)
·대상에 대한 화자의 그리움을 이끌어 내는 기능 (X)

* 그냥 갈까 / 그래도 / 다시 더 한번...
·자문자답을 통해 화자의 내적 고민을 드러내고 있다. (X)

* 화자의 태도와 가까운 것 (이별의 안타까움)
흐르는 물은 흘러서 가고 / 잡아도 뿌리치고 가시는 이 밤의 정이 십리가 못 되는 길도 백 리보다 멀어라
―이병기, 〈송별〉
·음수율을 고려하여 의도적으로 시어를 다듬은 부분이 있다. 흐릅디다그려 → 흐릅디다려

▲ 오답 노트에 현대시 「가는 길」의 선지와 정오 판단의 근거를 정리했다.

해설을 봐도 이해가 안 되거나 납득하기 어려운 부분은 표시해두었다가 꼭 선생님께 질문했습니다. 앞에서 언급한 바와 같이, 선생님이 곧 시험 출제자이기 때문에 선생님의 관점이 가장 중요합니다.

국어 과목 오답 노트에서는 다른 과목과 달리 문제의 선지를 그대로 쓰는 것을 원칙으로 했습니다. 사용된 표현 하나하나가 답을 가르는 요소가 될 수 있기 때문입니다. 이렇게 하면 선생님께 질문할 때도 정확한 답변을 들을 수 있어 좋습니다. 또한, 반드시 해설지가 있는 문제를 풀었

습니다. 해설 없이 답만 있는 경우에는 채점을 하고 나서도 틀린 이유를 알 수 없어 혼란만 가중되는 경우가 많기 때문입니다.

이렇게 오답 노트에 오답 선지 및 헷갈렸던 선지를 정리하는 것만으로도 의미가 있지만, 보다 효과적인 시험 대비를 위해 추가적으로 작성하면 좋은 내용들이 있습니다. 어휘 정리, 시험 범위 본문 요약, 시험 시 행동 강령 등입니다. 문학이나 독서 과목에서는 어휘의 뜻을 묻는 문제가 종종 출제됩니다. 그러니 의미가 명확히 떠오르지 않는 단어가 있다면 노트에 정리하여 정확한 의미를 숙지하는 것이 좋습니다. 또, 시험 범위에 분량이 긴 독서 지문이 다수 포함되었을 때는 문단별 핵심 내용 요약과 지문 구조도를 그려, 각 지문의 전개와 핵심 내용을 파악하는 데 활용할 수 있습니다.

행동 강령을 작성하는 것은 국어뿐만 아니라 전 과목에 도움이 됩니다. 저는 모든 과목의 오답 노트 마지막 장에 행동 강령을 작성했습니다. 행동 강령이란 시험 상황에서 지켜야 하는 원칙이나 규칙을 말합니다. 제 경우에는 자주 실수하는 부분, 잘 외워지지 않는 개념, 애매한 선지의 선택 기준 등을 주로 작성했습니다. 시험 직전에 정리한 행동 강령을 읽으면 실수를 방지할 수 있고, 마인드 컨트롤에도 큰 도움이 됩니다.

문제지의 해설과 선생님의 해설, 그리고 행동 강령 등을 정리하여 노트를 완성했다면 이제 자투리 시간을 활용해 틈틈이 복습합니다. 이동 시간이나 식사 시간 등에 노트를 보며 헷갈렸던 부분을 보완하는 것입니다.

다만 국어 시험 직전에는 오답 노트보다 교재에서 강조한 부분을 보는 게 좀 더 낫다는 생각을 조심스레 덧붙입니다. 국어 내신 오답 노트는 내가 잘못 알았던 부분을 고치고 애매한 문제에 대한 판단 기준을 확립하기 위한 목적이 큰데, 실질적으로 시험에 많이 출제되는 건 선생님이 수업 시간에 강조한 부분이기 때문입니다.

수학 오답 노트 만들기

수학 오답 노트를 만들 때는 주로 태블릿PC의 노트 앱을 활용했습니다. 처음에는 종이에 문제를 쓰고 풀이를 작성하는 방법을 시도하기도 했지만, 문제와 풀이를 손으로 쓴다고 해서 외워지지도 않을뿐더러 수학의 경우 특정 문제의 풀이를 외우는 것이 그다지 큰 도움이 되지 않기 때문입니다. 그리하여 저는 문제와 해설을 스캔하여 노트에 스크랩하는 방식을 활용하기로 했습니다.

오답 노트를 작성하기 전에 해야 할 것은 문제 풀이입니다. 하지만 수학의 경우 한 번의 시험을 위해 10권 이상의 문제집을 풀었고, 오답 수도 다른 과목에 비해 월등히 많았습니다. 그래서 수학 과목은 문제 풀이 직후에 오답 노트를 작성하는 게 아니라, N회독을 거친 뒤 여러 번 풀어봐도 잘 풀리지 않는 문제들만 추려서 오답 노트를 만들었습니다.

여기서 잠깐 저의 문제집 N회독 과정을 짚고 넘어가겠습니다. 문제집

N회독을 하기 위해서는 노트나 연습장을 준비해야 합니다. 문제집에 직접 풀이 과정을 적지 않기 위함입니다. 문제집에는 최소한의 필기와 답만 표시해두어야 해당 문제를 여러 번 풀어볼 수 있습니다. 첫 번째 풀이 시 정답을 연필로 표시했다면, 그 이후에는 펜을 사용해 1회독 때 어떤 실수를 했는지 남겨두었습니다. 또한, 저는 일명 '무지개 채점법'을 고안해내, 문제 풀이를 거듭할 때마다 다른 색상의 색연필로 채점했습니다. 1회독은 빨간색 색연필로, 2회독은 주황색 색연필로, 3회독은 노란색 색연필로 채점하며 구분하는 것이지요.

조금 더 구체적으로 살펴보겠습니다. 먼저, 틀린 문제를 다시 풀어보고 해설과 비교하며 2회독을 합니다. 그래도 이해되지 않는 문제는 3회독을 진행합니다. 시험 2주 전에 이제까지 풀었던 문제집을 모아 틀리거나 풀지 못했던 문제를 다시 풀이하며 4회독을 합니다. 네 번째 풀이에서 틀린 문제는 초록색 색연필로 표시합니다. 초록색으로 표시해둔 문제를 마지막으로 다시 한번 풀어보고, 해결하지 못한 문제를 추려 오답 노트를 작성합니다. 저는 이렇게 N회독을 진행하면서 문제를 걸러냈고, 내신 시험 대비를 위한 오답 노트에 대략 20문제 정도를 정리했습니다.

다음으로는 제가 활용한 수학 오답 노트 형식을 소개하겠습니다. 저는 모눈종이 템플릿을 두 단으로 나눠 왼쪽에는 문제를, 오른쪽에는 해설을 담았습니다. 이렇게 하면 오른쪽의 해설을 가리고 문제를 여러 번 다시 풀어볼 수 있지요. 그런 다음 모아둔 문제를 완벽하게 풀 수 있을 때까지 풀이를 반복했습니다. 틀렸던 문제를 성공적으로 풀어내면 문제 번호 옆에 체크 표시를 남겼습니다. 이런 방식으로 모든 문제를 풀 수 있을 때까지 복습했습니다. 이렇게 반복 학습을 하면 내가 풀었던 문제집의 모든 문제를 완벽하게 익힐 수 있습니다. 시험에서 비슷한 유형의 문제가 나왔을 때 어렵지 않게 대처할 수 있게 되지요.

수학 오답 노트의 마지막 장에도 마찬가지로 행동 강령을 작성했습니다. 수학에서는 자주 하는 실수를 잡기 위해 노력했고, 시간 분배와 멘탈 관리도 놓치지 않도록 함께 적었습니다.

사회탐구 오답 노트 만들기

탐구 과목의 내신 대비는 암기가 주를 이룹니다. 그래서 탐구 과목 오답 노트에는 오답 정리와 더불어 개념도 함께 작성했습니다.

- 위법성 조각 사유 (c.f. 임대차 기간이 만료됐는데 나가 버리지 않는 임차인을 집주인이 강제로 끌어냄 → 위법)
정당 행위 현행범 누구나 체포, 권투, 노동 쟁의, 신부가 고해성사에서 살인자 묵인
정당 방위 강도와 싸우다가 상해 입힘
긴급 피난 위기상황 주거침입, 문 부수기 등, 아버지가 쓰러져 길가에 주차된 차 무단 운전
자구 행위 돈 안갚아? 도망가? 잡아!
피해자의 승낙 헌혈, 수술

• 계약서에 공증을 받아야 계약 효력 발생 X
• 친양자 입양과 일반 양자 입양 모두 양부모의 혼인 중 출생자로 인정 X
• 상속에 있어서 태아의 권리 능력을 인정하는 것은 태아의 이익을 보호하기 위함이다. ○
• 유언장 작성 당시 심신 상실의 상태 → 유언 무효 ○

▲ 〈정치와 법〉 오답 노트에 헷갈리는 선지와 개념을 간단히 정리했다.

다른 과목과 마찬가지로 헷갈리는 선지를 메모했을 뿐만 아니라, 잘 외워지지 않는 개념을 이해하기 쉬운 말로 바꿔 정리했습니다.

고등학교 3학년 〈생활과 윤리〉 수업에서 수능 기출문제집을 교재로 활용한 적이 있습니다. 시험 문제 역시 기출문제를 기반으로 출제됐지요. 그래서 저는 정오 판단이 조금이라도 헷갈리는 선지는 형광펜으로 표시하고, 교재를 N회독한 후에 다시 풀어봐도 헷갈리는 것을 문서화해 오답 노트를 만들었습니다.

생윤; 헷갈리는 선지로 보는 개념

- 플라톤
죽음을 통해 육체는 순수한 인식이 가능하다. (X)
  ↳ 플라톤은 육체를 영혼의 순수한 인식을 방해하는 감옥이라고 본다.
사람들이 추구하는 가치가 달라도 죽음을 대하는 태도는 같다. (X)
  ↳ 지혜를 사랑하는 사람은 죽음을 두려워 하지 않고, 지혜를 사랑하지 않으며 육신, 부, 명예를 사랑하는 사람을 죽기를 주저할 것이다.

- 장자(도가)
삶과 죽음을 윤리적인 관점에서 바라보아야 한다. (X)
  ↳ 윤리적인 관점은 인위적인 것이라고 보아 윤리적 관점에서 벗어날 것을 주장했다.

- 불교
삶과 죽음에 대한 집착을 버리고 무명에 도달해야 한다. (X)
  ↳ 불교에서 무명이란 깨닫지 못한 상태로 고통의 원인이다.
윤회에서 벗어나려면 자신의 본래 모습(자성)을 깨달아야 한다. (O)

▲ 〈생활과 윤리〉 오답 노트에 헷갈리는 선지와 개념을 간단히 정리했다.

또한 윤리 과목에서 고득점을 노리려면 사상가에 대해 충분히 공부해야 합니다. 제시문을 보고 어떤 사상가의 사상인지 알아맞힐 수 있어야 하지요. 그래서 저는 사상가를 바로 떠올리지 못한 경우, 제시문을 따로 모아 오답 노트를 만들기도 했습니다.

생윤; 헷갈리는 제시문으로 보는 개념

- 장자

생명이란 본래 자연에서 빌린 것이니 마치 티끌과 같고, 삶과 죽음의 이치는 밤낮의 변화와 같다. 이제 우리는 그 자연스러운 변화를 바라보노니, 그것이 내게 왔다고 해서 어찌 싫어하겠는가. 삶과 죽음은 명이다. 대자연은 육체를 주어 나를 이 세상에 살게 하며, 삶을 주어 나를 수고롭게 하며, 늙음으로 나를 편안하게 해주며, 죽음으로 나를 쉬게 한다. 하늘과 땅은 편애하지 않아 모든 것을 짚으로 만든 개처럼 취급한다. 하늘과 땅 사이는 커다란 풀무의 바람통처럼 비어 있으나 다함이 없다.

- 플라톤

사유는 청각이나 시각이나 또 고통이나 쾌락이 정신을 괴롭히는 일이 전혀 없을 때 가장 잘 되는 것이다. 다시 말하면 영혼이 육체를 떠나 될 수 있는 대로 그것과 상관하지 않을 때, 영혼이 육체적 감각이나 욕망을 전혀 갖지 않고 참으로 존재하는 것을 추구할 때 가장 잘 사유하게 된다. 철학자는 이와 같이 육체를 신통치 않게 여기며 그 영혼은 육체에서 피하여 홀로 있으려 하는 것이다.

▲ 장자와 플라톤 등 〈생활과 윤리〉 제시문에 등장하는 사상가의 사상을 모아두었다.

이처럼 탐구 과목에서는 오답 노트의 형식을 다양하게 변주하여 활용할 수 있습니다. 핵심은 부족한 부분을 파악하고 보충하는 것입니다. 이 점을 기억하며 자신에게 꼭 맞는 오답 노트를 만들기를 바랍니다.

영어 오답 노트 만들기

영어는 단어와 오답 선지를 간단하게 정리했습니다. 문제를 풀면서 마주한 모르는 단어들은 패러프레이징되어 시험에 출제될 가능성이 있기 때문에 반드시 그 의미를 찾아서 메모해두는 것이 좋습니다. 그리고 헷갈렸던 문법적 표현이나 선지가 있는 경우에는 노트에 적어두었다가 선생님께 질문하는 방식으로 의문점을 해결했습니다.

영어 내신 대비를 할 때는 문제 풀이에 앞서 지문을 완벽히 이해하고 분석했습니다. 시험에 출제되는 범위가 한정되어 있어, 지문을 제대로 익히는 것만으로도 정답률을 높일 수 있기 때문입니다. 실제로 지문을 충분히 숙지한 뒤 문제를 풀어보니 오답이 많지 않았고, 덕분에 오답 노트의 분량도 다른 과목에 비해 적은 편이었습니다.

지금까지 내신 대비를 위한 과목별 오답 노트 작성법을 소개했습니다. 내신 시험은 학교와 출제하는 선생님에 따라 그 특성이 매우 다양합니다. 그러니 나의 상황에 딱 맞는 오답 노트 작성법을 찾는 것이 중요하겠지요. 앞에서 다룬 오답 노트 작성법은 제가 지난 6년간 공부하며 확립한 체계인 만큼 저의 학습 방식에 맞는 방법들로 이루어져 있습니다. 이 방법들이 독자 여러분에게 잘 맞을 수도 있고, 맞지 않을 수도 있습니다. 저의 방식을 참고하여 여러분들에게 맞는 오답 노트 정리 노하우를 찾아가기 바랍니다.

● 수능 대비 데일리 오답 노트 작성하기

수능 대비 오답 노트에 대해 이야기하려면 '데일리 오답 노트'를 빼놓을 수 없습니다. 데일리 오답 노트는 제가 고등학교 3학년이던 시절, 3월부터 수능 전날까지 매일 틀린 문제를 기록한 노트입니다. 지금은 너덜너덜해진 이 노트는 수험 생활 중 저의 애착 아이템이었습니다.

데일리 오답 노트를 쓰기 시작한 건 한 문제도 틀리고 싶지 않다는 마음 때문이었습니다. 틀린 문제를 매일, 모두 적어서 그 부분만 보완한다면 만점에 도달할 수 있을 거라는 완벽주의 성향이 발동된 것이지요. 학업에 있어서 저는 완벽주의자였습니다. 무엇이든 잘하고 싶고, 한 문제도 틀리고 싶지 않았지요. 데일리 오답 노트는 이런 저의 욕구를 정확히 충족시켜주었습니다. 어떤 시험이든 만점을 목표로 한다면 이 방법을 시도해보기를 강력하게 권합니다.

다만 데일리 오답 노트를 시작하기 전에 스스로 학습의 완성도를 점검할 필요가 있습니다. 아무래도 틀렸거나 헷갈렸던 문제를 전부 쓰는 것이다 보니, 오답 수가 너무 많으면 시간이 많이 소요되어 학습 효율이 떨어집니다. 그러니 개념을 충분히 익혀 오답의 개수와 발생 패턴이 안정적일 때 시작하는 것이 좋습니다. 저는 매일 발생하는 전 과목 오답 수가 10~15개일 때 시작해서, 수능 전주에 5~10개까지 줄였습니다.

데일리 오답 노트를 작성할 때는 코넬 노트 필기법을 활용했습니다. 오른쪽 상단에는 그날의 날짜를 적고, 다음 줄 왼쪽 날개에 빨간 펜으로 '오늘의 오답'과 '종합' 칸을 마련합니다. 하루 치 공부를 마친 뒤, 오늘의 오답란에 과목별 오답 수를 기입하고, 종합란에는 그날의 공부에 대한 종합적인 평가를 간략하게 적습니다. 저는 스스로 부족한 부분을 돌아보거나 나를 격려하는 말 등을 적는 한 줄 일기 칸으로 활용했습니다.

오늘의 오답 개수를 쓰는 것은 매일 발전하는 정도를 관측하기 위함

오늘의 오답	국어 1 사문 1	24.10.14.
총답	문학 파트에서 부족함을 느낌. 시간 단축해야. → 다음날 10모에서 문학만 2개 틀림.	
언매	'무덕대고' → 부사	
영어(어휘)	episodic : 가끔씩 발생하는	
사문	〈질문지〉 기하는 대중교통을 얼마나 자주 이용하십니까? ① 5회 미만 ② 10회 미만 ③ 15회 미만 ㄴ 명확성, 배타성, 포괄성 X	

▲ 코넬 노트 필기법을 활용해 데일리 오답 노트를 작성했다.

입니다. 실제로 틀리는 개수가 날마다 줄어들지는 않았지만, 시간이 지날수록 오답 수가 점차 감소하는 것을 보며 뿌듯함을 느꼈습니다. 그리고 종합 평가를 작성하며 마인드 컨트롤을 하기도 했습니다.

본문에는 과목명과 정리할 내용을 적습니다. 이때 과목명은 상세하게 적는 것이 좋습니다. 수학이 아니라 확률과 통계, 국어가 아니라 문학과 같은 식으로 말이지요. 틀린 문제를 정리할 때는 선지와 헷갈렸던 개념 위주로 작성합니다. 문제 전체를 적는 것이 아니라 그 문제를 틀린 포인트와 자신이 놓친 개념 정도를 적습니다. 효율적인 복습을 위해 문제를 충분히 분석하여 오답의 원인과 추가 학습이 필요한 부분을 정확하게 파악하는 것이 중요합니다. 예를 들어, 문학에서 선지의 특정 단어만 보고 오답을 선택한 경우라면 해당 문제를 전부 오답 노트에 작성하는 게 아니라, '선지 정독하기: 문학은 키워드 찾기 싸움이 아니다'와 같이 간략하게 정리하는 것입니다. 이처럼 교훈으로 삼아 다음번 문제 풀이에 참고할 수

오늘의 1단	사문 1	24.11.04
총합	내 페이스 잃지 않기. 그리고 언제나 겸손하고 예의 바르고 성실하게..	
국어(23학년도 수능)	100점 문학 30m 언매 12m 독서 35m 포트폴리오 분석!	
수학(24학년도 수능)	100점 80m 막힘x 굿!	
경제 (5회)	50점 but 20번 T.O. 숫자 실수 안 했으면... 환율 문제 특히 오래 걸리고 실수 잦음. →관련 틴벼	
사문 (5회)	41점 T.O. 정수표에서 시간 너무 잡아먹음. 오래 걸리면 넘기기. '단지', '마찬가지로' 제대로 읽기. 내 논리 적극 활용☆	

▲ 모의고사를 치른 후 점수와 총평, 오답에 대한 분석을 중점으로 데일리 오답 노트를 작성했다.

있는 내용을 메모함으로써 복습의 효과와 효율을 높이고자 했습니다.

모의고사를 본 뒤에는 모의고사의 이름, 회차, 점수, 총평과 오답 문항에 대한 분석을 쓰기도 했습니다. 영어는 모르는 단어를 적고, 국어는 지문을 읽는 태도를 주로 썼습니다. 수학의 경우에는 계산 실수가 잦아서 관련 내용을 간단히 메모했습니다. 수학 오답 노트를 작성하는 과정에서 저는 계산 실수에도 패턴이 있다는 사실을 발견했습니다. 메모한 내용을 모아 보니 두 자릿수 × 두 자릿수 연산에서 일의 자리 수를 반복적으로 틀린 것을 발견할 수 있었습니다. 이렇게 실수의 패턴을 제대로 파악한 덕분에 다른 연산을 할 때는 더욱 주의할 수 있었지요.

저는 데일리 오답 노트를 식사를 할 때나 이동할 때 틈틈이 들여다봤습니다. 이 노트만 봐도 그날그날의 공부를 돌아볼 수 있고, 노트에 적은 내용만 보완하면 된다고 생각하니 앞으로의 학습 방향이 뚜렷해지기도 했습니다. 여기에 저의 고3 시절이 모두 담겨있다고 해도 과언이 아닐 정도로 데일리 오답 노트는 제 수험 생활의 압축본입니다. 오답 전부를 매일 정리하는 게 부담스럽고 어렵게 느껴진다면 시험 직전 파이널 시즌에라도 꼭 시도해보기를 바랍니다.

실전 적용 연습

지금부터는 오답 노트 작성 예시와 행동 강령을 소개하겠습니다.

먼저 국어 내신 대비 오답 노트입니다. 문제집을 풀면서 헷갈렸던 선지와 틀렸던 선지를 정리한 것을 볼 수 있습니다. 다른 색 볼펜으로 해설을 표시해 선지의 잘못된 부분을 바로잡고, 지문에 등장하는 단어의 의미도 정확하게 정리해두었지요.

국어 내신 시험에서의 행동 강령은 다음과 같습니다.

1) 문제 정독하기

2) 본문에 언급되었는지 확인하고 표시하기

3) 곳곳에 있는 함정에 유의하기

4) 출제자의 의도 파악하기

5) 신속 정확하게!

DATE　I. 독서의 본질　NO.　2. 주제 통합적 읽기

- 〈사랑에 대한 오해〉에서 글쓴이는 과학자들이 신경 전달 물질의 역할로 사랑을 완벽히 정의할 수 없다고 설명한다. (O)
- 〃 도파민과 노르에피네프린은 사랑의 결과로 만들어지는 대표적인 신경 전달 물질이다. (X) → 모른다(본문)
- 〃 사랑을 포함해 인간이 말하고 의식하는 모든 행동은 생물학적인 뇌를 통해 설명할 수 있다. (O)

※ 사랑에 관한 과학적 견해를 반박한 것으로 적절한 것
- 사랑에 빠지면 상대에게 끌려 열렬히 좋아하거나 애착을 느끼게 되므로 사랑은 감정이 아니라는 주장은 맞지 않다. (X) ↳ 사전적 정의와 관련된 것이지, 글쓴이가 이렇게 주장하지 않음.
- 사랑을 표정으로 나타낼 수 없다고 하였으나 좋아하는 사람을 바라볼 때와 싫어하는 사람을 바라볼 때의 표정이 달라진다. (O)

※ 사회학적 (·과학적) 관점에서 〈사랑의 편지〉 이해하기
- 19세기 이후의 관점에서 보면, '김 진사'와 '은영'의 만남은 '신분 계급의 구속이 느슨해져 신분이 아닌 개인의 권리에 의한 자유로운 만남'으로 해석된다. (X) ↳ 신분 계급의 구속 때문에 제대로 이루어지지 못함.
- 사랑이 행동을 동반한다는 관점에서 보면, '김 진사'와 '은영'이 서로 편지를 주고 받는 행동은 '대상을 얻기 위해 모든 행동을 수행하게 하는 동기'로 볼 수 있다. (O)
- 19세기 전후 유럽 사람의 입장에서 '안평대군'과 '운영'의 관계는 '권력의 결합'으로 생각할 수 있다. (X) 했 안 함. 19세기 이전 결혼에 대한 관점

※ 단어 정리
빌미: 재앙이나 탈 따위가 생기는 원인

▲ 국어 내신 대비 오답 노트

　　국어 문제를 풀 때 무엇보다 중요한 것은 문제를 제대로 읽는 것입니다. 모든 문제와 선지를 꼼꼼히 읽으면서도 신속하고 정확한 판단으로 주어진 시간 내에 모든 문제를 푸는 것이 관건이지요.

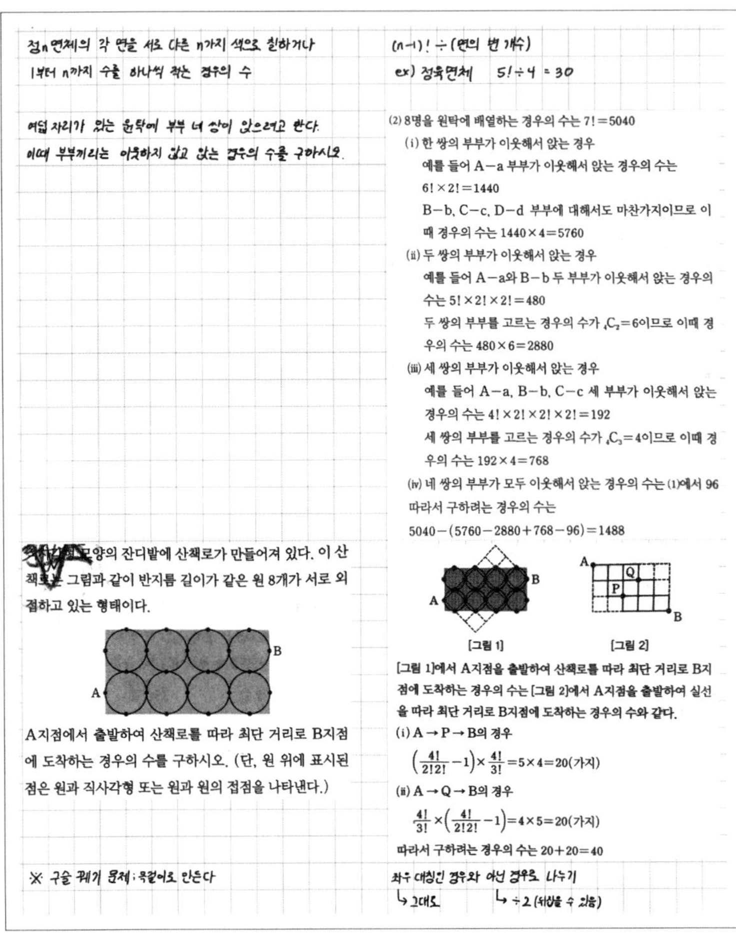

▲ 수학 내신 대비 오답 노트

위 그림은 수학 내신 대비 오답 노트입니다. 모눈종이 템플릿을 활용하여 태블릿PC에 작성했습니다. 문제와 해설을 스크랩하는 방식이고, 해설을 가리고 문제를 반복해서 풀어보기 위해 노트를 두 단으로 나눠 사용했습니다.

수학 내신 시험의 행동 강령은 다음과 같습니다.

1) 문제 정독하기

2) 문제 조건 제대로 확인 및 표시, 풀이 후 확인하기

3) 구하고자 하는 값과 구한 값이 일치하는지 확인하기

4) (확률과 통계) 여사건이 더 쉬운지 생각하기

5) (확률과 통계) 여사건을 구했으면 구하려는 값으로 바꾸기

6) 차분하게 문제 풀기

이렇게 작성한 행동 강령을 시험 직전에 보게 되면 자주 실수하는 부분을 스스로 상기할 수 있고, 자신감을 가지고 시험에 임할 수 있어 도움이 됩니다.

다음은 사회탐구 과목 중 〈정치와 법〉 과목의 내신 대비 오답 노트입니다. 개념 정리와 오답 정리를 함께 진행해 이 노트만 보더라도 헷갈렸던 개념과 문제 유형을 한눈에 확인할 수 있습니다. 탐구 과목의 내신 시험 행동 강령 역시 자주 실수하는 부분을 반영해 작성했습니다. 예를 들어 〈경제〉 과목에서는 '문제 정독하기', '물가와 환율 혼동하지 말기'와 같은 내용을 담았습니다.

'죄형 법정주의' 국가 형벌권의 한계를 규정○ 형법뿐만 아니라 민법에도 적용 ✕

• 수정·보완된 민법의 기본 원칙은 개인에게 자신이 소유한 재산을 배타적으로 사용, 수익, 처분할 권리를 인정한다. ○

A (의사) 마음수를 받으러 옴. • B가 면책되면 A는 무과실 책임을 지게 된다. ✕
B (간호사) • B에게 손해 배상을 청구하려면 B의 고의나 과실을 갑이 증명해야
실수로 다른 약품 주사, 갑에게 흉터 남음. 한다. ○

채무 불이행 책임 ⊂ 일반 불법 행위 책임 ○
이혼 소송도 민사 소송과 같이 3심제 적용.
음주운전으로 인한 운전면허 취소는 자격 상실의 사례가 아님.
집행유예는 실효 또는 취소됨이 없이 유예 기간을 경과한 때에는 면소된 것으로 간주. ✕

• 긴급 피난으로 인정되는 타인의 행위로부터 자신을 보호하기 위한 행위는 구성요건에 해당하더라도 정당 방위가 인정되지 않는다. ○ 부당한 침해 ✕
현재의 부당한 침해가 있어야 함
• 긴급 피난과 정당 행위는 타인의 법익을 보호하기 위한 경우에도 인정된다. ○
• " 모두 형식적 의미의 형법에 규정되어 있다. ○

35세의 회사원 갑은 도박을 하다가 돈이 떨어지자 친구에게 도박자금을 빌리면서, 돈을 못 갚을 경우 자기 소유의 땅을 주기로 계약하였다. → 무효

친자 관계는 친생자와 양자를 모두 포함 ☆

▲ 〈정치와 법〉 내신 대비 오답 노트

　　마지막으로 데일리 오답 노트 작성 예시입니다. 데일리 오답 노트에서는 오답을 통해 얻을 수 있는 교훈을 간결한 언어로 기록하고자 노력했습니다. 그리고 틈틈이 복습하면서 부족한 부분을 보충해나갔습니다.

▲ 데일리 오답 노트 1

▲ 데일리 오답 노트 2

매일 종합 평가를 작성하면서 그날의 공부를 돌아보는 시간을 가진 것도 학습 및 멘탈 관리에 큰 도움이 되었습니다. 데일리 오답 노트 3과 같이 스스로를 격려하는 말을 쓰기도 하고, 틀린 문제나 헷갈리는 문제 수를 헤아려 학습 상황을 객관적으로 점검하기도 했습니다. 이렇게 만든 데일리 오답 노트는 그 어떤 것보다도 정확한 지표가 됩니다. 나아가 앞

오늘의 오답	수학 2 경제 1	24. 11. 03.
총합	다 잘된거야. 힘내!	
경제	국제 가격을 기준으로 생각해야 함 균형 가격 보고 찾을 때가 아님!	
수학 I	28 X 2 = 56, not 54 계산할 때 잘신사려라.	
	생김새 복잡할수록 문제 제대로 읽기!	

▲ 데일리 오답 노트 3

오늘의 오답	영어 경제 4	24. 11. 10
총합	국어 · 경제만 ...!	
영어 (어휘)	warrant : 정당화하다, 타당하게 하다 / ebb and flow : 자주 변하는 상황	
경제	최대 자분 · 최소 요구 금액 표 문제에서 균형 P 구하기 중요!	
	ㄴ 최고가격제 시행시 거래량 증인하려라도 PL하면 생산자 잉여 감소	
	문제 꼭 끝까지 읽고 풀기	
	앞선 선지 활용하기 (무지성 계산 ×)	
	단위당 외부효과 크기와 증인한 세금(보조금) 도입하면 사회적 편익(비용) = 사적 편익(비용)	
경제 (모의고사)	출제 의도 파악과 상황 파악이 중요하다고 보임. ㄴ사회적 최적 수준	

▲ 데일리 오답 노트 4

으로의 학습 방향을 설정하는 길잡이로 기능할 수도 있습니다.

　수능 전날 작성한 마지막 데일리 오답 노트는 간략합니다. 짧은 내용이지만 시험 직전까지 오답 노트를 작성하면서 그동안의 공부를 마무리하고, 스스로를 돌아본 덕분에 홀가분한 마음으로 수능에 응시할 수 있었습니다.

오늘의 오답	국어	24. 11. 13
종합	난 할 만큼 했어.	
영어	compromise : 위태롭게 만든다	
독서	문단 끝에 붙는 부가정보는 핵심 ☆	

▲ 마지막 데일리 오답 노트

지금까지 내신과 수능을 위한 과목별 오답 노트 작성법을 살펴보았습니다. 제가 소개한 방법이 좋은 성적을 위한 절대적인 노하우가 아니라는 점을 염두에 두고, 자신에게 맞는 오답 노트 작성법을 찾아나가길 바랍니다.

REVIEW

오답 노트를 작성하는 것은 어제보다 더 나은 나를 향해 나아가는 첫걸음입니다. 실수를 돌이켜보고 그것을 바로잡기 위해 노력하는 과정에서 내가 놓친 것을 발견하고 새로운 길을 찾을 수 있지요. 여러분만의 오답 노트를 만들어가며 발전을 추구하고 학습의 보람을 느끼기를 바랍니다.

Chapter 3

시험의 제왕

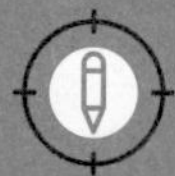

맞춤형 공부법 (서울대학교 산업공학과 21학번, 김병훈)

난이도 판단 공부법 (서울대학교 식품영양학과 24학번, 김병우)

4분의 3 공부법 (서울대학교 첨단융합학부 24학번, 한지후)

내 사이즈에 맞는 공부 옷 갈아입기

맞춤형 공부법

서울대학교 산업공학과 21학번, 김병훈

모든 과목은 각각의 특성에 알맞은 공부 방법이 존재하고, 거기에 맞추어 공부하는 사람이 시험의 승자가 됩니다. 당연하지만 중요한 이야기입니다. 과목의 특성을 잘 파악하고 그에 맞는 공부법을 실천하는 학생이 고등학교 시험은 물론, 대학교와 그 밖의 다양한 시험에서 좋은 결과를 거둘 수 있습니다.

모든 공부에는 암기가 동반됩니다. 그렇다면 가장 이상적인 공부법은 모든 내용을 통째로 외우는 것이겠지만, 뛰어난 암기력을 가진 극소수의 사람을 제외하면 불가능한 이야기입니다. 대부분의 평범한 사람들은 암기력의 한계에 부딪힐 수밖에 없습니다. 저도 마찬가지입니다. 더구나 저는 암기를 싫어합니다. 하지만 그렇다고 해서 암기를 하지 않을 수는 없는 노릇이지요. 암기는 모든 공부의 초석이니까요.

그래서 저는 개념을 체화시킬 수 있는 효율적인 암기 방법을 고민하기 시작했고, 〈맞춤형 공부법〉을 고안해냈습니다. 구체적으로는 '맞춤형 개념 이해 및 암기 공부법'인데요. 이 공부법의 주된 목적은 개념을 효율적으로 체화시키는 것입니다.

한 가지 예를 들어보겠습니다.

원주각: 원주에 존재하는 각, 혹은 원에 존재하는 두 현의 끼인 각
중심각: 원의 중심에서 주어진 호에 대응하는 각
중심각은 원주각의 두 배이다.

위와 같이 원주각과 중심각의 정의가 있습니다. 이 정의를 공부하는 방법은 크게 세 가지입니다. 첫째, 아무 생각을 하지 않고 외운다. 둘째, 각 정의를 파악하고 외운다. 셋째, 각 정의의 발생 배경을 파악한 뒤 외운다. 이 정의의 경우 어떻게 공부하는 게 가장 효율적일까요? 아래 문제를 함께 보며 설명하겠습니다.

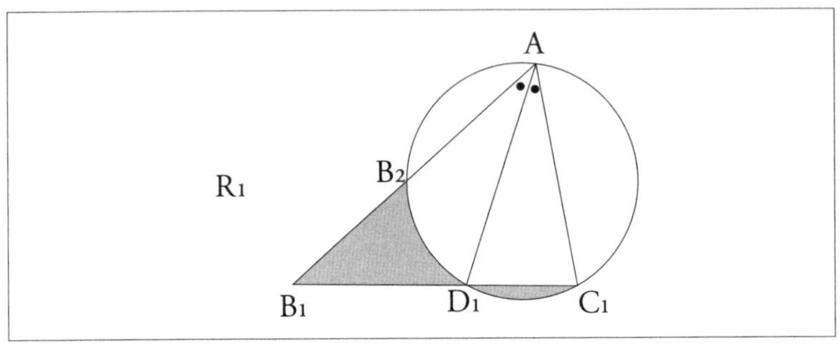

▲ 2021학년도 고3 6월 모의평가 수학 영역 가형 20번

위는 급수의 활용에 대한 객관식 문항에 사용된 그림입니다. 해당 문제는 숙달되면 대부분 학생이 쉽게 풀 수 있습니다. 그런데 이 문항의 오답률은 무려 79.3%입니다. 객관식 문항에서 오답률이 80%에 육박한다는 것은 5개의 선지 중 하나를 무작위로 고른 것과 다름이 없다는 뜻입니다. 시험에 응시한 고등학교 3학년 학생들이 이 문제를 많이 틀린 이유는 놀랍게도 삼각형의 닮음과 중심각, 원주각의 관계를 발견하지 못했기 때문입니다. 이 내용들은 중학교 과정에서 등장하는 것인데도 말입니다. 왜 이런 일이 일어나는 걸까요?

중학교 때 배운 개념을 제대로 체화시키지 않았기 때문입니다. 왜 원주각의 2배가 중심각인지, 그리고 이 내용을 실전에서 어떻게 쓸 수 있을지 고민하지 않은 학생들은 도형을 해석하는 데 상당한 시간을 쏟을 수밖에 없습니다. 다시 말해, 앞서 이야기한 세 가지 공부 방법 중 첫 번째와 두 번째 방법을 이용한 학생들 말이지요. 문제는 그런 학생이 매우 많다는 것입니다. 고3 수학 인터넷 강의 커리큘럼에 중학교 도형을 다루는 강의가 있다는 것만 봐도 알 수 있는 사실입니다.

과목별로 〈맞춤형 공부법〉이 필요한 이유가 바로 이것입니다. 각 개념의 특성을 이해하면 적은 시간으로 최고의 효율을 낼 수 있습니다. 수학 과목, 특히 공식과 같은 개념은 단순 암기로 체화할 수 있는 내용이 아니며, 암기에 성공했다 하더라도 금세 잊거나 문제를 맞닥뜨렸을 때 적용하지 못하는 일이 빈번하게 발생합니다. 공식이 발생한 과정을 직접 증명해보거나, 하다못해 증명을 찾아보기라도 한 경험이 있어야 제대로 활용할 수 있습니다. 이처럼 〈맞춤형 공부법〉은 앞으로 여러분이 마주하게 될 수많은 개념을 체화할 수 있는 가이드를 제시합니다.

공부 전략 설계도

본격적으로 〈맞춤형 공부법〉을 설명하기에 앞서 독자 여러분에게 당부할 말이 있습니다. 암기는 학습자가 스스로 수행해야 하는 영역입니다. 이 방법은 개념을 이해하는 것에 초점을 맞추고 있기 때문에 이해를 한 뒤에는 반복적인 문제 풀이를 통해 암기 및 숙달 과정을 거쳐야 합니다.

● 문학 개념 정리하기

　개념 정리는 개념의 정의를 구분하고 받아들이는 과정입니다. 이 방법을 가장 잘 활용할 수 있는 분야는 문학입니다. 문학을 공부하는 많은 학생들이 지문을 통째로 외워버리거나, 지문에 사용된 문학적 기법을 부분부분 밑줄 쳐 가며 암기합니다. 하지만 이런 공부 방식은 매우 위험합니다. 수업에서 다룬 내용만을 출제하는 학교 시험에서는 빛을 발할 수 있지만, 어떤 작품이 출제될지 알 수 없는 수능을 대비함에 있어서는 엄청난 모험이 될 것입니다.

　문학 작품의 해석을 그대로 외우기만 하는 공부 방식이 왜 잘못되었는지 예시를 보며 설명하겠습니다.

먼 후일

김소월

먼 훗날 당신이 찾으시면 (미래에 대한 가정: 가정법)
그때에 내 말이 '잊었노라'
(실제로는 잊지 않음: 반어법. 반복하여 운율 강조)

당신이 속으로 나무라면
'무척 그리다가 잊었노라' (실제로는 잊지 않음: 반어법)

그래도 당신이 나무라면
'믿기지 않아서 잊었노라' (실제로는 잊지 않음: 반어법)

오늘도 어제도 아니 잊고
먼 훗날 그때에 '잊었노라' (실제로는 잊지 않음: 반어법)

점층법: '잊었노라'로 시상 고조
대구법: 1~3연에서 '~면 ~잊었노라'로 같은 문장 구조 사용

▲ 비상교육(김진수) 중학교 국어 2-1(2015 개정 교육과정) 중 김소월 「먼 후일」

위 그림은 김소월의 「먼 후일」을 분석한 것입니다. 이 분석을 본 학생은 '잊지 않았는데 잊었다고 하는 것처럼 하지 않은 일을 했다고 거짓말하는 것이 반어법이구나!'라고 생각하거나, '같은 시어나 시구를 반복하면서 감정이 점차 고조되니 점층법이겠군'이라고 여길 수 있습니다. 사실 이 정도만 돼도 상위권 학생이라고 할 수 있습니다. 어떤 학생은 작품별로 반어법과 점층법, 그리고 대구법을 표시해두고 아무 생각 없이 무작정 외워버리곤 할 테니까요. 만약 이 작품이 그대로 시험에 출제된다면 두 학생 모두 정답을 맞힐 수 있을 것입니다. 그런데 다른 작품이 나온다면 어떻게 될까요? 과연 같은 결과를 얻을 수 있을까요?

자화상

윤동주

산모퉁이를 돌아 논가 외딴 우물을 홀로 찾아가선
가만히 들여다봅니다.

우물 속에는 달이 밝고 구름이 흐르고 하늘이 펼치고
파아란 바람이 불고 가을이 있습니다.

그리고 한 사나이가 있습니다.
어쩐지 그 사나이가 미워져 돌아갑니다.

돌아가다 생각하니 그 사나이가 가엾어집니다.
도로 가 들여다보니 사나이는 그대로 있습니다.

다시 그 사나이가 미워져 돌아갑니다.
돌아가다 생각하니 그 사나이가 그리워집니다.

우물 속에는 달이 밝고 구름이 흐르고 하늘이 펼치고
파아란 바람이 불고 가을이 있고 추억처럼 사나이가 있습니다.

▲ 윤동주 「자화상」

김소월의 「먼 후일」 대신 윤동주의 「자화상」이 시험에 나왔다고 가정해봅시다. 작품별로 기법을 무작정 외우기만 했던 학생은 이 지문을 보자마자 엄청난 혼란에 빠질 겁니다. 「자화상」에 쓰인 기법을 찾지 못해 헤매다가 자신이 외웠던 내용을 기반으로 뉘앙스 정도만 파악하며 문제를 해결하려 할 테지요.

이를테면 이런 식입니다. '3연에서는 그 사나이가 미워져 돌아간다고 했는데 4연에서는 가엾다고 했으니, 감정이 점차 고조되는 점층법이구나'

라고 생각하는 것입니다. 또, '사나'이라는 같은 시어를 반복하면서 감정이 변화되니 점층법이겠군'이라고 생각한 학생은 마찬가지로 3, 4, 5연에서 점층법이 사용되었다고 판단할 것입니다. 「먼 후일」을 보며 외웠던 틀에 억지로 끼워 맞춰 해석하는 것이지요. 하지만 이 부분은 점층법이 아닙니다. 감정이 점차 고조된 것이 아니라 감정의 변화가 일어난 것이기 때문입니다. 오히려 '추억처럼'을 덧붙인 6연이 점층법에 해당합니다.

위의 예시를 보며 자신은 다를 거라고 생각할 수 있습니다. 그러나 중학교에 진학해 시험을 준비하다 보면 어느새 '잊었노라 = 반어법'을 달달 외우고 있는 자신을 발견할 겁니다.

앞서 이야기한 바와 같이 문학을 공부할 때 작품별 특징을 줄줄이 외우는 것은 좋은 선택이 아닙니다. 시험에 어떤 작품이 등장할지 알 수 없는데, 그것에 대비하기 위해 이제까지 발표된 시, 소설, 수필 등을 모조리 암기하는 건 불가능하니까요. 또, 운이 좋아 이런 암기 방식이 당장 닥친 시험에 대비가 될지 몰라도, 근본적인 문학 실력을 향상시키는 데는 조금도 도움이 되지 않습니다.

저 역시 수능을 준비하며 같은 문제를 맞닥뜨렸습니다. EBS라는 연계 콘텐츠가 있지만 거기 수록된 작품을 모두 외울 수는 없는 노릇이었지요. 수록된 작품을 전부 외운다고 해서 시험을 완벽하게 대비할 수 있는 것도 아니었습니다. 그래서 제가 선택한 방법은 개념으로 작품을 맞추는 것이었습니다. 앞서 이야기한 두 학생은 작품으로 개념을 암기하는 방법을 사용했습니다. 작품을 통해 반어법, 점층법 같은 개념을 익힌 것입니다. 하지만 지금부터 제가 설명할 개념 정리 방식은 순서가 정반대입니다. 개념을 확실하게 익힌 뒤 작품 속에서 찾아내는 것입니다.

점층법은 특정 대상이나 현상을 한 단계씩 높여가며 시상을 전개하는 수사법이고, 반어법은 표현하려는 내용과 반대되는 말로 의미를 강조하는 수사법입니다. 이 개념을 미리 학습한 뒤 작품을 보면 어떤 작품이 앞에 놓이더라도 해석이 가능합니다. 그래서 저는 작품별 해석을 암기하는 대신 필수 개념을 A4 용지 한 장 분량으로 정리해 익히고, 낯선 작품을 해석하는 연습을 했습니다.

흔히 문학은 개념보다 시상을 읽어내는 감과 독해 능력이 중요하다고 합니다. 그래서 많은 학생들이 문학은 공부하는 과목이 아니며, 작품을 많이 읽는 것으로 충분하다는 착각에 빠지곤 합니다. 문학을 작품 그 자체로 향유하는 데는 많은 양의 독서가 도움이 될 테지만, 우리나라의 문학 교육과정과 시험을 대비하기는 어렵습니다. 문제를 풀기 위해 필수적으로 숙지해야 하는 개념이 있고, 그것을 등한시하면 시험에서 고득점을 기대할 수 없는 것이 현실입니다. 이를 중학교 때 다져놓지 않으면 학년이 올라갈수록 문학 공부가 점점 더 힘들어집니다. 본격적으로 문학 작품을 파고들기에 앞서 확실한 개념 정리가 필요한 이유입니다. 개념을 헷갈리지 않게 정리해두고 다양한 지문을 통해 반복적으로 숙달하며 체화하는 방법으로 문학을 효율적으로 공부할 수 있습니다.

● 수학·과학 원리 분석하기

원리 분석은 해당 개념이 발생한 과정에 대해 추가적인 학습이 필요한 경우 사용합니다. 원리 분석을 가장 잘 활용할 수 있는 과목은 수학과 과학입니다.

대부분의 학생이 수학과 과학은 개념과 공식을 암기하여 문제 풀이에 적용하기만 하면 된다고 생각합니다. 그래서 원리를 이해하는 대신 무작정 외우려고 하지요. 하지만 과연 이것을 올바른 공부 방법이라고 할 수 있을까요?

수학 과목을 공부할 때 원리 이해를 동반하지 않은 단순 암기나 잘못된 개념 정리가 어떤 불상사를 일으키는지 다음 예시를 통해 살펴보겠습니다.

① 이차함수 $f(x)$의 상수항과 관계없이, $f(x)$가 x축과 만나는 두 근의 합은 일정하다.
② 이차함수 $f(x)$와 상수함수 $y = k$가 만날 때, $f(x)$와 상수함수가 만날 때 생기는 두 근의 합은 k값과 관계없이 일정하다.

위의 두 설명은 표현 방식이 다를 뿐 같은 내용입니다. ①의 설명은
'$k = 0$'일 때와 같은 상황을 전제로 하기 때문입니다. 하지만 이것을 인식
하지 못한 채 다짜고짜 암기한 학생은 '앞으로 두 근의 합을 볼 때 상수항
은 신경 쓰지 않아도 되겠어'라거나 '이차함수와 상수함수가 만날 때의 근
의 합을 볼 때 상수함수 값은 신경 쓰지 않아도 될 거야'라고 생각할 것입
니다.

③ 삼차함수 $f(x)$와 일차함수 $y = g(x)$가 만날 때, $f(x)$와 $g(x)$가 만날 때
생기는 세 근의 합은 $g(x)$와 관계없이 일정하다.

④ 사차함수 $f(x)$와 이차함수 $y = g(x)$가 만날 때, $f(x)$와 $g(x)$가 만날 때
생기는 네 근의 합은 $g(x)$와 관계없이 일정하다.

그러다 고등학교에 진학하면 한층 복잡해진 공식을 배우게 됩니다.
근의 합과 관련된 공식이 벌써 네 가지나 되지요. 공식 ①, ②를 무작정
외웠던 학생은 ③, ④도 마찬가지로 암기할 겁니다.

다음 중 옳은 것을 고르시오.

ㄱ. 사차함수 $f(x)$와 일차함수 $y = g(x)$가 만날 때, $f(x)$와 $g(x)$가 만날
때 생기는 네 근의 합은 $g(x)$와 관계없이 일정하다. (O/X)

ㄴ. 사차함수 $f(x)$와 상수함수 $g(x)$가 만날 때, $f(x)$와 $g(x)$가 만날 때 생기는 네 근의 합은 $g(x)$와 관계없이 일정하다. (O/X)

공식을 모두 암기한 뒤 시험장에 들어간 학생은 위와 같은 문제를 맞닥뜨리게 됩니다. 그리고 자신이 외운 내용을 바탕으로 두 문제 모두 X라고 답합니다. 자신 있게 오답을 고른 것입니다.

앞에서 언급한 네 가지 공식은 같은 이야기를 차수에 맞게 조금씩 바꾼 것입니다. 중학교 과정에서 다루었던 근과 계수의 관계 개념을 공통으로 사용했지요. 근과 계수의 관계에 따라, '특정 함수 = 0'에서의 모든 근의 합은 최고차항 계수와 그다음으로 차수가 높은 항의 계수에 의해 결정됩니다. 그런데 앞의 예시에서는 최고차항의 계수와 그다음 항의 계수를 바꿔주는 요소가 없기 때문에 저렇게 네 가지 정리가 나오는 것입니다. 만약 이 원리를 알고 있었다면 두 문제 모두 O를 고를 수 있었을 테지요.

수학 과목을 공부할 때는 수많은 개념과 공식을 외우기에 앞서 그것이 왜, 어떻게 나오게 되었는지를 파악하는 게 매우 중요합니다. 이는 문제 풀이에도 물론 도움이 되지만, 외워야 할 개념의 절대적인 양을 줄여주기도 합니다. 근과 계수의 관계에 따라 공식이 변형된다는 걸 알았다면 이어지는 공식은 따로 외울 필요 없이 자연스럽게 받아들일 수 있는 것처럼 말이지요. 수학 과목에는 이런 내용이 많습니다. 그러므로 개념과 공식의 원리를 확실히 이해하고 넘어가는 게 무척 중요합니다.

저는 수학 과목을 공부하면서 개념과 공식을 외울 때 시간이 조금 걸리더라도 하나씩 뜯어보고 원리를 파악하는 연습을 했습니다. 원리를 머릿속에 체화하려고 노력한 것이죠. 원리를 체화한다고 하니 어쩐지 거창한 이야기처럼 들리지만, 실은 그렇지 않습니다. 방법은 아주 간단합니다. 개념을 있는 그대로 받아들이고 외우는 대신 '왜?'라는 질문을 던져보는 겁니다. 질문에 대한 답을 스스로 찾기 어렵다면 선생님께 조언을 구하거나 개념서와 같은 다른 자료를 찾아보는 것도 좋습니다. 중요한 건 이해하고 정리한 내용을 반복 학습을 통해 완전한 내 것으로 만드는 것입니다.

● 영어 단어 단순 암기하기

단순 암기 방식은 명칭 때문에 많은 사람들에게 부정적인 공부 방법으로 여겨집니다. 하지만 어떤 내용은 '그냥' 외워버리는 것이 효율적일 때가 있습니다. 제 경우에는 영어 단어가 그랬습니다. 저는 영어 단어에서 특정 원리를 발견하기 어려웠습니다. 한자와 달리 영어 단어는 한국어 뜻과의 연결고리가 없기 때문입니다. Socks가 왜 양말이고, Hair가 왜 머리카락인지 알 수 없으니까요. 복잡한 단어는 그것을 해체하고 어원을 찾아내며 외울 수도 있겠지만, 단어의 의미를 전혀 모르는 상태에서 뉘앙스를 유추할 수 있게 거들어줄 뿐 단어 자체를 암기하는 데 직접적인 도움이 되지는 않았습니다.

그리고 무엇보다도 시간이 부족합니다. 모두가 잘 알고 있듯 입시는 시간 싸움입니다. 만약 외워야 할 영어 단어가 1,000개라고 한다면 단어를 해체하고 어원을 파악하는 과정을 1,000번 거쳐야 할 텐데, 저에게는 그 방법이 비효율적으로 느껴졌습니다.

그래서 저는 단순 암기를 하기로 했습니다. 영어 단어를 암기하는 방법은 사람마다 천차만별입니다. 단어를 수십, 수백 번씩 따라 쓰며 외우는 사람이 있는가 하면, 어떤 사람은 단어와 의미를 반복적으로 살펴보는 것만으로도 외울 수 있지요. 이처럼 저에게도 저만의 암기 방법이 있었습니다. 제가 주로 사용한 방법은 연상법입니다. 연상법은 어떤 일이나 상황을 연결 지어 단어의 의미를 떠올리는 방법입니다.

평소 노래 듣는 걸 좋아했던 저는 노래를 통해 단어의 의미를 연상시키기로 했습니다. 예를 들어, 저는 우연이라는 뜻을 가진 Coincidence라는 단어가 잘 외워지지 않았습니다. 그래서 코요태의 〈우리의 꿈〉이라는 노래 가사를 이용했습니다. 이 노래의 첫 소절에 '내 어린 시절 우연히'라는 가사가 등장하는데요. 저는 이 가사의 '우연히' 부분에 같은 의미인 Coincidence를 넣어 부르곤 했습니다. 노래를 들을 때도 의식적으로 바뀐 가사를 생각하려고 했지요. 유치해 보일 수도 있지만 저에게는 효과가 상당했습니다. 우리의 뇌는 Coincidence라는 낯선 단어보다 익숙한 노래 가사를 더 잘 받아들이고 오래 기억하기 때문입니다.

꼭 노래 가사가 아니더라도 우리가 이미 익숙하게 알고 있는 것들을 활용하면 도움이 됩니다. 가령 저는 정상이라는 뜻의 Summit이라는 단어를 외울 때 유명 TV 프로그램 〈비정상회담〉과 관련 지어 암기했습니다. 덕분에 영어 본문에 Summit이라는 단어가 등장했을 때 정상이라는 의미를 곧바로 떠올릴 수 있었습니다.

지금까지 설명한 세 가지 학습 방법을 활용할 때는 다음 두 가지 기준을 통해 적용 여부를 판단하는 것이 좋습니다. 먼저, 이 개념이 '왜?'라는 질문을 던질 가치가 있는지 살펴보는 것입니다. 이때 주목해야 할 것은 효율성입니다. 효율성에 따라 개념을 파헤칠 가치가 있다고 판단되면 그렇게 하고, 그럴 만한 가치가 없다고 생각되면 과감히 다른 방식을 채택해야 합니다.

첫 번째 기준에서 '그럴 만한 가치가 없다'는 결론이 나왔다면, 해당 내용 중에 개념적으로 정의할 수 있는 부분이 존재하는지 파악해야 합니다. 다시 말해, 이미 정의되어 있는 개념 간의 상관관계를 파악하고 그에 따라 정리할 필요가 있는 내용인지 아닌지 확인하는 것이지요.

예를 들어, 화학에서 H는 수소를, e는 전자를 의미하는 기호입니다. 그러면 두 기호가 합쳐진 He는 무엇을 의미할까요? 수소 전자일까요? 그렇지 않습니다. He는 헬륨을 나타냅니다. 이처럼 일부 개념은 의미 분석보다 단순 암기가 더 효과적이며, 기호를 있는 그대로 외우는 게 더 효율적입니다.

구체적인 예시를 통해 살펴보겠습니다. 다음은 중학교 3학년 수학 교육 과정 중 원주각에 대한 내용입니다.

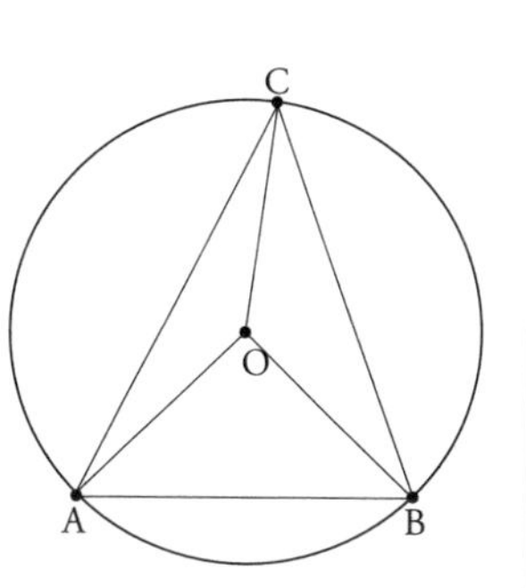

… 어떤 원에서 임의의 호 AB가 존재할 때, 이 호 위에 존재하지 않는 원 위의 다른 한 점 C에 대하여 ∠ACB를 호 AB에 대한 '원주각'이라고 한다. 이때 이 원의 중심을 라고 O하면 ∠AOB를 '중심각'이라고 하며 원주각의 크기의 2배는 중심각의 크기와 같다. 또한 원주각 ∠ACB의 크기와 호 AB의 길이는 비례한다. …

먼저 제시된 개념을 다음과 같이 정리합니다.

1) 원주각은 어떤 원에서 임의의 호 AB가 존재할 때, 이 호 위에 존재하지 않는 원 위의 다른 한 점 C에 대하여 $\angle ACB$이다.

2) 원의 중심을 O라고 했을 때, 중심각은 $\angle AOB$이다.

3) 원주각의 크기의 2배는 중심각의 크기와 같다.

4) 원주각 $\angle ACB$의 크기와 호 AB의 길이는 비례한다.

정리한 내용 중 1번과 2번은 각각 원주각과 중심각에 대한 설명으로, 각 명사가 무엇을 지칭하는지를 나타냅니다. 따라서 '왜?'라는 질문을 던질 필요 없습니다. 반대로 3번과 4번은 원주각과 중심각의 성질을 나타낸 것으로, 질문을 통해 분석할 가치가 있습니다. 왜 원의 중심이 O일 때 중심각이 $\angle AOB$인지, 원주각 크기의 두 배가 중심각의 크기와 같은 이유가 무엇인지 교재와 인터넷을 참고해 확인한 뒤 알아보기 쉽게 정리하면 좋습니다.

1번과 2번처럼 개념 자체에 대한 의문을 가질 필요는 없지만, 다른 개념과 비교하며 공부하면 좋은 내용은 종류에 따라 카테고리화할 수 있습니다. 이러한 분류는 개념 간의 관계를 한눈에 파악하게 해 주며, 학습자의 이해를 구조화하는 데 큰 도움이 됩니다.

1번과 2번 모두 개념적 정의가 존재하고, 서로 비교하여 탐구할 수 있는 영역이므로 같은 카테고리로 분류 가능합니다. 이때 비교와 대조를 통해 공통점과 차이점을 밝히고 표 형식으로 정리해두면 문제 풀이에서 유용하게 활용할 수 있습니다.

대학 입시를 준비하는 과정에서 우리가 마주하게 될 개념의 양은 일일이 헤아리기 어려울 정도로 방대합니다. 그러므로 각각의 과목과 개념에 딱 알맞은 학습 방법을 찾아 적용하는 것이 중요합니다. 처음부터 딱 맞는 방법을 찾는 것은 어려울 수 있습니다. 여러 시행착오를 겪어야 할지도 모르지요. 하지만 "헤맨 만큼 내 땅"이라는 말처럼, 수많은 시행착오 속에서 많은 것을 얻을 수 있다고 생각합니다. 여러분도 머지않아 공부하려는 내용과 자신의 학습 성향에 맞는 공부 방법을 찾게 될 것입니다.

맨땅에 헤딩하면 머리만 깨진다

난이도 판단 공부법

난이도

서울대학교 식품영양학과 24학번, 김병우

우리가 수많은 개념을 이해하고 암기하며 공부하는 이유는 시험에서 좋은 성적을 내기 위함입니다. 여러 가지 응용문제를 통해 지금까지 갈고닦은 실력을 평가하는 것이죠. 그러므로 실전에 철저히 대비하는 것은 공부를 열심히 하는 것만큼이나 중요합니다. 어쩌면 그보다 더 중요하다고 할 수도 있지요. 아무리 열심히 공부했다고 하더라도 실전에서 제대로 보여주지 못하면 그동안의 노력과 나의 진짜 실력을 인정받기 어려운 것이 현실이니까요.

저는 고등학교 3학년 때 그것을 몸소 경험했습니다. 수능을 준비하는 과정에서 실전에 대비하기 위해 실전 모의고사를 풀어보았습니다. 당시 저는 기출문제와 심화 과정 문제집 풀이를 마친 뒤였고, 그래서 어느 정도 실력이 다듬어졌다고 생각했습니다. 그러나 결과는 참담했습니다. 실제 모의고사와 마찬가지로 시간을 정해두고 풀었는데, 반타작밖에 하지 못한 것입니다. 저는 큰 충격을 받았습니다. 그동안 고난도 문제집도 어렵지 않게 풀어왔기에 모의고사에서도 무리 없이 문제를 해결할 수 있을 거라 믿어 의심치 않았습니다. 게다가 그때는 수능이 얼마 남지 않은 시점이었기 때문에 저는 절망에 빠질 수밖에 없었습니다.

그날 저는 채점 결과를 손에 쥔 채 문제를 풀던 제 모습을 돌아봤습니다. 문제를 푸는 과정에 어떤 빈틈이 있었는지 확인하고 바로잡고 싶었습니다. 평상시라면 분명 풀어냈을 문제였기에 아쉬움이 더욱 컸습니다. 얼마간의 성찰 끝에 저는 실전에 임하는 태도에 문제가 있었음을 깨달았습니다. 문제를 어떻게 헤쳐나갈지에 대한 전략을 짜지 않고 맨땅에 헤딩하는 식으로 풀이에 뛰어든 것이 잘못이었습니다. 그 탓에 시간 분배에 실패하고, 길 잃은 아이처럼 처음 보는 문제 속을 이리저리 뛰어다니다시피 한 것이지요. 잘 풀리지 않는 문제를 계속 붙잡고 있다가 다른 문제에 써야 할 시간까지 모조리 써버려, 맞힐 수 있는 문제도 틀린 것입니다.

이처럼 제가 실전에 약하다는 사실을 알게 된 후, 저는 깊은 고민에 빠졌습니다. 이 문제를 어떻게 해결하면 좋을지 난감했기 때문입니다. 앞서 이야기했듯 수능이 얼마 남지 않은 시점이었고, 이제 와서 새로운 공부 방식을 도입하기에는 시간이 부족할뿐더러 감수해야 할 위험성도 높았습니다. 하지만 골머리를 앓던 중 저는 여러 선생님의 말씀에서 힌트를 찾았습니다. 선생님들께서는 늘 '풀 수 있는 문제는 다 풀어야 한다'고 말씀하셨습니다. 몰라서 틀리는 것은 어쩔 수 없지만 알고 있고, 대처할 수 있는 문제는 맞혀야 한다는 것이지요. 그래서 저는 그날부터 시험지에서 풀 수 있는 문제와 풀 수 없는 문제를 구별하는 방법을 연구했고, 마침내 〈난이도 판단 공부법〉에 정착하게 되었습니다. 이 공부법으로 실전 대처 능력을 키워 서울대학교 입학이라는 쾌거를 이루기도 했지요.

지금부터 제가 수많은 모의고사 풀이를 통해 터득한 〈난이도 판단 공부법〉을 소개하려 합니다. 저와 비슷한 문제를 겪는 독자 여러분에게 작게나마 도움이 되기를 바랍니다.

공부 전략 설계도

〈난이도 판단 공부법〉을 수행하기 위해 먼저 알아야 할 두 가지는 바로 '평균 풀이 시간'과 '네 가지 문제 유형'입니다.

'평균 풀이 시간'은 시험 시간을 문항 수로 나눈 값을 말합니다. 평균적으로 한 문항당 시간을 얼마나 쓸 수 있는지 알아보는 것이지요. 100분에 30문항을 풀어야 하는 수능 수학의 경우라면 각 문항당 3분 내외의 시간을 쓸 수 있습니다.

'네 가지 문제 유형'은 난이도에 따른 구분입니다. 쉬운 문제, 중간 난이도 문제, 어려운 문제 그리고 풀 수 없는 문제로 나뉩니다. 이때 난이도를 분류하는 기준은 상대적입니다. 어떤 학생은 손쉽게 풀 수 있는 문제가 어떤 학생에게는 고난도로 느껴질 수 있습니다. 또, 문제를 풀기 전에 쉬운 문제라고 판단했지만 계산 실수를 하는 바람에 풀이 과정이 꼬여 난이도가 올라가는 경우도 더러 있습니다. 이처럼 시험에는 변수가 있기 마련이고, 변수에 의해 난이도가 바뀌기도 합니다.

지금부터 우리가 수행하려는 과정은 상대적인 난이도를 나만의 절대적인 규칙으로 바꾸는 것입니다. 나만의 확고한 기준에 따라 문제에 질서를 부여하는 방식으로 변수에 대처하는 것이지요. 이렇게 질서를 만들면 긴장을 덜 수 있고, 난이도별로 어떻게 행동해야 하는지를 염두에 두었기 때문에 풀 수 있는 문제를 시간 내에 모두 풀게 됩니다.

〈난이도 판단 공부법〉을 연습할 때는 실제 시험 형식과 유사한 문제집을 사용하는 것이 가장 좋지만 모의고사 문제집을 반드시 사야 하는 것은 아닙니다. 가지고 있는 문제집을 활용하되, 문제의 난이도를 실제 시험과 비슷하게 구성하고 시간을 재면서 풀면 됩니다. 이 방법으로 내신 대비를 하는 경우에는 재학 중인 학교의 출제 성향과 수준을 파악해 문제 구성에 반영하면 좋습니다. 한 문제집 혹은 여러 문제집에서 필요한 난이도의 문제를 골라 조합할 수 있습니다. 중요한 것은 실전과 비슷한 환경을 조성하는 것입니다.

● 난이도 판단하기

〈난이도 판단 공부법〉의 첫걸음은 당연하게도 난이도를 판단하는 것입니다. 이때 '난이도를 어떻게 판단할 수 있지?' 하는 의문이 들 수 있습니다. 난이도란 어려움과 쉬움의 정도인데, 문제를 보자마자 그 정도를 바로 파악하는 것은 현실적으로 어렵습니다. 문제에 나타난 설명의 길이나 도형의 복잡도 등을 통해 심상치 않은 낌새를 알아차릴 수 있지만, 그건 대략적인 느낌에 불과합니다. 가장 정확한 방법은 문제에 부딪치는 것입니다. 문제를 살펴보면 난이도를 판단할 수 있는 구체적인 정보가 나타나기 때문입니다.

이렇게 획득한 정보는 문제를 푸는 데 걸리는 시간과 풀이의 진행 정도로 환산하여 생각하면 좋습니다. 동일한 풀이 시간(평균 풀이 시간)이 주어졌을 때, 어느 정도까지 풀 수 있는지를 확인하는 것입니다. 평균 풀이 시간과 풀이 진행 정도를 활용해 난이도를 판단하고, 네 가지 난이도 중 하나로 확정합니다.

● 시간과 에너지를 절약하는 쉬운 문제

쉬운 문제를 판단할 때는 기준이 필요하지 않습니다. 난이도 파악을 시도하기도 전에 손쉽게 풀 수 있기 때문입니다. 이런 문제는 보통 평균 풀이 시간 내에 충분히 풀 수 있고, 심지어는 그보다 훨씬 빨리 해결해 시간이 많이 남기도 합니다. 이 경우에는 난이도를 판단하기 위해 시간을 들이지 말고 넘어가면 됩니다. 우리가 난이도에 따라 문제를 나누는 이유는 주어진 시간 안에 풀 수 있는 것과 그렇지 않은 것을 가려내기 위함이니까요. 여기서 절약한 시간과 에너지를 다른 문제에 쏟으면 됩니다.

쉬운 문제를 다시 봐야 할 시점은 풀이를 모두 마친 뒤입니다. 조금 전에 '절약한 시간과 에너지를 다른 문제에 쏟는다'고 이야기했는데요. 이것이 〈난이도 판단 공부법〉의 두 번째 핵심입니다. 시간 내에 풀 수 있는 문제를 완벽히 풀었다면 이후에는 나머지 문제를 해결해야 합니다. 이때 나머지 문제는 '시간 안에 풀 수 없는' 문제를 말합니다. 다시 말해, 시간이 충분하다면 풀 수 있는 문제이지요. 그러므로 쉬운 문제를 더 빨리 해결할 수 있는 방법을 찾는 것이 중요합니다.

시간을 단축하는 가장 좋은 방법은 비슷한 유형의 문제를 많이 풀어보는 것입니다. 난이도가 낮은 문제는 대개 기계적인 풀이로 터득할 수 있습니다. 또한 실수를 줄이는 것도 중요합니다. 실수를 바로잡는 과정에서 불필요한 시간이 소모되기 때문에 처음부터 꼼꼼하게 풀이를 전개하는 것이 좋습니다. 비슷한 문제를 반복해서 풀다 보면 규칙을 자연스럽게 습득할 수 있고, 점차 속도가 붙습니다.

● 실력을 키우는 중간 난이도 문제

중간 난이도 문제부터는 실제 풀이 시간이 평균 풀이 시간을 넘어서기 시작합니다. 지금부터는 평균 풀이 시간을 넘어갈 무렵의 풀이 진행 정도를 검토해야 합니다. 이 정도의 시간을 들였을 때 내가 얼마만큼 풀수 있는지를 확인하는 것입니다. 중간 난이도 문제에 해당하는 경우, 평균 풀이 시간을 지날 때쯤 문제 해결의 큰 가닥이 잡혀 있어야 합니다.

이때 시간이 오래 걸린다고 해서 과감하게 다음 문제로 넘어가는 학생이 많습니다. 그러나 중간 난이도 문제를 풀 때는 그것이 결코 좋은 습관이 아닙니다. 사람은 관성의 동물이기 때문입니다. 풀이의 실마리를 잡기만 하면 속도가 붙어 예상보다 빠르게 문제를 풀게 되기도 합니다. 그런데 중간에 그만두면 흐름이 끊겨버리지요. 다른 문제를 먼저 풀고 다시 해당 문제로 돌아오면 풀이 과정을 처음부터 다시 전개해야 할 확률이 높습니다. 그뿐만 아니라 그렇게 한 문제를 넘기면 다음번에도 두 번, 세번 넘기게 되어 전체 흐름에 혼란을 가져올 수 있습니다. 따라서 평균 풀이 시간을 초과했더라도 풀이에 대한 명확한 가닥이 잡혔다면 끈기 있게 풀어나가기를 권합니다.

단, 풀이를 중단하고 다음 문제로 넘어가야 하는 경우도 있습니다. 평균 풀이 시간을 넘겨 겨우 풀어내긴 했는데 공교롭게도 내가 구한 답이 선지에 없을 때가 있습니다. 중간 난이도 문제가 어려운 문제로 전환되는 변수가 발생한 것이지요. 이럴 때는 미련 없이 다음 문제로 넘어간 뒤, 남는 시간에 검토해야 합니다. 이미 평균 풀이 시간을 소진한 데다 처음에 설정한 난이도가 바뀌어버렸으므로 그 이상 시간을 투자하는 건 위험합니다.

● 어려운 문제와 풀 수 없는 문제

지금까지 다룬 쉬운 문제와 중간 난이도 문제는 처음부터 주어진 시간 안에 풀 수 있는 문제였습니다. 그래서 확실히 풀고, 시간을 단축하는 것을 목표로 했습니다. 어려운 문제와 풀 수 없는 문제를 위한 여유 시간을 가능한 많이 확보하기 위해서이지요. 이 두 유형의 문제가 상위권 점수를 획득하는 데 가장 큰 영향을 주기 때문입니다.

어려운 문제와 풀 수 없는 문제는 종이 한 장 차이입니다. 그 정도로 두 유형을 구별하는 과정은 미묘하고 복잡합니다. 두 유형 모두 평균 풀이 시간 이상을 투자했지만 답을 구하지 못했다는 공통점이 있습니다. 풀이를 마쳤지만 계산 실수 등의 이유로 답을 찾지 못할 수도 있고, 아예 문제 해결의 실마리조차 잡지 못했을 수도 있지요. 그렇다면 이 문제를 계속 붙잡고 있는 것은 의미가 없습니다. 미련 없이 다음 문제로 넘어가, 다른 문제에서 얻을 수 있는 점수를 확보하는 데 집중해야 합니다. 2보 전진을 위한 1보 후퇴인 셈입니다.

그렇게 풀 수 있는 문제를 다 풀고 나서 남는 시간에 막혔던 문제를 다시 봅니다. 이때 우리는 남은 시간과 문제 수를 헤아려 평균 풀이 시간을 다시 구해야 합니다. 그리고 이번에는 남은 시간의 절반을 문제 풀이에 활용합니다. 그 과정에서 이전에 범한 오류를 발견하거나 해결 방법을 찾을 수 있다면 풀 수 있는 문제로 구분하여 풀어나가면 됩니다. 만약 이렇게 시간을 쏟았음에도 진전이 없다면 다시 넘어갑니다. 많은 학생이 미련을 가지고 해결이 어려운 문제에 매달립니다. 하지만 미련을 버리는 것도 실력이라는 걸 기억해야 합니다. 숲을 보기 위해 나무를 지나쳐야 하는 순간도 있습니다.

이 과정을 두세 번가량 반복하다가 시간이 얼마 남지 않았을 때는 그나마 풀 가능성이 있는 문제에 남은 시간을 전부 투자하면 됩니다. 풀 수 있는 문제를 최대한 많이 풀어, 내 실력으로 낼 수 있는 최상의 결과를 얻는 것입니다.

● 풀지 못한 문제 톺아보기

실전과 유사한 환경에서 문제를 풀어보며 자신의 기준에 맞게 난이도를 판단하는 연습을 하는 것이 〈난이도 판단 공부법〉의 주된 목적입니다. 하지만 이것만으로는 눈에 띄는 성적 향상을 기대하기 어렵습니다. 가장 중요한 건 마지막까지 풀지 못한 문제를 제대로 풀 수 있도록 하는 것입니다.

문제 풀이를 마친 뒤 오답 노트를 작성하듯 틀린 문제와 풀지 못한 문제를 파악해야 합니다. 이 단계를 거치지 않으면 다음에 비슷한 유형의 문제를 마주쳤을 때 또 풀지 못하고 넘기게 됩니다. 그러므로 반드시 틀린 문제와 풀지 못한 문제를 살펴보며 어느 부분에서 시간이 많이 소요되었는지, 답을 구할 수 없는 다른 요인이 있었는지 등을 파악하고, 올바른 풀이 과정과 시간을 단축할 수 있는 전략을 세워야 합니다.

지금까지 문제 풀이 시간을 단축하고 정답률을 높이는 〈난이도 판단 공부법〉에 대해 설명했습니다. 이 공부법을 활용할 때 주의해야 할 점은 다음과 같습니다.

첫째, 이 공부법은 제가 터득한 방법이기 때문에 모두에게 적용되지 않을 수 있다는 것입니다. 저에게는 유익한 방법이지만 다른 사람에게는 그렇지 않을 수 있습니다. 그렇기 때문에 제 방법을 무조건 따라 하기보다는 여러분의 학습 방법에 맞춰 변형하여 활용하는 것이 좋습니다. 우리가 난이도를 판단하는 과정에서 자신만의 기준에 맞춰 문제에 질서를 부여했듯, 공부법을 체득할 때도 나에게 맞는 나만의 규칙을 만드는 것이 중요합니다. 지금까지 말한 내용을 뼈대 삼아 여러분만의 규칙을 덧붙여 보세요. 평균 풀이 시간 대신 다른 시간을 사용하거나, 문제 유형을 더욱 세세하게 분류해도 좋습니다.

두 번째는 공부법에 매몰되지 않아야 한다는 것입니다. 〈난이도 판단 공부법〉을 훈련하는 이유는 시험 시간에 문제 속에서 허우적대지 않고 일정한 규칙에 따라 행동하며 시간을 확보하고자 함입니다. 그러므로 이 공부법 자체를 수행하는 것에 만족해 난이도를 판단하는 것에 그치면 안 됩니다. 난이도 판단을 통해 빠르게 문제 해결 단계로 넘어가야 하며, 틀린 문제를 확인하고 분석하는 시간을 반드시 가져야 한다는 것을 꼭 기억하기 바랍니다.

〈난이도 판단 공부법〉의 구체적인 예시를 통해 실전 활용도를 높여보 겠습니다. 실전 연습을 통해 여러분만의 방법을 찾길 바랍니다.

● 중간 난이도 문제 풀어보기

45분간 20문제를 풀어야 하는 수학 시험을 본다고 가정해봅시다. 이 때 평균 풀이 시간은 2분 정도입니다.

0108   13쪽 · 유형 05

자연수 n의 모든 소인수의 합을 $\langle n \rangle$이라 하자. 예를 들어 $\langle 6 \rangle = 2 + 3 = 5$이다. 다음 중 $\langle n \rangle = 12$를 만족시키는 n의 값이 될 수 <u>없는</u> 것은?

① 35   ② 42   ③ 72
④ 84   ⑤ 126

0104   11쪽 · 유형 01

다음 조건을 모두 만족시키는 두 자연수의 합은?

> ㈎ 두 자연수를 곱한 수의 약수는 2개이다.
> ㈏ 두 자연수의 차는 28이다.

① 30   ② 32   ③ 34
④ 36   ⑤ 38

이 두 문제를 풀다가 4분이 초과되었습니다. 각 문제의 풀이 진행 정도는 다음과 같습니다. 먼저 108번 문제의 경우 $\langle n \rangle$이라는 새로운 조건에 당황해 우왕좌왕하다 '각 선지의 수를 각각 소인수 분해해서 소인수의 합을 구하면 될까?'라고 생각하게 됐습니다. 이 상태라면 저는 중간 난이도 문제라고 판단하고 계속해서 풀이를 전개할 것입니다. 선지의 수를 소인수 분해하면 답이 드러날 것이라는 확신이 생겼기 때문입니다.

이번에는 104번 문제를 보겠습니다. 2분이 지난 시점에 '두 자연수를 곱했는데 약수가 2개라면 결국 그 수는 소수이지 않은가? 어떻게 두 수의 곱으로 나타낼 수 있지?'라는 데까지 풀이가 전개되었다면, 저는 미련 없이 다음 문제로 넘어갈 것입니다. 풀이 과정에 대한 확신이 없는 상태이기 때문에 중간 난이도 문제로 볼 수 없고, 그렇다면 오래 붙잡고 있는 것이 결코 도움이 되지 않습니다. 저라면 다른 문제를 먼저 푼 뒤 남는 시간에 다시 살펴보겠습니다.

● 어려운 문제와 풀 수 없는 문제 풀어보기

다음은 풀 수 없는 문제로부터 어려운 문제를 분리하는 과정입니다. 어렵거나 풀 수 없는 문제를 이미 한 차례 걸러내어 20분이 남은 상태입니다. 남은 문제는 4개이므로, 평균 풀이 시간은 5분입니다.

평균 풀이 시간은 5분이지만 같은 작업을 몇 차례 반복하기 위해 문제당 2분 정도를 투자하기로 합니다. 104번은 '각 선지의 수를 각각 소

0104 11쪽·유형 01

다음 조건을 모두 만족시키는 두 자연수의 합은?

> (가) 두 자연수를 곱한 수의 약수는 2개이다.
> (나) 두 자연수의 차는 28이다.

① 30   ② 32   ③ 34
④ 36   ⑤ 38

0116 창의문제   17쪽·유형 11

1부터 50까지의 번호가 각각 하나씩 붙어 있는 사물함이 있을 때, 50명의 학생이 다음과 같은 시행을 하였다.

> (가) 첫 번째 학생은 모든 사물함의 문을 연다.
> (나) 두 번째 학생은 번호가 2의 배수인 사물함의 문을 닫는다.
> (다) 세 번째 학생은 번호가 3의 배수인 사물함의 문이 닫혀 있으면 열고, 열려 있으면 닫아서 문의 상태를 반대로 바꾸어 놓는다.
> (라) 네 번째 학생은 번호가 4의 배수인 사물함의 문의 상태를 반대로 바꾸어 놓는다.
> (마) 이와 같은 방법으로 자연수 n ($n \geq 2$)에 대하여 n번째 학생은 번호가 n의 배수인 사물함의 문의 상태를 반대로 바꾸어 놓는다.

위와 같은 시행이 모두 끝났을 때, 문이 열려 있는 사물함의 개수를 구하시오.

인수 분해해서 소인수의 합을 구하면 될까?'라는 생각에 여전히 머물러 있습니다. 116번은 'n번째 학생이 번호가 n의 배수인 사물함의 문의 상태를 반대로 바꾸어 놓았으니, k번 사물함의 경우 n의 배수일 때 상태가 바뀐다'는 생각에서 풀이가 멈췄습니다. 그 상태에서 다시 104번 문제를 살펴보다가 문득 '소수는 1과 자기 자신으로만 소인수 분해되는 수'라는 기본적인 개념을 깨달았습니다. (가)의 분석을 마치고 (나)를 보려는데 2분이 지났습니다. 하지만 문제 해결의 가닥이 잡혔기 때문에, 아직 여유가 있다면 저는 그냥 넘어가지 않고 풀이를 이어갈 것입니다.

116번의 경우에는 '여섯 번째 학생이 시행을 한다면 일곱 번째 학생부터는 6번 사물함의 상태가 고정'이라는 발상만 얻은 채 시간을 거의 다 써버렸습니다. 앞으로 어떻게 풀이를 전개해야 할지 막막하지요. 이때는 시간 안에 풀 수 없는 문제라고 판단하고 넘어가는 것이 좋습니다.

● 풀지 못한 문제 풀어보기

앞에서 이야기했듯, 이렇게 마지막까지 풀지 못한 문제는 반드시 짚고 넘어가야 합니다. 끝까지 해결하지 못한 116번 문제를 다시 살펴보겠습니다. 해당 문제를 풀지 못한 까닭은 문이 열려 있는 사물함의 규칙을 찾지 못했기 때문입니다. 약수의 개수가 홀수여야 마지막에 문을 열 수 있다는 사실을 알아차리지 못했던 것이지요. 이 문제를 통해 문을 열거나 닫는 등 상태에 변화를 주는 문제 유형은 홀수, 짝수와 긴밀한 관계를 갖는다는 사실에 도달할 수 있습니다. 이렇게 풀지 못한 문제를 다시 풀어보면 다음에 같은 유형의 문제가 출제되었을 때, 보다 쉬운 난이도로 분류해 무리 없이 해결할 수 있을 것입니다.

REVIEW

〈난이도 판단 공부법〉의 목적은 실제 시험에서 실력을 100% 보여줄 수 있도록 행동 수칙을 정해두고, 실전과 같은 환경에서 그것을 체화하는 것입니다. 특정 문제에 시간을 쏟느라 충분히 풀 수 있는 문제를 놓치는 일을 방지하기 위해 고안한 공부법입니다. 처음 보는 문제 속에서 집중력을 잃지 않도록 나만의 규칙을 세우고, 풀 수 있는 문제와 그렇지 않은 문제를 구별함으로써 가능한 선에서 최고득점을 이끌어 내는 것이 이 공부법의 궁극적인 목표입니다.

서울대학교 첨단융합학부 24학번, 한지후

어릴 때부터 연산 능력과 순발력이 뛰어났던 저는 다른 친구들에 비해 문제를 빠르게 푸는 편이었습니다. 하지만 학년을 거듭하면서 연습을 통해 문제를 공략하는 방법을 익히지 않은 것이 큰 약점으로 작용했습니다. 이 때문에 부분 점수도 받지 못한 채 문제를 포기해야 했던 적도 있습니다.

영재학교에 입학한 첫해, 2학기 수학 과목 중간고사를 볼 때였습니다. 제 실력을 믿고 앞에서부터 순서대로 풀다가 한 문제에서 막히게 되었습니다. 그때 저는 특정 아이디어에 과도하게 집착하다가 남은 문제에 배분해둔 시간까지 끌어다 썼습니다. 그 결과, 3분 안에 충분히 풀 수 있었던 8점짜리 문제를 풀지 못해 아쉬운 성적을 받았습니다. 다행히 기말고사에서 높은 점수를 득점해 만회하는 데 성공했지만 여전히 아쉬움이 남았습니다. 이 일을 계기로 저는 시험에서 시간을 효율적으로 사용하는 방법을 익혀야겠다고 생각했습니다. 그렇게 문제의 원인을 분석한 끝에 〈4분의 3 공부법〉을 개발하게 되었습니다.

자신을 객관적인 시각으로 정확하게 바라보는 것은 쉽지 않습니다. 저 또한 제 자신을 객관적으로 바라보지 못했습니다. 문제 앞에 서면 근거 없는 자신감이 피어올라 스스로를 과대평가하는 경향이 있다는 것을 인지하지 못했지요. 덕분에 저는 1학년 2학기 중간고사를 포함해 많은 실패를 경험해야 했습니다. 실전의 여러 변수를 고려하지 못했기 때문입니다.

연습과 달리 실전에는 긴장, 갈증, 요의, 피로 등 집중을 방해하는 내적인 요소들부터, 스피커 음질, 기온, 타 응시자 등의 외적인 요소들까지 다양한 변수가 있습니다. 그리고 이 모든 변수를 개인이 통제하는 것은 불가능합니다. 그렇기에 우리는 언제나 최악의 상황을 고려하며 시험에 대비해야 합니다. 다시 말해, 최악의 상황을 헤쳐나갈 수 있는 여유 시간을 남겨두어야 합니다. 그것이 바로 지금부터 소개할 〈4분의 3 공부법〉의 핵심입니다.

공부 전략 설계도

〈4분의 3 공부법〉은 말 그대로 제한 시간의 4분의 3 시간 안에 모든 문제 풀이를 마치는 것을 목표로 하는 공부법입니다. 4분의 3이라고 구체적으로 설정한 이유는 현실적으로 달성 가능한 수치이면서도, 성공한다면 이상적인 결과를 낼 수 있음을 경험을 통해 확인했기 때문입니다. 25%의 여유 시간은 실전에서 매우 강력한 무기로 작용합니다. 문제를 충분히 검토할 수 있고, 무엇보다도 시간의 압박에서 기인한 실수를 줄일 수 있습니다. 그렇다면 문제 풀이 시간을 단축하기 위해서 어떻게 해야 할까요? 제게 가장 큰 도움이 되었던 몇 가지의 방법을 소개하겠습니다.

● 확실히 풀 수 있는 문제부터 풀기

시험지와 답안지를 받아 학번과 이름을 적으면 곧 시험이 시작됩니다. 이때 여러분이 가장 먼저 해야 할 행동은 처음부터 끝까지 문제를 훑어보며 배점과 난이도를 고려해 문제 푸는 순서를 결정하는 것입니다. 확실히 풀 수 있는 문제는 시간의 압박이 없을 때 신속하고 정확하게 푸는 것이 좋다고 생각합니다. 무조건 득점할 수 있는 문제를 모두 풀어 점수를 확보한 후 남은 시간을 고난도 문제에 온전히 투자할 수 있기 때문입니다.

시험 시간 90분	총 100점 만점

서술형

01번(난이도 상) – 8점 (소문항 4점, 4점)

02번(난이도 상) – 11점 (소문항 4점, 4점, 3점)

03번(난이도 중) – 7점

04번(난이도 중) – 6점 (소문항 4점, 2점)

05번(난이도 상) – 6점 (소문항 3점, 3점)

06번(난이도 중) – 8점 (소문항 3점, 5점)

07번(난이도 하) – 8점

08번(난이도 중) – 8점 (소문항 5점, 3점)

09번(난이도 중) – 9점

10번(난이도 중) – 12점 (소문항 3점, 4점, 5점)

11번(난이도 하) – 7점

단답형

12번(난이도 하) – 5점

13번(난이도 하) – 5점

▲ 중간고사 시험 개요

이 공부법으로 큰 효과를 봤던 중간고사 시험 개요를 살펴보겠습니다. 시험 시간은 90분이었고, 1번부터 11번 문제는 서술형, 12번과 13번 문제는 단답형이었습니다. 서술형 문제는 뒤로 갈수록 난이도가 낮아지는 경향이 있었습니다. 단답형 문제는 1분 안에 풀 수 있을 정도로 쉬운 편이었지만 각각 5점으로 배점이 높았습니다.

시험이 시작되고, 저는 1분 동안 시험지를 훑어보며 문제를 분석했습니다. 분석을 마친 뒤에는 맨 뒤의 단답형 문제부터 풀기 시작했습니다. 살펴본 대로라면 1번과 2번 문제의 난이도가 가장 높으니 가장 마지막에 풀기로 한 것이지요. 덕분에 마지막 두 문제에 도달했을 때 40분가량의 여유 시간을 확보할 수 있었고, 모든 문제를 푼 뒤 검토까지 마칠 수 있었습니다. 한 문제에서 치명적인 실수를 해 9점을 통째로 날렸음에도 불구하고 88점이라는 상당히 높은 점수를 획득했습니다. 해당 시험은 친구들 사이에서 시간이 부족한 타임어택형 시험이라는 평이 많았습니다.

내신뿐만 아니라 수능과 기타 입시 시험을 준비하는 과정에서도 이 방법은 매우 유용하게 쓰였습니다. 수능의 경우 시간 안에 풀어야 하는 문제의 수가 많기 때문에 시간 분배가 관건이지요. 따라서 문제의 난이도와 배점을 확인한 후 전략을 세우는 과정이 매우 중요합니다.

● 아이디어 중심으로 풀이 전개하기

일반적으로 시험 시간은 아이디어 중심의 정석적인 풀이를 사용했을 때의 예상 소요 시간에 약간의 여유 시간을 더한 정도입니다. 하지만 출제자의 예상 소요 시간과 학생의 소요 시간에는 큰 차이가 있지요. 출제자는 아이디어를 매우 잘 알고 있는 전문가이기 때문입니다. 따라서 25%의 여유 시간을 벌려면 문제 풀이에 요구되는 아이디어를 사전에 충분히 숙지해야 합니다. 하지만 만약 아이디어를 곧바로 떠올리지 못하더라도 너무 걱정할 필요는 없습니다. 다른 문제에서 벌어둔 25%의 시간을 사용하면 되니까요.

아래의 예시를 통해 아이디어 중심 풀이의 전개 방식을 알아보겠습니다.

제시문 (ㄱ)~(ㄷ)을 읽고 논제에 답하시오.

(ㄱ) 20보다 큰 자연수 n에 대하여 $2^n + 61$은 다음을 만족한다.

(단, A, m_1, k_1은 자연수)

$$2^n + 61 = (2^n - 2)\left(1 + \frac{A}{m_1}\right)\left(1 + \frac{1}{2^n + k_1}\right)$$

(ㄴ) 제시문 (ㄱ)의 $1 + \frac{A}{m_1}$는 다음을 만족한다. (단, B, m_2, k_2는 자연수)

$$1 + \frac{A}{m_1} = \left(1 + \frac{B}{m_2}\right)\left(1 + \frac{1}{2^{n-1} - k_2}\right)$$

(ㄷ) 제시문 (ㄴ)의 $1 + \frac{B}{m_2}$는 다음을 만족한다. (단, C, m_3, k_3는 자연수)

$$1 + \frac{B}{m_3} = \left(1 + \frac{C}{m_3}\right)\left(1 + \frac{1}{2^{n-2} + k_3}\right)$$

논제. 제시문 (ㄱ), (ㄴ), (ㄷ)을 모두 만족시키는 순서쌍 (k_1, k_2, k_3)를 1개 구하고 그 근거를 논술하시오. (단, $0 < k_2 < 10 < k_3 < 50 < k_1 < 100$)

▲ 2021학년도 가톨릭대학교 의과대학 논술전형 3번 문항

다른 분야에서도 물론 아이디어가 중요하지만, 특히 수리논술에서는 아이디어가 생명입니다. 아이디어를 떠올리지 못하면 문제를 풀기 어렵기 때문에, 문제에 사용되는 아이디어를 사전에 숙지해야 합니다. 다음은 제가 풀이한 방식입니다.

1) 좌변의 61 의심하기

(ㄱ)의 식에서 61은 작지 않은 소수로, 2^n과 같이 있으면 매우 어색한 숫자입니다. 또한, 우변 $2^n - 2$와의 차이는 63으로, 짝수가 아니기에 출처가 매우 의심스럽습니다. 출처를 파악하기 위해 우변을 분수 꼴로 만들어 보겠습니다.

$$2^n + 61 = (2^n - 2)\,\frac{m_1 + A}{m_1}\,\frac{2^n + k_1 + 1}{2^n + k_1}$$

2) 직관을 믿고 추론하기

좌변과 우변을 살펴보니 직감적으로 $2^n + k_1 + 1$이 $2^n + 61$일 것 같다는 느낌이 옵니다. 이때 $k_1 = 60$으로, 맨 아래에 주어진 k_1의 범위를 고려했을 때 꽤 합리적인 추론입니다. 식에서 아무런 역할을 하지 않는 A의 존재 이유를 생각해보면, 수식을 엄밀하게 표현하기 위한 것으로 값을 추정하는 풀이를 유도하는 출제자의 의도가 보입니다.

추정한 값을 대입해 나머지 식을 정리하면 $1 + \frac{A}{m_1} = \frac{2^n + 60}{2^n - 2}$이 됩니다.

3) 패턴 발견하기

문제를 잘 살펴보면 (ㄴ)과 (ㄷ)에서 (ㄱ)과 동일한 패턴의 식이 반복되는 것이 보입니다. 즉, 위에서 이용한 방법을 그대로 도입해 k_2, k_3의 값을 추정할 수 있습니다. 그 결과, 문제에서 구하는 순서쌍 $(k_1,\ k_2,\ k_3) = (60,\ 1,\ 14)$를 얻을 수 있습니다.

4) 오류가 없는지 점검하기

지금까지 쓴 풀이를 훑어보니 과정에 논리적 오류가 없고, (k_1, k_2, k_3)값은 모두 주어진 범위를 만족시킵니다. 이 문제에서는 식을 만족시키는 순서쌍을 하나만 구하라고 했기 때문에 다른 해를 구하거나 존재성을 증명할 필요는 없습니다. 따라서 구한 값이 곧 문제에서 요구하는 답이 됩니다.

이 문제는 2021학년도 가톨릭대학교 의과대학 논술전형 3번 문항으로, 4개 문항을 100분 안에 푸는 시험이었습니다. 2번 문항과 4번 문항의 난이도가 높아, 상대적으로 난이도가 낮은 1번과 3번을 약 18분(25분의 3분의 4) 안에 풀어야 하는 상황이었지요. 저는 아이디어를 기반으로 풀이를 전개해 시간을 절약했습니다.

다음 문제는 24학년도 수능 수학 영역 공통 과목 마지막 문제로, 난이도가 낮지 않은 편입니다. 이 문제는 당시 수많은 수험생을 절망에 빠뜨린 주범이기도 합니다. 이번 문제 역시 정답률 1.4%를 자랑하며 극악의 난이도를 보여주었는데, 수능 최저를 맞추기 위해 시험을 보러 간 영재학교 3학년 친구들 역시 이 문제의 마수를 피해갈 수 없었습니다. 하지만 입시가 끝나고 수능을 보지 않은 친구들과 함께한 모의 수능에서, 저는 이 문제를 단 5분 만에 해결했습니다. 아이디어 위주로 풀이를 전개했기 때문에 불필요한 계산 없이 빠르게 문제를 풀 수 있었습니다.

22. 최고차항의 계수가 1인 삼차함수 $f(x)$가 다음 조건을 만족시킨다.

> 함수 $f(x)$에 대하여
> $$f(k-1)f(k+1) < 0$$
> 을 만족시키는 정수 k는 존재하지 않는다.

$f'\left(-\dfrac{1}{4}\right) = -\dfrac{1}{4}$, $f'\left(\dfrac{1}{4}\right) < 0$일 때, $f(8)$의 값을 구하시오. [4점]

▲ 2024학년도 수능 수학 영역 22번

1) 그래프의 개형 파악하기

문제를 읽자마자 가장 먼저 $f(k-1)$과 $f(k+1)$의 부호가 다르면 안 된다는 것을 파악할 수 없습니다. 최고차항의 계수가 양수이므로, 부호가 바뀌는 지점 이전은 모두 음수, 이후는 모두 양수입니다. 이제 부호가 바뀌는 지점에 집중해봅시다.

$f(k-1)$이 음수이면서 $f(k+1)$이 양수인 조합이 존재해서는 안 되므로, 부호가 바뀌는 지점에서는 둘 중 하나가 0일 것입니다. 즉, $f(k-1)$이 0인 지점과, $f(k+1)$이 0인 지점이 각각 하나 이상씩 존재합니다. 따라서, $f(x) = 0$의 실근은 2개 이상입니다.

또한, 두 실근은 연속한 정수입니다. 연속하지 않다면 적어도 한 실근 k에 대해, $f(k-1)f(k+1) < 0$이니까요.

2) 주어진 단서 사용하기

$f'\left(-\frac{1}{4}\right)$과 $f'\left(\frac{1}{4}\right)$이 모두 음수라는 사실에서 $f(0) = 0$이라는 것을 알아낼 수 있습니다. 두 변곡점의 사이에 $x = 0$이 존재하고, $x = 0$이 부호가 변하는 지점 중 하나이기 때문입니다.

위에서 얻은 정보에서, $f(-1)$ 또는 $f(1)$이 0이라는 결론을 내릴 수 있습니다. 이제 각 경우를 확인해봅시다.

3) 경우를 나누어 탐색하기

$f(-1) = 0$일 경우, $f(x) = x(x+1)(x+a)$로 나타낼 수 있습니다. 미분하면 $f'(x) = 3x^2 + 2(a+1)x + a$입니다. $f'\left(-\frac{1}{4}\right) = -\frac{1}{4}$을 대입해 구한 $f'\left(\frac{1}{4}\right)$은 양수로, 문제의 조건과 맞지 않습니다.

$f(1) = 0$일 경우, 위와 동일한 방법을 사용해 $f(x) = x(x-1)\left(x+\frac{5}{8}\right)$을 구할 수 있습니다. $f'\left(\frac{1}{4}\right)$도 음수로, 조건을 잘 만족합니다.

결과적으로 값을 대입해 $f(8) = 483$이라는 답을 얻어낼 수 있습니다.

사실 3번에서 그래프의 개형을 생각하면, $f(-1) = 0$의 경우가 성립하기 힘들다는 것을 직관적으로 알 수 있습니다. 다만, 서술형 시험이라면 모든 케이스를 확실하게 증명해야 하므로 다소의 시간을 소모하더라도 엄밀한 풀이를 사용하는 것을 추천합니다. 주어진 정보만으로 그래프의 개형을 파악한 이후에는 무난하게 풀리는 문제지만, 개형을 잘못 파악하거나 아예 실패했을 경우 풀기 매우 어려운 문제입니다.

이처럼 아이디어를 중심으로 풀이를 전개하면 좋은 점이 많습니다. 먼저, 필기량이 적어집니다. 생각하는 속도는 글을 쓰는 속도보다 훨씬 빠르기 때문에, 필기량이 많을수록 생각할 시간을 뺏앗기게 되지요. 다음으로 실수할 확률이 낮아집니다. 불필요한 정보를 사용하지 않으니 헷갈릴 일 또한 줄어듭니다. 무엇보다 중요한 것은 검토를 빠르고 편하게 할 수 있다는 것입니다. 실수를 발견하는 과정에서 사용했던 아이디어를 떠올리면 잘못된 부분을 쉽게 찾을 수 있습니다.

● 기출문제 파헤치기

내신 및 대학 입시에서 출제 경향성은 쉽게 변하지 않습니다. 내신 시험의 경우에는 각 학교의 교과 담당 선생님이 직접 문제를 출제하기 때문에, 해당 과목을 맡은 선생님의 출제 경향이 시험에 반영됩니다. 만약 한 선생님이 여러 해 동안 같은 과목을 담당한다면 이전에 출제된 시험 문제들을 분석하여 그 선생님의 출제 경향을 파악하고 대비할 수 있겠죠.

대학 입시의 경우에도 출제 경향이 급격하게 바뀌는 경우는 드뭅니다. 각 대학의 교수진이 문제 출제에 참여하는데, 해마다 교수진이 바뀌지는 않으므로 출제 방식이나 문제 유형이 한 해 만에 크게 달라지는 일은 많지 않습니다. 따라서 최근 몇 년간의 기출문제를 분석하면, 실제 시험에서 유사한 유형의 문제를 접할 가능성이 높아집니다.

입시를 위해 제가 지원한 4개의 대학의 기출문제를 분석 및 정리한 결과는 다음과 같습니다. 순서는 당시 일정 순으로 배치했습니다. 난이도는 공식적으로 공개된 정보가 아닌, 시험장에서 제가 체감했던 정도를 적은 것입니다.

대학별 기출문제 분석

학교	구분	특징
연세대학교 (23.09.23)	논술전형	• 과학(물리학) 4문제: 역학, 파동, 현대물리학 • 수학 4문제: 미적분, 기하, 확률과 통계 하나 이상씩 • 전체적으로 난이도가 낮으므로 만점을 노리는 방향으로 준비
서울대학교 (23.11.24)	구술 면접	• 수학 소문항 포함 8-10문제 • 문제 난이도 높은 편으로, 최대한 많은 문제를 건드려 보는 방향 • 추가 질문 꼭 받아서 대답하기
POSTECH (23.11.25)	구술 면접	• 사고력, 잠재력 면접 • 매년 바뀌어 예측 불가하며 타임어택성 강함 • 관련 지식을 최대한 연결하여 아는 것을 전부 설명하는 방향
KAIST (23.11.29)	구술 면접	• 수학 2문제: 기하 1문제 포함 • 과학 2문제: 역학 1문제 포함 • 영어 3문세: 낮이도 매우 낮으니 5분 안에 끝내기 • 전체적으로 문제가 쉬우므로 학업 외 역량 면접에 투자 • 무조건 받는 독서 질문을 대비하기

KAIST 측에서 공개한 정보에 따르면, 수학 및 과학 지문을 해결하는 데 소요되는 예상 시간은 각각 10분이었습니다. 실제로 저는 수학을 5분 만에 해결했지만, 과학 2-2번 문제를 푸느라 남은 시간을 거의 모두 사용했습니다. 과학 지문을 읽는 데 사용한 순수 시간을 계산해보면 30분이 조금 넘습니다.

저는 대학에 진학한 후에도 이 방법을 유용하게 활용하고 있습니다. 서울대학교 신입생이라면 누구나 봐야 하는 영어 시험 TEPS는 청해 240점, 독해 240점, 문법 60점, 어휘 60점으로 총 600점 만점입니다. 이 시험을 준비하기 위해 저는 모의 TEPS 문제집을 구매해 반복적으로 풀어보았습니다. 그 결과, 준비된 음성 녹음을 들으며 문제를 풀어야 하는 청해 영역을 제외하고, 독해, 문법, 어휘 영역에서 25%의 여유 시간을 남기며 시험을 마무리할 수 있었습니다. 시간 부족으로 풀지 못한 문제가 없었고, 덕분에 개인적인 목표였던 550점을 달성할 수 있었지요.

실전 적용 연습

2024학년도 연세대학교 자연계열 논술전형	2024학년도 KAIST 수시 일반전형 면접
과목: 수학, 과학(물리학) 시간: 총 150분	과목: 수학, 과학(물리학), 영어, 학업 외 역량 시간: 총 60분 (단, 시작 10분 후 과학, 시작 25분 후 수학/영어 시험지 배부)
과학(물리학) 40점 – 각 10점씩 1번 (하) 2번 (하) 3번 (중) 4번 (중)	과학(물리학) 10점 1번 (소문항 2점, 1점, 2점 / 중, 하, 하) 2번 (소문항 1점, 1점, 1점, 2점 / 하, 상, 중, 하)
수학 60점 – 각 15점씩 1번 (소문항 5점, 10점 / 하, 하) 2번 (소문항 5점, 10점 / 하, 하) 3번 (소문항 5점, 10점 / 하, 하) 4번 (소문항 5점, 10점 / 중, 상)	수학 10점 1번 (소문항 2점, 3점 / 하, 중) 2번 (소문항 1점, 3점, 1점 / 하, 중, 하) 영어 5점 1번 (1점 / 하) 2번 (2점 / 하) 3번 (2점 / 하)

	학업 외 역량 1, 2, 3번 (배점 표시 없음) 시간 남을 경우 서류 질문
전략: 확실하게 풀 수 있는 문제가 많으니 빠르게 과학과 수학 1, 2, 3번을 풀고, 수학 4번에 남은 시간을 모두 투자할 것.	전략: 과학을 다 못 풀었을 경우, 영어와 수학부터 풀고 남은 시간을 과학에 쓸 것. 자기소개서 및 생활기록부 질문에 자신이 없으니, 학업 외 역량 질문에서 최대한 시간을 끌 것.

▲ 2024학년도 연세대학교 자연계열 논술전형 및 KAIST 수시 일반전형 구술 면접 전략

연세대학교 논술전형 시험을 치르기 직전에 저는 코로나19 확진 판정을 받았습니다. 고열에 시달리며 컨디션 난조를 겪던 저는 평소라면 쉽게 풀었을 수학 3번 문제에서 중대한 계산 실수를 했습니다. 불행 중 다행으로 과학 문제는 무리 없이 풀었고, 덕분에 저는 13명을 선발하는 컴퓨터과학과에 합격할 수 있었습니다. 수학은 내신을 기반으로 이제껏 쌓아온 실력을 믿고 서술 방식을 다듬는 데 열중했습니다. 과학의 경우 직전 2년의 기출문제를 풀어보며 출제 경향을 분석했고, 그중에서도 4번 출제가 예상되는 현대물리학 분야를 집중적으로 공부했습니다. 기출문제 분석을 기반으로 한 저의 예상이 적중한 것이 좋은 결과를 얻는 데 큰 도움이 된 것이지요.

KAIST의 시험은 〈4분의 3 공부법〉에 최적화된 '타임어택형' 시험이기 때문에 자신감 있게 모든 문제를 시간 안에 풀어 정답을 맞혔습니다. 학업 외 역량 면접에서도 계획대로 사전에 준비한 독서 질문에서 시간을

충분히 소모해, 추가 질문을 받지 않을 수 있었습니다. 자신 있는 수학과 과학에 대해서는 추가 질문이 많을수록 유리하지만, 준비한 내용이 비교적 많지 않은 학업 외 역량 부분에서는 대답하기가 어려운 상황이었습니다. 수학과 과학을 내신으로 채운 덕분에 면접에서는 지원서에 적은 다섯 권의 책에 관한 질문을 주로 받았습니다. 이처럼 '확실히 풀 수 있는 문제부터 풀기' 전략은 문제를 풀 때뿐만 아니라 다른 유형의 시험에서도 응용 가능합니다.

● 수리 논술/구술 면접 미적분 아이디어 목록

다음은 제가 입시를 준비하며 정리한 미적분 아이디어 목록입니다. 미적분 문제에서 자주 사용되는 아이디어로 구성해 수리 논술과 구술 면접에서도 유용하게 활용할 수 있습니다. 기하 및 조합의 경우 출제되는 문제의 패턴이 크게 변하지 않아 평소 실력으로도 충분히 대비할 수 있지만, 미적분의 경우 처음 보는 아이디어가 많아 구체적으로 정리했습니다. 이 내용이 여러분에게 도움이 되기를 바랍니다.

수열의 극한

- 수렴 여부 판별: 직접/극한비교, 비/근 판정법
  → 적당히 크거나 작으면서 수렴 여부가 직관적인 수열을 찾자!
- 수렴값 구하기: 샌드위치 정리, 점화식에 적당한 값을 더해 등비수열로 변형

– 수열의 합 구하기: 망원급수(이웃하는 항들의 합이 0이 되어 사라지고, 고정된 값을 가지는 몇 개의 항만 남는 수열에 대한 급수) 또는 구분구적법 꼴로 변형

– 수식의 유리화 및 삼각함수의 성질

함수의 극한

– 수렴 여부 판별: 샌드위치 정리, 직접비교판정법

  → 수열의 극한과 마찬가지 아이디어!

– 자주 보이는 형태 익히기:

  $\sin x/x$, $(1-\cos x)/x^2$, $(a^x-1)/x$, $\ln(1+a^x)/x$ 등

– 근사를 통한 단순화: $\sin x/x \to 1$ 등 (단, 문제가 높은 수준의 엄밀도를 요구하는 경우 과도한 근사는 금지)

– 로피탈의 정리: 교육과정 밖이나 정답을 구해놓은 뒤 검산 용도로 사용

연속성과 미분가능성

– 최대/최소 정리, 사잇값 정리

– 롤의 정리, 평균값 정리 → 이용할 수 있도록 새로운 함수를 설계해 정의!

– 미분계수의 정의 형태로 수식을 변형하기

– x와 y로 이루어진 일변수 함수 관계식이 주어진 경우: $x=y=0$을 넣어 $f(0)$의 값을 구한 뒤, 미분계수의 정의 사용

적분

– 미적분학의 기본 정리 ($g(x)=\int_a^x f(t)dt$ 일 때, $g'(x)=\frac{d}{dx}\int_a^x f(t)dt=f(x)$)를 항상 기억: 특히 정적분 구간에 함수가 들어 있는 문제!

– 기본적인 꼴: 다항식, 삼각함수 및 그 역함수, 지수/로그함수 등

– 치환적분, 부분적분으로 기본적인 꼴 만들기

– 역함수 적분: $y=x$ 대칭을 이용해 원래 함수의 적분값을 이용

– 길이/넓이 구하기: 수식의 의미 생각, 보통 근호 치환적분(근호 내부를 삼각함수로 치환적분)

기타

– 주기 및 대칭성 파악하기

– 이전 소문항에서 제공한 아이디어 사용하기

– 값을 대입해 경향성 파악해보기

🔵 REVIEW

💡 장거리 경주를 할 때 참가자는 함께 달리는 사람들의 속도에 맞춰 페이스를 조절합니다. 하지만 시험에서는 이 방법을 사용할 수 없습니다. 다른 응시자의 시험지를 확인할 수도 없을뿐더러, 만약 가능하다고 해도 시험에 있어서는 방해 요인이 될 가능성이 높습니다. 때문에 우리는 스스로 페이스를 조절하는 방법을 익혀야 합니다.

Chapter 4

공부 그래플러*

* 유도, 레슬링, 주짓수 등 상대를 붙잡아서 메치거나, 비틀고 꺾고 조르는 사람

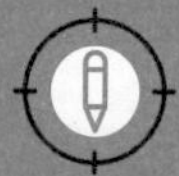

효율 최대화 공부법 (서울대학교 첨단융합학부 24학번, 한지후)

전략적 공부법 (서울대학교 정치외교학부 21학번, 강혜윤)

행동 영역 공부법 (서울대학교 정치외교학부 21학번, 한정윤)

공부는 엣티제(ESTJ)처럼

효율 최대화 공부법

서울대학교 첨단융합학부 24학번, 한지후

저는 효율을 중시하는 사람입니다. 저를 소개할 때 효율이라는 단어를 빼놓을 수 없을 정도로 효율을 높이는 데 진심이지요. 평소 자전거를 타고 등교하는 저는 신호등이 바뀌는 시각을 기억해 등교에 소요되는 시간을 최소화했습니다. 또 물건을 구매할 때는 가격 대비 성능의 비율을 따져 선택했습니다. 이런 저는 시험을 준비하며, 학습에도 효율을 적용하면 좋겠다고 생각했습니다.

본격적으로 공부법을 설명하기에 앞서 학습에서의 효율이 무엇인지 정의할 필요가 있습니다. 제가 생각하는 학습 효율은 '결과를 투자한 시간과 노력으로 나눈 값'입니다. 이때 결과는 여러 시험 성적과 대회 입상 실적을 말합니다. 좋은 결과를 내려면 많은 시간을 투자해야 합니다. 하지만 우리가 투자할 수 있는 시간은 한정되어 있지요. 다양한 과제와 수행평가로 가득 찬 학교생활을 하는 학생이라면 더욱이 그럴 겁니다.

고등학교에 입학한 순간부터 대학 입시가 시작됩니다. 입시에 직접적으로 반영되는 시험을 준비해야 하지요. 공부는 이전부터 꾸준히 해왔지만, 중학교 때까지 저는 시험 대비만을 위한 공부를 해본 적은 없었습니다. 무엇을 어떻게 공부해야 하는지와 같은 공부의 기술을 전혀 알지 못했던 것입니다.

처음에는 무턱대고 교과서와 학습 자료의 내용을 익혔습니다. 이해되지 않는 개념을 집중적으로 살펴보고, 개념을 이해한 부분은 기출문제를 한번 풀어보는 게 전부였지요. 암기 과목은 개념을 노트에 정리하고 그것을 반복해서 읽는 게 다였습니다. 그래서 저는 여러 방법을 시도하며 저에게 맞는 최적의 공부법을 찾기 위해 노력했습니다. 그러다 많은 시행착오 끝에 〈효율 최대화 공부법〉에 정착하게 됐습니다. 2학년 2학기 때의 일입니다. 이전까지 저의 내신 성적은 평균을 살짝 웃도는 정도였습니다. 하지만 〈효율 최대화 공부법〉을 통해 성적을 끌어올리고, 서울대학교에 합격할 수 있는 안정적인 기반을 다질 수 있었습니다.

〈효율 최대화 공부법〉은 지식을 쌓는 것이 아니라, 최소한의 시간을 투자해 시험에서 좋은 결과를 내는 것을 목표로 합니다. 개념을 깊이 있게 이해하고 차근차근 단계를 밟으며 나아가는 것이 이상적인 공부 방식이지만 우리에게는 시간이 충분하지 않습니다. 시험을 치르기 위해서는 여러 과목을 동시에 공부해야 하기 때문입니다.

● 개념의 전체 구조 파악하기

시험 대비 공부에서 가장 중요한 것은 개념의 구조를 파악하여 이해하는 것입니다. 저는 빠른 시간 안에 개념의 구조를 이해해 실전에 적용하는 것을 최우선 목표로 삼았습니다.

다음은 제가 1학년 2학기 〈프로그래밍 I〉 기말고사를 준비하며 정리한 개념 목록입니다. 수기로 코드를 작성하는 프로그래밍 지필 시험 특성상 모르는 개념이 있으면 코드를 작성할 수 없기 때문에 시험 범위 내의 모든 개념을 이해해야 했습니다.

<table><tr><td>〈프로그래밍 I〉 기말고사</td><td>시간: 60분</td></tr></table>

- 수학: 소수, 약수

  소수를 판정하는 과정에서, 어떤 약수 d와 다른 약수 $\frac{n}{d}$이 대응되기 때문에 둘 중에 더 작은 것의 후보인 1부터 $\sqrt{n}$까지만 탐색하면 된다.

- 최적화: 시간 복잡도, 메모이제이션, 가지치기

  함수를 계속 불러오는 것이 아니라, 함숫값을 배열에 저장해 이를 불러오면 호출 횟수를 큰 폭으로 줄일 수 있다. 큰 수의 소수 여부를 탐색할 때 마지막 자리가 1, 3, 7, 9인 경우만 탐색하면 된다.

- 자료 구조: 큐, 스택

  큐는 먼저 들어온 값부터 나가는 것, 스택은 마지막으로 들어온 값부터 나가는 것.

- 탐색: BFS, DFS

  BFS는 인접한 점들을 순서대로 큐에 넣고 반복. DFS는 스택보다 함수를 통해 계속 호출하고 종료시키며 쉽게 구현.

- 백트래킹: N-Queen

  조건을 만족시키면 그다음 줄로, 만족시키지 않으면 종료시켜 다시 이전 줄로 돌아가는 DFS.

- 다이나믹 프로그래밍: 백팩 문제

  for문을 통해 이전의 값들로부터 다음 값을 구해 배열에 저장을 반복하면 최종 값을 알아낼 수 있다.

- 그리디(탐욕법)

  매 순간마다 그 순간 한정 가능한 최선의 선택을 하는 것이 정답인 경우.

- 비트마스킹: 외판원 순회 문제(TSP)

  하나의 정수(int)는 31개의 0 또는 1을 담을 수 있다. 배열 대신 변수의 값으로 적은 점들의 방문 여부를 관리하면 더욱 효율적이다. 이를 변수로 이용하여 DFS를 통해 구현할 수 있다.

▲ 〈프로그래밍 I〉 기말고사를 준비하며 범위 안의 모든 개념을 정리했다.

코드를 이해해야 작성할 수 있기 때문에 어느 정도 기본적인 이해는 필요합니다. 하지만 내신에서의 프로그래밍은 암기 과목에 가깝습니다. 수기로 작성해야 하는 지필고사 특성상 코드를 실행할 수 없어 틀린 부분을 직접 찾아야 하기 때문이지요. 암기에 자신 없던 저는 코드 작성에 필요한 개념을 이해한 뒤 자유자재로 활용하는 것을 목표로 공부했습니다. 단순히 세부 개념을 정리하는 게 아니라 구조를 파악하는 것이 핵심입니다. 문제를 해결하기 위해 어떤 개념을 알아야 하며, 그 개념이 무엇인지 대략적인 구조를 파악하는 것이지요. 프로그래밍뿐만 아니라 어떤 과목이든 구조를 파악하는 과정은 필수적입니다. 저는 이 과정을 통해 개념을 보지 않고 코드를 작성할 수 있는 수준에 도달했습니다.

● 이해를 통해 암기하기

저는 암기를 잘 못합니다. 굉장히 못하는 편이라고 할 수 있습니다. 저의 이런 특성은 영재학교에 진학하자 더욱 두드러졌습니다. 모든 시험 문제가 서술형으로 출제되었기 때문입니다. 스스로 답을 구성해야 하는 서술형 문제를 안정적으로 풀려면 탄탄한 암기가 뒷받침돼야 합니다. 객관식 문제를 풀 때는 소거법으로 위기를 넘길 수 있었지만, 서술형 시험에서는 그런 방식이 통하지 않아 애를 먹었습니다. 시험이 시작하기 직전까지도 분명히 기억하고 있던 내용인데 문제를 마주하니 머리가 백지장이 된 듯 새하얘져 곤란했던 적이 수도 없이 많습니다.

그렇게 저는 첫 학기에 한 차례 실패를 경험했습니다. 방학이 지나 1학년 2학기가 되자 암기해야 하는 개념이 늘어났습니다. 난이도 또한 높아졌지요. 이 상황을 어떻게 헤쳐나가야 할지 막막하던 그때, 저의 강점인 이해를 활용해야겠다는 생각이 들었습니다. 바로 키워드를 중심으로 관계를 파악하는 것입니다. 저는 이 방식을 다음 과목에 적용했습니다.

---

1) 프로그래밍 for문 (C언어 기준)

반복을 돌리기 위해서는 시작점과 끝점이 필요하다. 또한, 각 반복마다 변화를 줄 수 있는 요소도 필요하다. 그렇게 시작, 끝, 변화 조건을 적는다. 마지막으로, 세 조건을 구분해줄 칸막이인 세미콜론(;)을 넣으면 완성이다.

```
for(〈시작 조건〉; 〈반복이 끝나지 않을 조건〉; 〈각 반복 이후 변화〉)
{
    // 반복할 코드
}
```

예를 들어, 코드를 n번 반복하고 싶을 때는 변수 i를 선언하여, 1부터 n까지 1씩 커지게 만들면 된다. 코드로 작성하면 for(int i=1; i<=n; i+=1)가 된다.

2) 영어 단어 암기

consolidation의 뜻을 모르는 상태로 memory consolidation이라는 표현을 처음 보면 난감할 수 있다.

하지만 정확한 의미를 모르더라도 이해를 통해 유추할 수 있다. 먼저 단어를 조각조각 나눈다. consolidation은 'con/solid/ation'으로 분리할 수 있다. con-은 '함께', '같이'라는 뜻의 접두사이다. solidation은 solidate의 명사형일 것이고, -ate는 '~로 만들다'의 뜻을 가진 접미사이다. solid는 '딱딱한' 또는 '고체'라는 의미이다. 이 내용을 모두 조합했을 때, '기억이 굳어져 장기 기억이 되는 현상' 정도로 추측할 수 있다. memory consolidation의 올바른 의미는 기억의 고착(응고)화이다.

3) 수학 공식 유도

문제 풀이에 있어 공식은 시간을 단축시키는 도구이다. 때문에 무작정 외우는 것보다 이해하는 게 중요하다. 그러면 식의 세부 사항이 기억나지 않아도 증명을 통해 식을 유도할 수 있다.

$\frac{d}{dx}\tan^{-1}x = \frac{1}{1+x^2}$ 의 식에서 x에 제곱이 있었는지, 분모에 루트(근호)가 있는지 기억나지 않을 때 $y = \tan^{-1}x$ ▶ $\tan y = x$ ▶ $\frac{dy}{dx}\frac{d}{dy}\tan y = \frac{d}{dx}x$ ▶ $\frac{dy}{dx}\sec^2 y = 1$ ▶ $\frac{dy}{dx}\left(1 + \tan^2 y\right) = 1$ ▶ $\frac{dy}{dx}\left(1 + x^2\right) = 1$ ▶ $\frac{d}{dx}y = \frac{1}{1+x^2}$ 의 과정을 통해 식을 유도할 수 있다.

언어를 비롯한 몇몇 과목에서는 방해가 될 수도 있지만, 대부분의 과목에서 큰 효과를 볼 수 있는 방식이라고 생각합니다.

● 과목별로 시간 분배하기

시간 투자량을 결정하는 기준은 크게 세 가지입니다. 첫째는 현재의 학습 수준입니다. 공부를 시작하기에 앞서 자신의 학습 수준을 정확히 파악하는 것이 무엇보다도 중요합니다. 내가 어떤 부분을 잘하고 어떤 부분이 부족한지 확인하고, 부족한 부분을 끌어올리려면 어느 정도의 노력이 필요한지 헤아리는 것입니다. 시간이 한정되어 있는데 모든 과목을 동일한 노력을 들여 공부할 수는 없습니다. 만약 그랬다가는 여러 마리 토끼를 모두 놓칠지도 모릅니다.

두 번째 기준은 달성하고자 하는 목표 점수입니다. 자신의 상태를 파악했다면 이제 현실적인 목표 점수를 설정할 차례입니다. 상대평가에는 해당하지 않는 이야기지만, 절대평가에서는 커트라인을 맞추기 위해 받아야 할 점수를 계산할 수 있습니다. 그리고 목표 점수에 맞춰 학습 전략을 세울 수 있지요.

세 번째는 각 과목이 요구하는 공부량에 따른 효율입니다. 같은 시간을 투자해도 과목에 따라 효율이 다릅니다. 개념과 공식을 이해하면 어렵지 않게 적용 및 문제 해결이 가능한 과목이 있는 반면, 절대적인 암기량이 많아 아무리 전략적으로 공부한다 해도 시간이 많이 소요되는 과목이 있습니다. 그럴 때는 취사선택을 하는 수밖에 없습니다. 효율이 낮은 과목을 아예 포기하라는 이야기가 아닙니다. 앞에서 이야기한 것처럼 우선순위를 정해 투자할 시간의 비율을 조절하라는 것이지요.

이 세 가지 기준을 바탕으로 저는 〈수학II〉에 가장 많은 시간을 할애하고, 반대로 〈수학I〉에는 가장 적은 시간을 투자하기로 결정했습니다.

〈수학Ⅰ〉도 공부해야 할 양이 많고 난이도 역시 낮은 편이 아니었으나, 〈수학Ⅱ〉에 비해 학습 성취도가 높은 편이었습니다. 그래서 〈수학Ⅰ〉을 공부하는 시간을 줄여 현상 유지를 하는 대신 〈수학Ⅱ〉 학습 시간을 대폭 늘려 부족한 부분을 보완하려 했습니다. 그 결과 두 과목 모두 초기에 설정한 목표 점수를 뛰어넘을 수 있었습니다.

또한 제가 판단하기에 비교적 시간 투자 효율이 좋은 〈정보과학개론〉 과목을 집중해서 공부하고, 그렇지 않은 〈생명과학〉 과목에는 많은 시간을 쏟지 않았습니다. 선택을 한 것이지요. 이 경우에도 마찬가지로 〈정보과학개론〉 과목에서 목표 점수를 넘겼습니다.

제 경험을 토대로 현실적인 수준에서 학습의 효율을 높일 수 있는 시간 분배 기준 세 가지를 소개했는데요. 이는 시험을 앞두고 활용할 수 있는 학습 전략이기는 하나, 장기적으로 보았을 때는 위험도가 높을 수 있습니다. 과목별로 안정적인 기반을 다지는 것이 아니라 당장 눈앞의 시험을 돌파하기 위한 공부 방법이기 때문입니다. 그래서 독자 여러분은 제 공부법을 참고하되, 각자의 학습 환경에 맞는 기준을 세워 자신만의 전략으로 활용하기를 권합니다.

● 생활 패턴 최적화하기

공부를 하다 보면 매일 꾸준히 학습하며 실력을 쌓아 가는 과목도 있지만, 시험 직전에 집중적으로 살펴보는 일명 '벼락치기'를 해야 하는 과목도 있을 것입니다. 하지만 벼락치기도 무작정 해서 되는 건 아닙니다. 평소의 생활 패턴에 따라 그 효과가 달라지기 때문이지요. 나에게 맞는 학습 방식을 기반으로 생활 패턴을 조직하는 것이 중요합니다.

앞에서 언급한 것처럼 저는 암기에 약한 편이었습니다. 암기한 내용이 기억에 오래 남지 않아 시험 직전까지 내용을 복습해야 했지요. 그러려면 밤에 잠을 줄여 공부해야 했습니다. 하지만 잠은 피로를 해소하고 뇌의 노폐물을 제거해 인간의 신체를 제대로 기능하게 하는 매우 중요한 요소입니다. 하루에 최소 6~7시간의 수면을 권장하는 것도 그런 이유에서이지요. 잠을 충분히 자지 않으면 인지 능력과 집중력이 저하되어 공부에 방해됩니다. 물론 시험에서도 역량을 제대로 발휘하기 어렵겠지요. 또한 밤새 공부를 하다가 깜빡 잠에 들기라도 하면 최악의 경우 시험에 응시하지 못할 수도 있습니다. 아무리 열심히 공부해봤자 시험 시간에 맞추지 못해 응시할 수 없게 된다면 점수를 받을 수 없습니다.

이 문제를 어떻게 해결하면 좋을지 고민한 끝에, 저는 시험 기간에 한하여 평소와 다른 생활 시간표를 따르기로 했습니다. 다음은 제가 다녔던 고등학교의 시험 기간 시간표입니다.

조식 및 아침 조회	08:00 ~ 08:30
1교시	09:00 ~ 10:00
2교시	10:30 ~ 12:30
3교시	13:30 ~ 14:30
4교시	15:00 ~ 16:30

저희 학교는 오전 8시부터 30분간 아침 조회 시간을 갖고, 9시부터 시험을 시작했습니다. 하루에 최대 네 과목까지 시험을 봤고, 4교시 시험을 마치면 오후 4시 30분이 되었지요.

저는 이 시간표에 맞춰 수면 시간을 앞당겼습니다. 적절한 수면 시간을 확보하면서도, 일어난 순간부터 등교 직전까지 멈추치 않고 이어서 공부할 수 있는 구조를 만든 것입니다. 그렇게 정착하게 된 시험 기간 생활 시간표는 다음과 같습니다. 시험을 치르는 과목 수가 적어 일찍 하교하는 날에는 그에 알맞게 조정했습니다.

시험 기간 생활 시간표 (모의)

총 시간	16:30 ~ 08:00
수면	16:30 ~ 21:00
샤워 및 식사	21:00 ~ 21:30
과목 공부 / 기출 풀이	21:30 ~ 06:00
최종 대비	06:00 ~ 08:00

중간에 휴식을 취하지 않고 바로 시험을 치렀기 때문에 약간의 체력적 부담이 있었지만 시험에 영향을 줄 정도는 아니었습니다. 또한 암기한 내용을 잊지 않고 시험에 임할 수 있다는 장점이 제게는 더 크게 느껴져 효과적인 시간 활용이라고 생각했습니다. 이런 생활 패턴을 적용한 데는 제가 아침보다 저녁에 더 큰 역량을 발휘할 수 있는 '저녁형 인간'이라는 것도 한몫 했습니다. 저의 성향에 맞게 공부 시간을 최적화한 것이죠.

저는 1학년 1학기 기말고사부터 모든 시험을 위의 생활 시간표를 바탕으로 대비했고, 덕분에 만족할 만한 결과를 낼 수 있었습니다. 물론 권장하는 시간에 잠들고 깨는 것이 가장 좋지만, 시험 기간이라는 특수한 상황인 만큼 적절히 활용해도 괜찮을 것이라고 생각합니다. 이처럼 여러분도 자신의 상황과 조건에 맞추어 생활 패턴 최적화를 시도해보세요.

● 조금씩 자주 공부하기

당연한 이야기지만 모든 과목을 벼락치기로 해결할 수는 없습니다. 개념을 이해하고 응용해야 하는 과목은 더욱이 그렇지요. 하루이틀 안에 방대한 내용을 모두 살펴볼 수도 없을뿐더러 개념 간의 유기성을 깊이 있게 파악하는 것도 어렵습니다. 이런 과목은 '조금씩 자주' 공부하는 것이 가장 효과적이고 효율적입니다.

이때 예습을 해주면 효과와 효율을 극대화할 수 있습니다. 수업 전에 선생님께서 미리 공유해주신 수업 자료를 이용해 예습을 합니다. 많은 시간을 들일 필요 없습니다. 자료를 살펴보며 개념의 구조를 파악하는 정도면 충분합니다. 예습을 하지 않고 수업으로 처음 개념을 접하게 되면 선생님의 설명과 자료에 의해 내용이 주입되기 때문에 기억에 오래 남지 않습니다. 예습을 한 뒤 수업을 통해 내가 직접 쌓아 올린 구조를 수정하고 보완하는 것이 바람직합니다. 수업을 마친 후에 그날 배운 내용을 복습하면 구조는 더욱 견고해집니다.

이렇게 공부한 내용은 기억에 오래 남고, 문제 풀이에도 쉽게 적용할 수 있습니다. 저는 예습과 복습 과정을 통해 기출문제 정답률을 높일 수 있었고, 중간고사에 비해 난이도가 높았던 기말고사에서 최우수 성적을 받게 됐습니다. 여러분도 예습의 중요성을 간과하지 말고 효율적인 공부 습관을 만드는 데 적극 활용해보기 바랍니다.

실전 적용 예시

● 기말고사 대비 전략 세우기

중간고사까지 일주일밖에 남지 않은 상황이라고 가정해봅시다. 일주일 동안 여덟 과목을 준비해야 합니다. 공부해야 할 과목이 많은데 주어진 시간은 매우 한정적입니다. 이제부터는 취미 생활을 잠시 미뤄두는 것은 물론이고, 밥을 먹거나 잠을 자는 시간까지 관리해야 합니다. 시험 대비 루틴을 만드는 것이죠.

저는 잠자는 시간을 포함하여 공부 이외에 사용할 수 있는 시간을 하루 최대 6시간으로 설정했습니다. 그렇게 하면 공부에 활용할 수 있는 시간을 126시간 확보하게 됩니다. 평일 오전 8시 30분부터 오후 4시 30분까지 진행되는 학교 수업을 제외하면 86시간이 남게 되지요. 저는 이 86시간을 다음과 같이 분배하고 학습 계획을 세웠습니다.

1학년 1학기 기말고사 대비

<table>
<tr><td colspan="3" align="center">시험까지 남은 시간: 7일
가용 시간: 86시간(평일 50시간 + 주말 36시간)</td></tr>
<tr><th>과목</th><th>시간</th><th>과목별 학습 계획</th></tr>
<tr><td>수학I</td><td>3시간</td><td>기말고사에서 78점 이상 획득하면 A+를 받을 수 있는 상황. 난이도가 높지 않기 때문에 시험 직전 기출 2회독으로 충분함.</td></tr>
<tr><td>수학II</td><td>20시간</td><td>A+를 받기 위한 목표 점수는 85.5점. 난이도 또한 낮지 않을 것으로 예상되어 많은 시간을 투자해야 함. 수학 과목이기 때문에 무조건 높은 성적을 얻어야 함.</td></tr>
<tr><td>국어I</td><td>10시간</td><td>세 명의 선생님이 각자 다른 분야를 수업하고 출제함. 절대적인 공부량이 많을 것으로 예상. 그러나 과목의 중요성에 비해 공부량이 많으므로, A− 컷인 72.5점을 목표로 잡고 다른 과목에 남은 시간을 더 투자하는 것이 합리적임.</td></tr>
<tr><td>한국사I</td><td>5시간</td><td>서술형 시험으로, 중간고사에서 소거법이 통하지 않아 낭패를 본 상황. 더 이상 사전 지식만 가지고 문제를 해결할 수 없음. 내용을 요약해 핵심 포인트를 정리한 후, 나머지는 문제 풀이를 통해 보완해야 함.</td></tr>
</table>

과목	시간	내용
물리학I	10시간	암기식 문항이 출제되지 않는 전형적인 문제 풀이 시험. 난이도가 높고 시간이 넉넉하지 않은 타임어택 경향이 어느 정도 있음. 학습지의 문제 풀이를 반복한 후, 기출 문제를 통해 스킬을 확실하게 익혀야 함.
생명과학I	10시간	물리 및 화학만큼 중요한 과학 과목은 아니지만 포기해서는 안 됨. 유전은 퍼즐 풀이의 연장선으로 별도의 준비 필요 없음. 나머지 부분은 순수 암기량이 많아 꼭 익혀두어야 함. 조별 수행평가에서 큰 감점을 당해 A+는 불가능. A0를 받기 위해 필요한 점수는 90점 후반이지만 달성 어려움. A- 커트라인인 78.5점을 노리는 것을 목표로 공부할 것.
지구과학I	8시간	크게 고체, 유체, 천체 분야로 나뉨. 천체 분야는 내 주특기로, 물리학과도 깊은 연관이 있어 크게 대비할 필요가 없다고 판단함. 고체와 유체는 생명과학만큼 암기량이 많지는 않지만, 절대 적은 양은 아니기 때문에 시간을 들여 정리해야 함.
화학I	15시간	과학에서 물리와 쌍벽을 이루는 코어 과목. 시간이 부족한 타임어택 경향이 매우 강함. 절반을 차지하는 VSEPR, 오비탈 등 분자 구조 파트에는 자신 있지만, 나머지 절반인 반응 속도 및 평형 파트는 보완이 필요함. 전자에 2시간을 투자해 복습하고, 후자에 8시간을 투자해 약한 부분을 최대한 보완한 후, 5시간 동안 기출문제 2회 풀이로 실전에 대비할 것.
정보과학개론	5시간	평소 문제 풀이를 분석한 결과 100점 중 30점을 차지하는 코딩 분야의 문제에서는 실수 이외의 감점 요소가 없음. 다만 이론 부분의 경우 중학교 시험과 같이 단순 암기의 연장선이므로 시간을 투자해 정리해볼 필요가 있음(시간 투자 효율이 좋음).

● 수학 과목 예습과 복습하기

수학 및 정보 계열 전공을 선택하기로 결정한 저는 3학년 1학기에 선형대수학 수업을 듣게 되었습니다. 저는 과제를 혼자 해결할 수 있을 정도의 실력을 갖추었기에 평상시 학습에서 큰 비중을 두지 않았습니다. 하지만 중간고사를 대비하는 과정에서 개념을 이해하고 구조를 파악하는 것에 어려움을 겪었습니다. 중간고사는 예년보다 쉽게 출제되었지만, 완벽하게 이해하지 못한 개념에 관한 문제가 다수 있었기 때문에 기대보다 낮은 점수를 받게 되었지요. 변별력을 위해 기말고사가 어렵게 출제될 것이라는 점을 고려하면 상당히 아쉬운 성적이었습니다. 중간고사에서 최대한 높은 점수를 받아야 목표로 하는 성적을 얻을 수 있기 때문입니다. 난이도가 높은 기말고사에서 83.5점 이상을 득점해야 했던 저는 공부 시간의 대부분을 이 과목에 투자하기로 했습니다.

이때 활용한 것이 조금씩 자주 공부하기였습니다. 즉, 예습과 복습을 철저히 하는 것이죠. 예습 단계에서는 미리 공유된 수업 자료를 전체적으로 살펴보며 모르는 개념을 찾아봤습니다. 만약 학습 문제가 함께 주어졌다면 그것 또한 풀어보았습니다. 이때는 개념을 완벽히 숙지하고 문제를 막힘없이 풀기 위해 애쓰지 않았습니다. 단지 내가 이해한 것과 이해하지 못한 것을 구별하고, 이해하지 못한 부분에 대해 질문할 내용을 정리하는 것으로 충분합니다.

수업을 들을 때는 선생님이 강조하는 부분을 표시하고 개념을 확실하게 이해하는 데 집중했습니다. 수업 전후에는 예습 단계에서 준비했던 질문을 해결하는 시간을 가졌습니다. 아무리 사소한 내용이라도 모호하게 느껴지면 질문을 통해 나의 것으로 만들었지요.

복습을 할 때는 노트 정리를 활용했습니다. 수업 때 다루었던 개념을 노트에 다시 한번 정리하며 수업을 통해 이해한 구조를 견고히 했습니다. 관련 문제 또한 스스로 풀이할 수 있을 때까지 풀어보았습니다. 그날 치 학습을 마친 뒤에는 다음 예습 계획을 세우는 것으로 마무리했습니다.

이렇게 예습-수업-복습 루틴을 성실히 지키면 따로 시간을 내어 암기하지 않아도 자연스레 내용을 숙지할 수 있습니다. 세 단계에 걸쳐 학습했기 때문에 기억에도 오래 남습니다. 문제 풀이를 할 때도 마찬가지입니다. 문제를 해결하기 위한 공식을 무작정 외우는 대신 구조를 이해하고 적용하면 어렵지 않게 답에 접근할 수 있습니다.

REVIEW

효율적인 학습을 위해서는 전략적으로 행동해야 합니다. 공부해야 할 양이 많은 데 비해 시간은 턱없이 부족하기 때문이지요. 입시에서는 한정된 시간을 어떻게 분배하여 사용하느냐가 승패를 결정짓기도 합니다. 자신이 설정한 달성 목표와 학습 수준을 바탕으로 우선순위를 정하고, 그에 따라 시간을 달리 투자할 필요가 있습니다. 〈효율 최대화 공부법〉을 통해 여러분에게 알맞은 최적의 학습 환경을 조성하고, 이루고자 하는 목표를 향해 도약할 수 있는 안정적인 기반을 다지기를 바랍니다.

공부, 내가 너를 통제한다
전략적 공부법

난이도

서울대학교 정치외교학부 21학번, 강혜윤

전략은 목표를 달성하기 위해 치밀하게 계획을 세우고 실행하는 것입니다. 공부를 할 때도 전략이 필요합니다. 뚜렷한 목표를 세우고 그것을 달성하기 위해 체계적인 계획을 실천해야 하지요. 전략적인 공부는 목표에 가까워지는 가장 빠르고 정확한 방법입니다. 이때 제가 당연한 이야기를 한다고 생각할 수 있습니다. 입시를 준비하는 학생이라면 목표를 상정하고 그에 따른 학습 계획을 세우는 일쯤은 이미 일상적으로 해 오고 있었을 테니까요. 하지만 지금부터 제가 소개하려는 〈전략적 공부법〉은 그보다 훨씬 구체적이고 치밀한 목표 설정과 계획 수립을 요구합니다.

"

어떤 학생이 '서울대학교 가기'라는 목표를 정하고 '매일 10시간 공부하기'라는 실천 계획을 세웠다고 가정해봅시다. 이 학생의 열정과 공부에 대한 의지는 칭찬할 만하지만, 이 실천 계획만 보아서는 긍정적인 결과를 기대하기 어렵습니다. 전략적인 계획이 아니기 때문입니다. 무엇을 어떻게 공부할 생각인지, 남은 수험 기간을 고려했을 때 매일 10시간을 공부하는 것이 과연 목표 달성을 위한 현실적인 계획인지 등 현재 자신의 상태와 학업 성취도를 확인할 수 없고, 목표 또한 두루뭉술합니다.

전략을 세울 때는 목표와 실천 계획을 세분화해야 합니다. 실천 계획을 수행했을 때 목표를 달성할 수 있을 것이라는 뚜렷하고 구체적인 기대가 있어야 하기 때문이지요.

좋은 목표 설정 예시

최종 목표: 서울대학교 학생부종합전형 합격

목표 1. 높은 내신 등급 확보

목표 1-1. 수학 2등급에서 1등급으로 올리기

목표 1-1-1. 확률과 통계 중간고사 1등급

목표 1-1-1-1. 문제 풀 때 시간 관리 철저히 하기

목표 1-1-1-2. 킬러 문항 중 한 문항은 꼭 풀기

목표 1-1-1-2-1. 심화 문제 연습하기

목표 1-1-1-2-1-1. 블랙라X 1회독(4주 동안)

목표 1-1-2-1-1-1. 매일 2시간씩 블랙라X 풀기

목표 1-2. 사회 교과목 1등급 유지하기

목표 2. 비교과 활동 열심히 하기…

위의 내용은 잘 짜인 공부 전략 예시입니다. 서울대학교 학생부종합전형 합격이라는 최종 목표를 세운 뒤 그것을 단계적으로 구체화한 것입니다. 먼저, 학생부종합전형에서 좋은 평가를 받을 수 있도록 높은 내신 등급을 확보하고, 등급 향상을 위해 수학과 사회 과목을 집중적으로 공부해야 합니다. 이때 수학 성적을 올리려면 문제 풀이를 할 때 시간 관리를 보다 철저히 하고, 오답을 유도하는 고난도 문제인 킬러 문항 또한 풀어내야 하지요. 킬러 문항을 익히기 위해 4주 동안 문제집 한 권을 풀겠다는 목표를 세우면 '매일 2시간씩 킬러 문항 공부하기'라는 세부 실천 계획을 수립할 수 있게 됩니다. 이처럼 〈전략적 공부법〉의 첫걸음은 뚜렷한 목표 의식 아래 목표 달성에 필요한 요소를 모두 고려하며, 구체적이고 현실적인 실천 계획을 세우는 것입니다.

학원이나 과외를 통해 학습에 도움을 받는 경우에도 목표 설정과 계획 수립은 반드시 해야 합니다. 무엇을 위해 공부하고 있는지 모르는 채로 그저 다른 사람이 시키기 때문에 억지로 끌려가듯 하는 공부는 시간 낭비에 불과합니다. 부족한 부분을 메우기 위해 사교육의 도움을 받을 수 있지만, 학습에 대한 통제권을 잃은 채 사교육에 의존하는 형태는 옳지 않습니다. 학원이나 과외 수업을 통해 무엇을 배우고, 그것이 나의 목표 달성에 어떻게 기여하는지 알아야 합니다. 학원에서 내준 숙제를 할 때도, 그 숙제를 통해 내가 무엇을 얻고자 하는지 생각해야 합니다. 목표 달성을 위한 하나의 실천 계획으로 사교육을 활용하는 것이지요.

무엇을 공부하고 왜 공부하는지, 그것이 나의 목표를 달성하는 데 가장 알맞은 방법인지 스스로 답할 수 있어야 합니다. 이런 질문을 던지지 않은 채 맹목적으로 공부한다면 우리 안의 잠재력은 깨어나지 않을 것입니다. 앞에서 이야기했듯 전략적인 공부는 목표에 도달할 수 있는 가장 빠르고 정확한 길입니다. 이런 길을 놔두고 소중한 시간과 에너지를 낭비하는 것은 무척 안타까운 일이지요. 그래서 저는 〈전략적 공부법〉을 통해 여러분에게 헤매지 않고 길을 찾는 방법을 공유하고자 합니다. 이 글을 읽고, 여러분이 목표한 지점에 한 걸음 더 가까워지기를 바랍니다.

공부 전략 설계도

본격적으로 〈전략적 공부법〉을 소개하기 전에 여러분에게 당부할 것이 있습니다. 지금부터 이야기하는 내용은 성적을 올리고 목표를 달성하기 위한 중요한 열쇠이므로 기억해두기 바랍니다.

1. 분명한 목표 의식을 지녀라

하고 싶은 것도 많고 에너지도 넘쳐나는 청소년기에 하루의 대부분을 책상 앞에서 보내는 것은 결코 쉬운 일이 아닙니다. 그러므로 우리를 책상 앞에 앉도록 하는 동기 부여가 필요합니다. 뚜렷한 목표 의식은 나를 행동하게 만드는 강력한 엔진이 됩니다. 생각만으로도 설레고, 이루었을 때 보람을 느낄 수 있는 목표를 떠올려보세요. 그리고 그 목표를 실현할 수 있는 사람은 다른 누구도 아닌 자기 자신이라는 것을 잊지 마세요.

입시는 끝이 있는 싸움입니다. 노력할 수 있는 시간이 한정되어 있고, 우리는 그 시간 동안 모든 걸 쏟아부어 목표한 바를 이뤄야 합니다. 그러니 입시를 준비하는 동안에는 목표를 이루고자 하는 마음을 원동력 삼아 치열하게 공부해야 하지요. 이때 주의할 점은 실패에 대해 생각지 않는 것입니다. 실패를 떠올리면 불안함이 커져 집중력이 흐트러지고 또렷했던 목표 역시 흐려집니다. 그러니 우리는 오직 성공만을 생각하며 앞으로 나아가야 합니다. 열심히 노력한다면 무엇이든 이룰 수 있다는 믿음을 가지고 여러분의 목표를 향해 걸어가세요.

2. 공부에 대한 통제권을 가져라

앞에서 언급한 것과 같이, 무엇을 공부하는지, 왜 공부하는지, 그것이 지금 나에게 가장 필요한 공부인지 스스로 점검할 수 있어야 합니다. 여러분의 공부를 다른 누군가가 주도하도록 하지 마세요. 다른 사람의 도움이 필요한 경우에는 여러분이 직접 판단하여 선택하세요. 스스로 필요성을 느껴 공부할 때 학습 효율이 높아지고 동기 부여가 됩니다.

학원과 과외 같은 사교육이 불필요하다는 이야기를 하는 게 아닙니다. 부족한 부분이 있고, 그것을 혼자 힘으로 해결할 수 없다면 전문가의 도움을 받는 것은 당연합니다. 단, 무의식적으로 사교육에 의존하는 것을 경계해야 한다는 말입니다. 저 역시도 개인 교습을 받은 적이 있습니다. 하지만 선생님이 알려주시는 것만 익히고 내주시는 숙제만 하는 게 아니라, 나에게 필요한 부분을 직접 판단하고 그것을 학습에 반영하고자 했습니다. 추가 학습이 필요하다고 느낀 부분이 있으면 선생님께 말씀드려 보충 자료를 받거나 관련 숙제를 더 받았습니다. 이렇게 공부에 대한 통제권을 가지고 스스로 공부를 주도할 때, 사교육에서 얻어갈 수 있는 것이 훨씬 많아집니다.

3. 모르는 문제가 남지 않도록 해라

문제집을 한 번씩 여러 권 풀고 공부를 많이 했다며 뿌듯해하는 학생들이 많습니다. 하지만 문제집을 한 번만 풀고 넘어가는 것은 실력 상승의 기회를 놓치는 것과 다름없습니다. 다양한 유형을 연습하고 시간을 단축하는 연습을 하기 위해 많은 문제집을 풀어보는 것도 물론 좋은 방법입니다. 하지만 문제를 많이 푸는 것보다 중요한 건 '모르는 문제를 없애는 것'입니다. 문제집을 바꿔 가며 풀다 보면 비슷한 유형의 문제가 반복적으로 나오는 것을 알 수 있습니다. 그러면 맞혔던 문제는 계속해서 맞히고, 틀렸던 문제는 몇 번을 풀어도 틀리게 됩니다. 지난번에 틀렸을 때 제대로 확인하지 않고 새로운 문제만을 찾았기 때문이지요. 이는 올바른 문제집 활용 방식이 아닙니다.

문제집은 학습 효율을 높여주는 아주 유익한 도구입니다. 문제집을 풀면 내가 아는 것과 모르는 것을 구별할 수 있습니다. 안다고 착각했는데 실제로는 헷갈렸던 개념이나 유형을 가려낼 수 있지요. 또한 내가 알고 있던 내용 외에도 문제를 해결할 수 있는 더 좋은 방법을 찾을 수 있습니다. 그러니 우리는 이 유익한 학습 도구를 적극 활용해야 합니다. 풀 수 있는 문제도 내가 이용한 풀이 방법보다 더 효율적인 방법이 있다면 그것을 익히고, 풀지 못한 문제는 몇 번이라도 연습해서 확실히 내 것으로 만드는 것이죠. 오답 분석을 소홀히 하면 발전할 수 없습니다. 특히 수학이나 과학 과목처럼 응용문제가 많은 경우에는 큰 낭패를 볼 수도 있습니다. 공부를 하는 근본적인 이유는 모르는 것을 알기 위함임을 떠올리며, 모르는 문제가 남지 않을 때까지 파고들어 보세요.

● 궁극적인 목표 세우기

〈전략적 공부법〉의 첫 단계는 궁극적으로 이루고 싶은 목표를 세우는 것입니다. 단순히 '좋은 대학에 가는 것'이 아니라 어느 대학에서 어떤 전공을 공부하고 싶은지 구체적으로 정하는 것이죠. 제 경우에는 '서울대학교 정치외교학부 21학번 강혜윤'이었습니다. 공부에 동기 부여가 되고 몰두할 수 있는 목표를 설정하기 바랍니다. 이 단계에서 설정한 목표가 앞으로 여러분의 입시 생활의 꺼지지 않는 엔진이 될 것입니다.

● 목표를 위한 목표 세우기

두 번째 단계에서는 궁극적인 목표를 쪼개고 쪼개, 지금 당장 실천할 수 있는 실행 계획을 세웁니다. 앞에서와 마찬가지로 서울대학교에 학생부종합전형으로 입학하는 것이 목표라고 해보겠습니다. 이 목표는 '내신 성적 잘 받기'와 '비교과 관리하기'로 나눌 수 있습니다. 그런 다음 내신 성적 잘 받기를 다시 잘게 쪼갭니다. 이때 가장 중요한 건 현재 나의 상태와 목표치의 차이를 인식하고, 그 간극을 어떻게 채울 것인지 고민하는 것입니다.

예를 들어, 서울대학교 인문대학 입학을 목표로 하는 인문계 고등학교 1학년 A의 내신 평점이 2등급 초반이라고 가정해봅시다. 해당 고등학교의 역대 입시 결과를 보았을 때, 서울대학교 인문대학에 진학하려면 내신 평점을 1등급으로 올려야 합니다. 이제까지의 공부 방식을 바꾸지 않고 계속한다면 A는 해당 학교에 합격하지 못할 확률이 높습니다. 이런 상황에서 A학생은 어떻게 해야 할까요?

우선 세부 목표를 설정해야 합니다. 이제 A의 세부 목표는 2등급 초반이었던 내신 성적을 1등급으로 올리는 것입니다. 과목별 성적에 따라

이 목표 또한 세분할 수 있습니다. 다음은 A의 1학년 1학기 내신 등급입니다.

국어	수학	영어	사회	과학
2등급	3등급	1등급	2등급	3등급

성적을 보면 국어, 수학, 사회, 과학 등급을 올리고 영어 등급을 유지해야 한다는 것을 알 수 있습니다. 이제 빈 종이를 한 장 준비합니다. 그리고 준비한 종이에 과목명, 나의 현재 상태, 목표, 방법, 실천 계획까지 총 다섯 개의 항목을 적습니다.

나의 현재 상태를 적을 때는 단순히 잘함과 못함을 구분하는 것이 아니라, 내가 잘하는 것과 못하는 것을 점검합니다. 시험 결과는 성적 상승, 성적 유지, 성적 하락 세 가지로 나뉩니다. 이때 성적은 점수가 아닌 내신 등급을 말합니다. 공부를 많이 하면 성적이 오르고 하지 않으면 떨어질 것이라는 생각은 큰 오산입니다. 별다른 준비를 하지 않아도 성적이 유지될 거라는 생각 역시 틀렸습니다. 상대평가 방식에서는 열심히 노력해도 성적이 떨어질 수 있고, 반대로 준비가 미흡했음에도 좋은 성적을 받을 수 있습니다. 그러니 잠시도 긴장을 늦출 수 없습니다. 자신 있는 과목인데다 이전 시험에서 상위권 등급에 속했다고 하더라도 계속해서 실력을 갈고닦지 않으면 성적이 하락합니다.

예를 들어, 저는 사회 과목에 항상 자신 있었습니다. 중간고사에서 100점을 맞기도 했지요. 그런데 100점을 맞았다고 해서 이제 사회는 할 만큼 했다며 만족하지 않았습니다. 기말고사를 준비하기 전에 중간고사 시험지를 다시 살펴보며 잘한 점은 무엇인지, 만점을 받기 위해 어떤 준비를 했는지, 헷갈렸던 문제는 없는지 돌아봤습니다.

이렇게 잘한 것을 계속 잘하면 성적을 유지할 수 있습니다. 하지만 성적 상승을 목표로 한다면 이제까지 했던 것만큼 잘하는 것은 의미가 없습니다. 못하는 것을 찾아 잘할 수 있는 방법을 고민하고, 그 방법을 실천해야 합니다. 그 시작이 바로 나의 현재 상태와 목표를 적는 것입니다. 다음은 A의 중간고사 공부 계획표입니다.

과목명	국어
나의 현재 상태	• 문법은 자신 있음 • 문학을 항상 틀림 　– 고전 소설이 특히 어려움
목표	• 1등급으로 올리기
방법	• 인물 파악하기 　– 인물 관계도 그리는 연습하기
실천 계획	• 고전 소설 문제집 풀기

나의 현재 상태를 점검하고 목표를 세우는 것은 구체적인 실행 계획의 가이드라인을 만드는 것과 같습니다. 이때 가장 좋은 방법은 이제까지 풀어보았던 시험지를 검토하는 것입니다. 내가 틀린 문제는 나를 성적

상승으로 이끌어줄 열쇠입니다.

시험지를 검토할 때, 우선 각 영역별로 내가 잘하는 것과 못하는 것을 나눕니다. 가령 국어를 문법, 문학, 비문학으로 나누는 것이죠. 만약 영역 안에서도 다시 나누어볼 수 있다면 최대한 구체적으로 구분하는 게 좋습니다. 위의 표에서 문학 중에서도 고전 소설이 특히 어렵다고 적은 것처럼요. 그런 다음 시험지 풀이 방식을 살펴봅니다. 내가 어떤 문제 유형에 취약한지, 시험지를 받고 어떤 방식으로 문제를 푸는 게 좋을지 등을 생각해볼 수 있습니다. 이렇게 시험지를 분석하며 부족한 점을 찾는 것입니다. 그밖에도 시간 관리, 풀이 과정 깔끔하게 작성하기, 마킹 실수 줄이기 등을 살필 수 있습니다. 이렇게 시험지를 사용하는 방식을 고민하고 연습하는 것만으로도 실수를 줄이고 성적을 올릴 수 있습니다. 문제를 풀 때 나의 잠재력을 발휘할 수 있도록 시험지를 나에게 최적화시키는 것이죠.

나의 현재 상태는 수시로 변화합니다. 목표도 변할 수 있지요. 때문에 내가 무엇을 공부하고 있는지, 이걸 공부하는 게 맞는지 의문이 들 때마다 이 단계를 수행하며 스스로를 되돌아봐야 합니다. 많은 내용을 외우고 많은 문제를 푸는 것보다 먼저 해야 할 것은 차분히 자기 자신을 들여다 보는 일입니다.

● 구체적인 실행 계획 세우기

　현재 상태를 점검하고 목표까지 설정했다면 이제 그 목표를 달성할 일만 남았습니다. 구체적인 실행 계획을 세우는 것은 목표 달성을 위한 가장 중요한 일 중 하나입니다. 보물섬을 찾기 위해 항해하는 배가 있다고 생각해보세요. 선원이 열심히 배를 움직여서 마침내 목적지에 도착했습니다. 하지만 보물섬으로 가는 길을 알려주는 지도는 잘못된 지도였습니다. 지도에 표시되어 있던 곳은 사실 보물섬이 아니었던 것이죠. 학습 계획을 세우는 일은 보물섬 지도를 찾는 일과 같습니다. 무작정 열심히만 한다고 좋은 결과에 도달하는 것은 아닙니다. 목표를 달성하기 위한 나만의, 나에게 가장 잘 맞는 보물섬 지도를 찾는 것이 매우 중요합니다.

　이때 내가 못하는 것을 찾는 건 쉽습니다. 하지만 못하는 것을 잘하게 만드는 방법을 찾는 것은 어렵습니다. 목표를 더 자잘하게 나누어 더는 나눌 수 없을 정도로 작게 만들어야 하기 때문입니다. 앞에서 예시로 들었던 고전 소설에 대해 다시 살펴보겠습니다. 고전 소설 문제를 잘 풀기 위해서는 관련 작품과 개념을 확실히 익히고 문제를 많이 풀어봐야 합니다. 그렇다면 고전 소설 지문과 문제는 어떻게 접근해야 하는지, 어떤 문제 풀이 방식이 가장 좋은지와 같이 '고전 소설 문제를 잘 푸는 방법'을 고민해야겠지요. 이제 A의 세부 목표는 '고전 소설 문제 잘 푸는 방법 익히기'가 됩니다.

하지만 A는 그 방법을 알지 못합니다. 잘해본 적이 없기 때문입니다. 이렇게 혼자 힘으로 해결할 수 없는 문제를 맞닥뜨렸을 때는 그것을 잘해본 적 있는 사람에게 도움을 요청하는 것이 좋습니다. 학교 선생님, 학원 선생님, 친구, 선배 등 다양한 사람에게 도움을 받을 수 있지요. 마치 독자 여러분이 공부를 잘해본 적 있는 공부 선배에게 도움을 받기 위해 이 책을 읽는 것처럼 말이에요. 만약 그러기 어려운 상황이라면 입시 커뮤니티를 활용하거나 책이나 영상 등의 자료를 찾아보는 것도 좋은 방법입니다. 그러나 한 가지 명심해야 할 점이 있습니다. 본질을 잊지 마세요. 자료에 휘둘리는 것이 아니라, 여러분의 목표에 따라 자료를 이용해야 합니다.

이제 '방법'란도 채울 수 있습니다. 고전 소설 문제를 해결하여 1등급을 만들기 위해 익혀야 할 내용을 적으면 됩니다. 예를 들어 소설 속 인물을 잘 파악하기 위해 인물 관계도를 그려볼 수 있습니다. 관련 실천 방법으로는 '고전 소설 문제집 풀기'를 적으면 되겠지요. A는 이제 무엇을 목표로 문제집을 풀어야 하는지 알고 있습니다. 고전 소설, 그중에서도 특히 인물에 집중하며 문제를 풀 것입니다. 맹목적으로 문제를 푸는 것과 뚜렷한 목적을 가지고 문제를 푸는 것은 큰 차이가 있습니다.

● **주어진 시간에 맞게 배분하기**

마지막 단계는 실천입니다. 구체적인 실천 계획을 세웠다면 이제 그것을 행동으로 옮겨야 합니다. 이 단계에서 가장 중요한 것은 현실 감각을 깨워 학습에 적용하는 것입니다. 목표를 세우고 목표에 도달하는 방법을 찾았다면 이제 남은 것은 시간 싸움입니다. 주어진 시간 안에 어떻게 문제를 해결할지 고민해야 하지요. 시험까지 2주가 남았다고 하면, 그 안에 계획을 실천해야 합니다. 학교와 학원에 가 있는 시간을 제외하고 혼자 오롯이 공부할 수 있는 시간이 얼마나 되는지 확인한 뒤, 각각의 계획을 수행하는 데 걸리는 시간을 살펴보고 필요한 경우 계획을 수정합니다. 이렇게 구체적으로 계획을 세우면 공부를 하는 데 있어 더 큰 동기 부여를 할 수 있습니다.

실전 적용 연습

다음은 제가 수능을 준비하는 과정에서 수립하고 실천한 공부 계획입니다. 저의 계획을 참고하여 여러분의 학습 방법과 생활 패턴에 맞는 공부 계획을 세워보세요.

본격적으로 수능을 준비하기에 앞서, 저는 먼저 목표를 설정했습니다. 제 목표는 다름 아닌 '수능 만점'이었습니다. 누군가는 터무니없이 높은 목표라고 생각할 수도 있지만, 저는 진심이었습니다. 수능에서 만점을 받으려면 단순히 공부를 많이, 열심히 하는 것으로는 부족했습니다. 출제 범위에 해당하는 내용 전체를 완벽하게 숙지하는 것은 물론, 작은 실수도 있어서는 안 됐지요. 부족한 부분을 빈틈없이 메워야 했습니다. 그래서 저는 차질 없는 목표 실현을 위해 모든 방해 요소를 해결하거나 제거하기로 했습니다.

당시 저는 사회탐구 영역의 선택 과목인 〈사회문화〉와 〈정치와 법〉에서 부족함을 느꼈습니다. 특히 〈사회문화〉의 도표 문제와 〈정치와 법〉의 선거구 개념 암기가 어려웠지요. 저는 이렇게 추가 학습이 필요한 부분을 구체적으로 확인한 뒤 각각의 문제에 대한 해결 방안을 모색했습니

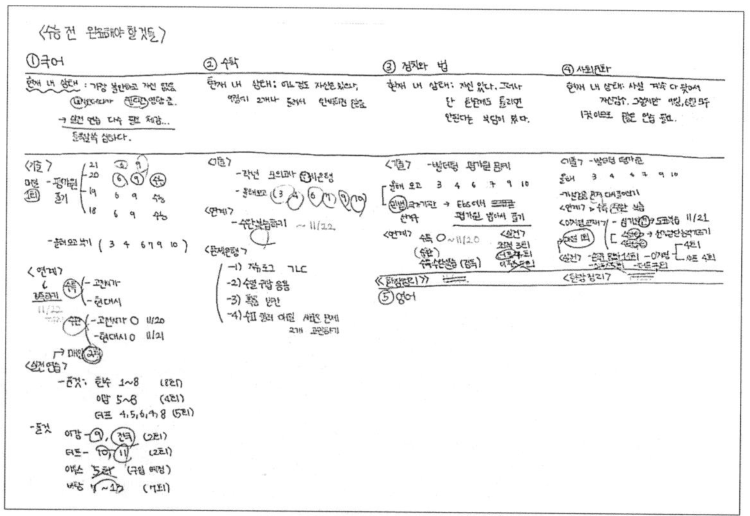

▲ 수능 2주 전에 작성한 전 과목 공부 계획표다.

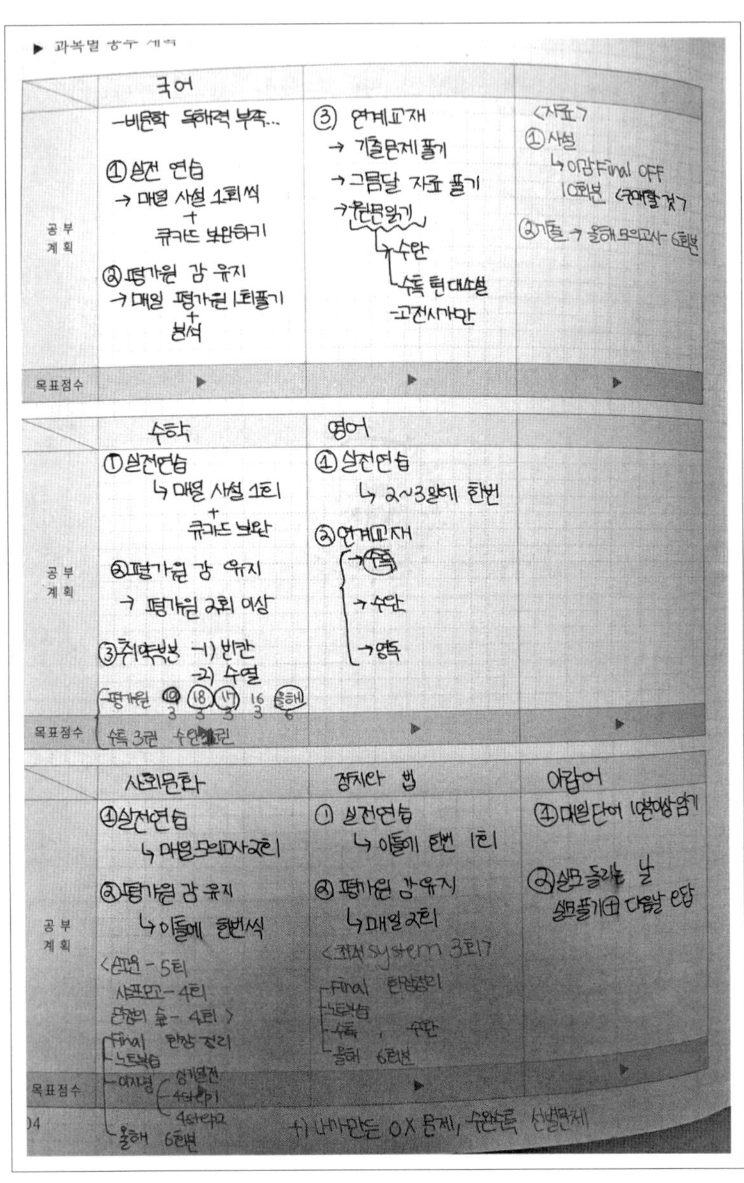

▲ 과목별로 세 가지 항목을 나누어 현재 상태를 점검하고 계획을 수립했다.

다. 그리고 무엇을, 언제, 어떤 방식으로 보충할 것인지 세부적인 실천 계획을 세웠습니다. 사회탐구 영역을 집중적으로 공부하는 날을 정해 도표 유형 기출을 공략하고 선거구 개념을 정리하는 시간을 갖는 식으로 말이지요.

수능을 앞두고는 실전에 철저히 대비하기 위해 노력했습니다. 위의 그림은 수능이 2주 정도 남은 시점에 세운 전 과목 공부 계획입니다. 과목별로 현재 상태를 점검하고 그것을 바탕으로 기출, 연계 자료, 실전 세 부분에서 집중적으로 공부해야 하는 항목을 나열했습니다. 그리고 항목별 마무리 기한을 정해 실천했습니다.

또한 위와 같이 과목별로 실전 연습, 평가원 감 유지, 연계 교재로 항

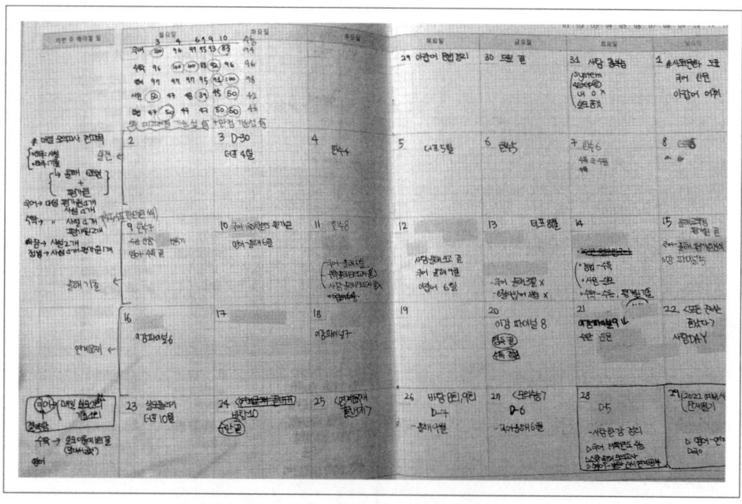

▲ 수능 5일 전부터 마지막 점검을 하며 최종 학습 계획을 세웠다.

목을 나누어 보다 구체적인 실천 계획을 수립했습니다.

수능 5일 전부터는 지금까지 공부한 것을 정리하고 마지막으로 살펴봐야 할 내용을 점검하는 시간을 가졌습니다. 플래너 왼쪽에 추가로 공부해야 할 항목을 적고, 날짜별로 구체적인 실천 계획을 세웠습니다, 또한, 지금까지의 모의고사 점수를 나열해 베스트 스코어와 워스트 스코어를 확인하고, 그것을 토대로 수능 점수를 예측해보았습니다.

REVIEW

주변의 친구들을 보면서 '똑같이 두 시간을 공부했는데 어떻게 저 친구는 나보다 훨씬 많은 양을 끝냈을까?' 하고 생각해 본 적 있나요? 어떤 사람은 적게 공부하고도 좋은 결과를 얻을 수 있고, 어떤 사람은 많이 공부하고도 아쉬운 결과를 얻을 수 있습니다. 사람마다 능력이 다르기 때문입니다. 그래서 목표를 이루기 위해 들여야 하는 노력의 정도도 저마다 다르지요. 하지만 다른 사람이 얼마나 노력해서 무엇을 성취했는지는 중요하지 않습니다. 중요한 것은 나의 목표를 이루는 것입니다. 내가 가진 역량을 최대한 발휘해 주어진 시간 안에 가장 좋은 결과를 만들어내는 것이죠. 뚜렷한 목표와 그 목표에 도달하기 위한 〈전략적 공부법〉은 여러분의 잠재력을 깨워줄 것입니다.

제어하거나, 제거하거나
행동 영역 공부법

서울대학교 정치외교학부 21학번, 한정윤

'행동 영역'은 특정 상황에 대한 대응 방법의 총체라고 정의할 수 있습니다. 이때 특정 상황은 문제에서 제시한 조건일 수도 있고, 시험지의 구성 형식일 수도 있으며, 시험장에서 벌어진 돌발 상황일 수도 있습니다. 이처럼 행동 영역이라는 개념은 학습 과정의 수많은 요소를 포괄하고 있습니다. 지금부터 소개할 〈행동 영역 공부법〉은 이러한 수많은 요소에 대응하는 방법을 담고 있습니다.

개념 학습부터 문제 풀이까지, 일련의 학습 과정 속에 단 한 번도 실수하지 않는 사람은 없습니다. 문제 오독, 계산 실수, 마킹 실수 등 실수라는 이름의 함정은 언제나 우리 곁에 도사리고 앉아 우리의 발목을 붙잡을 기회를 엿보고 있지요.

저도 실수를 많이 하는 편이었습니다. 모의평가에서 이차함수를 삼차함수로 잘못 읽어 15분이 넘는 시간을 낭비한 적이 있습니다. 특유의 급한 성격 때문일 수도 있고, 긴장한 탓일 수도 있지요. 아니면 짐작하지 못한 전혀 다른 이유 때문일 수도 있고요. 하지만 이유가 무엇이든 중요한 건 수능 전까지 실수를 극복해야 한다는 사실이었습니다.

그래서 저는 행동 영역을 만들기 시작했습니다. 실수가 발생하면 같은 일이 반복되지 않도록 대처 방안을 세우고 그것을 저의 행동 영역 안에 들이는 것입니다. 일례로 문제를 오독해 시간을 낭비한 실수에 대해, '문제에서 제시한 조건에 동그라미 치기'라는 행동 영역을 만들어 실천했습니다. 그 결과 문제를 정확하게 읽게 되었고, 같은 실수를 반복하는 일은 없었습니다.

이처럼 행동 영역을 만드는 것은 실수 방지에 큰 역할을 합니다. 또한 행동 영역은 그 자체로 문제 해결의 단서가 되는 경우도 많습니다. 이를테면 특정 유형의 문제 A에 반드시 적용할 수 있는 특정 풀이 방법 A′가 있다고 가정해보겠습니다. 그러면 문제를 보고 오래 고민할 필요 없이 'A 문제는 A′방법으로 풀기'라는 행동 영역을 활용하면 됩니다.

> **01** 이차함수 $y=ax^2$의 그래프가 이차함수 $y=-3x^2$의 그래프와 x축에 대하여 대칭이고 점 $(-2, b)$를 지날 때, a, b의 값을 구하시오. (단, a는 상수이다.)

▲ 신사고(김화경) 중3 수학(2015 개정 교육과정) 134쪽 1번

1번 문제는 이차함수의 대칭성 개념을 이용하면 쉽게 해결할 수 있습니다. 우리는 이 문제를 통해 '이차함수 관련 문제를 보면 대칭성을 떠올리기'라는 행동 영역을 만들 수 있습니다. 이렇게 만들어진 행동 영역은 10번 문제와 같이 난이도가 다소 높은 문제를 해결할 때도 활용할 수 있습니다.

> **문제 해결** **10** 오른쪽 그림과 같이 두 이차함수 $y=2(x+1)^2$, $y=a(x-p)^2+q$의 그래프가 서로의 꼭짓점을 지난다. $y=a(x-p)^2+q$의 그래프의 꼭짓점을 A, 점 A에서 x축과 평행한 직선을 그어 $y=2(x+1)^2$의 그래프와 만나는 점을 B라고 할 때, $\overline{AB}=4$이다. 상수 a, p, q에 대하여 apq의 값을 구하시오. (단, $p<-1$)
>
> 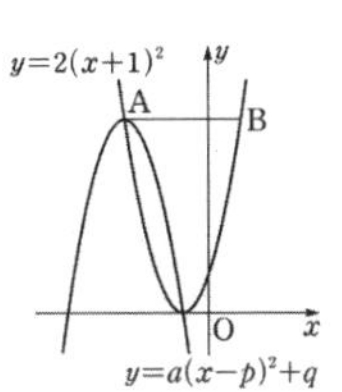
>

▲ 신사고(김화경) 중3 수학(2015 개정 교육과정) 136쪽 10번

그렇다면 이런 행동 영역은 어떻게 마련해야 할까요? 그리고 행동 영역을 마련한 뒤에는 어떻게 활용해야 할까요? 지금부터 자세히 살펴보겠습니다.

행동 영역은 문제 풀이처럼 시험에 직접적인 영향을 미치는 부분부터 시험 전체의 운용과 같은 간접적인 부분까지 폭넓게 적용 가능합니다. 편의를 위해 앞으로 이어질 글에서는 전자를 '시험 내적인 영역', 후자를 '시험 외적인 영역'으로 구분 지어 이야기하겠습니다.

● 시험 내적인 영역의 행동 영역 마련하기

문제 풀이 과정에서 오답이 발생하면 우리는 그 원인을 밝혀내려 애씁니다. 틀린 이유를 정확히 알아야 다음에 같은 잘못을 반복하지 않기 때문이지요. 실수도 마찬가지입니다. 작은 실수라고 해서 그냥 넘길 게 아니라 이유를 찾고 거기에 맞는 행동 영역을 마련해야 합니다. 그래야 이후에 같은 실수를 범하는 일을 방지할 수 있습니다.

$$22.\ _2\Pi_3\text{의 값을 구하시오. [3점]}$$

▲ 2020학년도 4월 고3 학력평가 수학 영역 22번

다음은 풀이 과정에서 제가 실수했던 문제입니다. 시험 중 주의를 제대로 기울이지 못한 탓에 Π를 H로 본 것입니다. 그로 인해 저는 수학 영

역에서 3점을 잃었고, 이후 'Π 또는 H가 문제에 등장하면 둘 중 무엇에 해당하는지 유심히 보기'와 같은 행동 영역을 만들었습니다. 이렇게 사소한 것까지 행동 영역으로 만들어야 하는지 의아할 수도 있습니다. 하지만 시험에서 좋은 결과를 내기를 바란다면 실수의 경중을 따지는 일은 무의미합니다. 오답을 유발하는 요인을 가능한 한 모두 제거하는 것이 중요합니다.

20. 실수 전체의 집합에서 연속인 두 함수 $f(x)$와 $g(x)$가 모든 실수 x에 대하여 다음 조건을 만족시킨다.

▲ 2021학년도 9월 모의평가 수학 영역 (나형) 20번 중

28. 모든 실수 x에 대하여 $f(x) \geq 0$, $f(x+3) = f(x)$이고 $\int_{-1}^{2} \left\{ f(x) + x^2 - 1 \right\}^2 dx$의 값이 최소가 되도록 하는 연속함수 $f(x)$에 대하여 $\int_{-1}^{26} f(x)\,dx$의 값을 구하시오. [4점]

▲ 2020학년도 7월 고3 학력평가 수학 영역 (나형) 28번

20번 역시 제가 틀렸던 문제인데요. 이 문제를 해결하려면 두 함수 $f(x)$와 $g(x)$가 구간별로 정의된 함수일 수 있다는 가능성을 떠올리는 것이 필수적입니다. 그러나 안타깝게도 저는 그 가능성을 떠올리지 못해 한참 헤매다 결국 오답을 제출했습니다. 구간별로 정의된 함수에 관한 문제는 바로 직전에 치렀던 2020학년도 7월 고3 학력평가(28번)에도 등장

한 이력이 있습니다. 만약 그때 '다항함수라는 표현이 없으면 구간별로 정의된 함수 가능성 떠올리기' 행동 영역을 마련했다면 저는 어려움 없이 해당 문제를 풀었을 것입니다. 하지만 저는 같은 해 9월 모의평가 20번 문항을 틀린 뒤에야 비로소 이 행동 영역을 만들었습니다.

이처럼 행동 영역은 오답에서 비롯되는 경우가 많습니다. 따라서 오답의 원인을 세세하게 분석하고, 대처 방안을 체화함으로써 같은 실수를 반복하지 않게 훈련해야 합니다.

다음으로는 행동 영역을 문제 해결의 단서로 활용하는 방법을 알아보겠습니다. 국어 영역 모의고사나 수능 시험지를 풀어본 적 있는 학생이라면 다음 27번과 같이 보기가 주어지는 문제를 본 적 있을 것입니다. 문제를 풀 때, 우리는 보통 보기를 먼저 읽으며 문제가 어떻게 전개될지에 대한 힌트를 찾는 경우가 많습니다. 이것은 여러분 안에 이미 내재되어 있는 행동 영역 중 하나입니다. '문학 작품을 읽기 전에 보기를 보고 힌트 찾기'라고 행동 영역을 정해두지 않았지만, 반복적인 훈련으로 보기가 문제 해결에 중요한 단서가 되리라는 걸 직감한 것입니다.

27. <보기>를 바탕으로 (다)를 이해한 내용으로 적절하지 <u>않은</u> 것은?

<보 기>

(다)에서 편지는 받는 사람뿐만 아니라 쓰는 사람 자신을 향한 것이기도 하다. 상대에 대한 열망으로 사랑의 편지를 쓰지만 결국 그것은 자신을 표현하는 글이다. 자신을 이상화하려는 욕구에 빠져 있기에 편지는 '그녀'가 사랑할 만한 '그'로 채워진다. 사랑의 편지를 받은 '그녀'는 '편지 속의 그'를 사랑하고, 편지를 쓰는 '그'도 '편지 속의 그'에게 매료되어 있다. 그러나 이런 식의 자기 고백이 지속될 수 없는 까닭은 이 이상화된 '그'와 실제의 '그' 사이의 간극이 주는 부끄러움 때문이다.

① '익명의 욕구'를 '통제할 수 없'다는 것은 상대를 향한 '그'의 사랑이 운명적인 것이어서 사랑을 멈출 수 없음을 말하는군.

② '아무 전언도 들어 있지 않다'는 것은 '처음에 품었던 소소한 의도'를 잊음으로써, 상대를 향한 글쓰기의 '현실적인 목표'가 실패로 돌아갔음을 말하는군.

③ '2인칭을 경유하여 1인칭으로 돌아온다'는 것은 편지가 상대를 향한 '도구적' 기능을 하지 못하고 자기 고백에 그치게 됨을 말하는군.

④ "편지 속의 그'를 그녀는 사랑했다'는 것은 편지를 받은 그녀가 사랑한 상대는 편지 속의 '또 다른 영혼'임을 말하는군.

⑤ '자신의 비루함을 뼛속 깊이 실감했다'는 것은 실제 자신과 이상화된 자신 사이의 간극을 자각한 '그'가 부끄러움에 빠져 있음을 말하는군.

▲ 2025학년도 수능 국어 영역 27번

이외에도 문제를 푸는 과정에서 마주치는 여러 어려움을 행동 영역으로 돌파할 수 있습니다. 이를테면 비문학 지문이 담고 있는 정보량이 방대한 경우 '정보를 정리하는 도식 만들기'와 같은 행동 영역을 마련하는 것입니다. 예시를 통해 자세히 보겠습니다.

LFIA 키트는 가로로 긴 납작한 막대 모양인데, 시료 패드, 결합 패드, 반응막, 흡수 패드가 순서대로 나란히 배열된 구조로 되어 있다. 시료 패드로 흡수된 시료는 결합 패드에서 복합체와 함께 반응막을 지나 여분의 시료가 흡수되는 흡수 패드로 이동한다. 결합 패드에 있는 복합체는 금-나노 입자 또는 형광 비드 등의 표지 물질에 특정 물질이 붙어 이루어진다. 표지 물질은 발색 반응에 의해 색깔을 내는데, 이 표지 물질에 붙어 있는 특정 물질은 키트 방식에 따라 종류가 다르다. 일반적으로 한 가지 목표 성분을 검출하는 키트의 반응막에는 항체들이 띠 모양으로 두 가닥 고정되어 있는데, 그중 시료 패드와 가까운 쪽에 있는 가닥이 검사선이고 다른 가닥은 표준선이다. 표지 물질이 검사선이나 표준선에 놓이면 발색 반응에 의해 반응선이 나타난다. 검사선이 발색되어 나타나는 반응선을 통해서는 목표 성분의 유무를 판정할 수 있다. 표준선이 발색된 반응선이 나타나면 검사가 정상적으로 진행되었음을 알 수 있다.

▲ 2019학년도 6월 모의평가 국어 영역 35~38번 지문

시료 패드	결합 패드	반응막		흡수 패드
	복합체 (표지 물질 + 특정 물질)	검사선 (유무)	표준선 (현황)	

'정보를 정리하는 도식 만들기' 행동 영역에 따라 위 지문을 이렇게 도식화할 수 있습니다. '지문의 과도한 정보량'이라는 특정 상황에 대응하는 행동 영역인 것이지요. 이후 비슷한 상황이 닥치면 만들어둔 행동 영역을 적용하기만 하면 됩니다. 정보량이 과도한 지문처럼 행동 영역이 발동되는 상황을 '트리거'라고 하는데, 이 트리거가 작동되었을 때 어떤 행동 영

역을 활용하면 좋을지 구체적으로 설정해두면 도움이 될 것입니다. 예시를 한 가지 더 살펴보겠습니다.

중요도는 웹 페이지의 중요성을 값으로 나타낸 것으로 링크 분석 기법으로 측정할 수 있다. 기본적인 링크 분석 기법에서 웹 페이지 A의 값은 A를 링크한 각 웹 페이지들로부터 받는 값의 합이다. 이렇게 받은 A의 값은 A가 링크한 다른 웹 페이지들에 균등하게 나눠진다. 즉 A의 값이 4이고 A가 두 개의 링크를 통해 다른 웹 페이지로 연결된다면, A의 값은 유지되면서 두 웹 페이지에는 각각 2가 보내진다.

하지만 두 웹 페이지가 실제로 받는 값은 2에 댐핑 인자를 곱한 값이다. 댐핑 인자는 사용자들이 웹 페이지를 읽다가 링크를 통해 다른 웹 페이지로 이동하지 않는 비율을 반영한 값으로 1 미만의 값을 가진다. 댐핑 인자는 모든 링크에 동일하게 적용된다. 가령 그 비율이 20%이면 댐핑 인자는 0.8이고 두 웹 페이지는 A로부터 각각 1.6을 받는다. 웹 페이지로 연결된 링크를 통해 받는 값을 모두 반영했을 때의 값이 각 웹 페이지의 중요도이다. 웹 페이지들을 연결하는 링크들은 변할 수 있기 때문에 검색 엔진은 주기적으로 웹 페이지의 중요도를 갱신한다.

▲ 2023학년도 9월 모의평가 국어 영역 14~17번 지문

웹 페이지 A (4)	웹 페이지 B (1.6=2×0.8)	웹 페이지 C (0.64=0.8×0.8)
		웹 페이지 D (0.64=0.8×0.8)
	웹 페이지 C (1.6=2×0.8)	웹 페이지 E (0.64=0.8×0.8)
		웹 페이지 F (0.64=0.8×0.8)

이와 같은 지문을 읽을 때, 정보량이 많다는 것을 인식해 트리거가 작동되었다면 바로 이렇게 정리할 수 있습니다.

이처럼 행동 영역을 만든 뒤에는 쉽게 찾아볼 수 있도록 정리해두는 것이 좋습니다. 제가 가장 추천하는 방식은 행동 영역 노트를 만드는 것입니다. 새로운 행동 영역이 추가될 때마다 노트에 기록해 잊지 않도록 하는 것이지요. 시간이 날 때 정리한 내용을 읽어보고, 또 실제 문제 풀이에 적용하며 체화하면 실전에서 많은 도움이 됩니다. 행동 영역을 활용할 수 있는 상황을 만들거나, 문제를 찾아 푸는 것도 좋습니다. 지속적인 리마인드를 통해 애써 마련한 행동 영역을 잊지 않게 하는 것이 중요합니다. 실전에서 활용해야 할 상황이 오면 즉시 꺼내어 쓸 수 있도록 말이지요.

● 시험 외적인 영역의 행동 영역 마련하기

행동 영역은 시험 내적인 영역에서뿐만 아니라 시험 외적인 영역에서도 중요하게 작용합니다. 지나치게 많은 양을 암기해야 하는 경우나 주어진 개념이 이해되지 않을 때 행동 영역의 도움을 받을 수 있습니다. 또한 시험장에 들어서기 전, 시험을 준비하는 과정에서도 유용하게 활용할 수 있지요. 가령 시험 당일의 기상 시간, 식사량, 옷차림 등을 최적의 조건으로 맞추는 것도 행동 영역 설정에 해당합니다. 우리를 둘러싼 요소 하나하나가 성적의 변수가 될 수 있기 때문에 이 요소들을 효과적으로 통제할 수 있는 행동 영역을 마련해야 합니다.

학습 과정에서 마주하는 어려움에 대한 행동 영역은 앞에서 설명한 문제 풀이 행동 영역과 같은 방법으로 설정하면 됩니다. 어려움을 극복할 수 있는 해결책을 탐색한 뒤, 행동 영역의 형태로 정리하는 것입니다.

시험을 둘러싼 외부 환경에 대해서는 여러 가지 경우의 수를 시뮬레이션하는 것이 도움이 됩니다. 시험 당일의 모습을 상상해보며, 주변 환경을 어떻게 조성해야 최선의 결과를 낼 수 있을지 미리 확인하는 것이지요. 실제 시험과 같은 환경을 만들어 문제를 푸는 연습을 하면 보다 효과적인 대응책을 마련할 수 있습니다.

예를 들어, 우리나라 학생들에게 가장 중요하고 의미 있는 시험 중 하나인 수능을 준비할 때 활용할 수 있는 몇 가지 행동 영역이 있습니다. 체온 조절을 위해 얇은 옷을 여러 벌 겹쳐 입는 것이나 시험장에 도착하면 가장 먼저 고사실과 화장실의 위치를 파악하는 것, 점심 도시락을 준비할 때는 나트륨 함량이 높고 자극적인 음식을 피하는 것 등이 있지요. 사실 이것은 대부분의 수험생들이 이미 실천하고 있는 내용입니다. 다만 행동 영역으로 인식하지 못했을 뿐입니다.

실전 적용 연습

보다 구체적인 예시를 통해 〈행동 영역 공부법〉의 적용 방법을 알아보겠습니다. 지금부터 소개할 내용은 제가 수험 생활을 하며 마련한 수능 국어 영역의 행동 영역과 적용 예시입니다. 제 사례를 참고하여 여러분에게 적합한 행동 영역을 정립하고, 상황에 따른 적용 기준을 세워보세요.

1) 문제지 파본 검사를 하며 비문학 제재와 EBS 연계 문학 작품 파악하기

2) 화법과 작문의 경우 출제 포인트 파악 후, 해당 출제 포인트에 해당하는 부분을 중점적으로 읽기

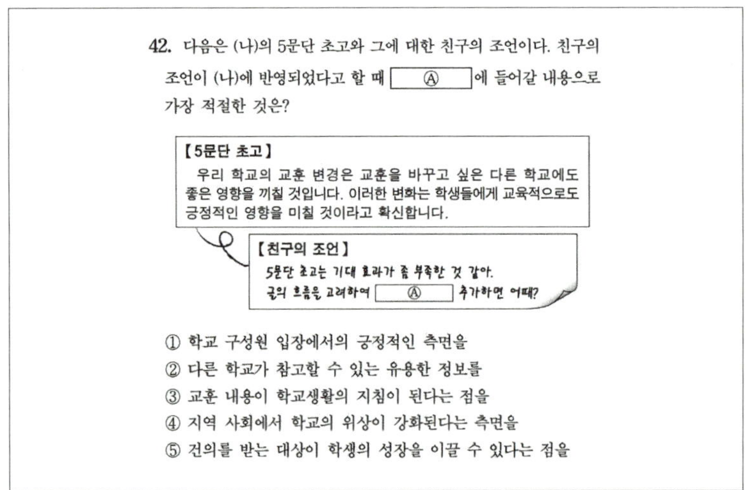

▲ 2025학년도 수능 국어 영역 짝수형 42번

> 누구나 공감할 수 있는 교훈으로 바꾸면 교훈을 보면서 느꼈던 불편한 마음이 사라지고 학생들의 노력으로 교훈을 바꿨다는 자부심을 느끼게 될 것입니다. 그리고 그 과정에서 학생들은 물론 부모님들과 선생님들도 학교에 관심을 더 갖게 되면서 자연스럽게 애교심과 학교에 대한 긍지가 높아질 것입니다. 우리 학교의 교훈 변경은 교훈을 바꾸고 싶은 다른 학교에도 좋은 영향을 끼칠 것입니다. 이러한 변화는 학생들에게 교육적으로도 긍정적인 영향을 미칠 것이라고 확신합니다.

▲ (나)의 5문단

42번에서 언급한 '5문단'에 해당하는 부분을 중점적으로 읽습니다.

3) 화법과 작문(현재는 선택 과목)에서 20분 이상 소요된다면 일단 비문학, 문학 파트로 넘어가기

4) 비문학은 제시된 순서대로 풀되, 경제, 법, 과학, 기술 제재의 문제는 남겨두었다 마지막에 풀기

5) 문학은 EBS 연계 작품 먼저 풀기

6) 문학에서 보기가 주어졌을 때는 보기를 통해 지문의 핵심 내용을 먼저 파악한 뒤 지문 읽기

><보 기>
　　시는 표현하고자 하는 바를 어떤 심적 상태에 놓인 화자의
발화로써 형상화한다. (나)에 나타나 있는 독특한 발화 방식,
즉 끊어질 듯 이어지는 서술, 어휘의 반복적 출현, 맥락이
없어 보이는 구절들의 배열, 수시로 등장하는 말줄임표와 쉼표
등은 사랑의 기억을 떠올리거나 상처를 치유하지 못한 화자의
내면을 드러내는 시적 장치들이다. 이러한 장치들은 사랑의
기억과 함께 상실의 고통을 안고 남은 생을 살아 내야 하는
화자의 복합적인 내면을 생생하게 그려 내는 역할을 한다.

▲ 2025학년도 수능 국어 영역 25번

지문을 읽기 전, 25번 보기의 내용을 통해 화자가 사랑의 기억을 떠올리고 있고, 상처를 치유하지 못했으며, 사랑의 기억과 함께 상실의 고통을 안고 있음을 파악할 수 있습니다. 이제 이러한 사전 정보를 염두에 두고 지문을 읽습니다.

7) 문학에서 감상의 영역은 보기가 제시한 관점에서 벗어나지 않기

><보 기>
　　자연과 절대자는 각각 인간에게 안식을 주거나 인간과 세계를
규정하는 중요한 준거로 인식되어 왔다. (가)는 세속의 일상을
떠나 자연에 들어온 화자가 점차 자연에 동화되어 가는 과정과
심리 상태를 그리고 있다. (나)는 자신과 세계 인식의 준거였던
절대자와의 관계를 회의하고 자신이 경험한 사실에 기초하여
존재를 인식하겠다는 태도를 표명하고 있다.

▲ 2025학년도 6월 모의평가 국어 영역 34번

(나)

나는 차를 앞에 놓고
고즈넉한 저녁에 호올로 마신다.
내가 좋아하는 차를 마신다.
그러나 이것은 다만 사실일 뿐,
차의 짙은 향기와는 관계 없이
이것은 물과 같이 담담한 사실일 뿐이다.

누구의 시킴을 받아
참새 한 마리가 땅에 떨어지는 것도 아니고
누구의 손으로 들국화를 어여삐 가꾼 것도 아니다.
차를 마시는 것은
이와 같이 ㉣스스로 달갑고 가장 즐거울 뿐,
이것은 다만 사실이며 또 ⓑ관습이다.
나의 고즈넉한 관습이다.

물에게 물은 물일 뿐
소금물일 뿐,
앞으로 남은 십년을 더 살든지 죽든지
나에게도 나는 나일 뿐,
㉤이제는 차를 마시는 나일 뿐,

이 짙은 향기와는 관계도 없이
차를 마시는 사실과 관습은
내가 아는 내게 대한 모든 것이다.
그리고 모든 것에 대한 모든 것도 된다.
- 김현승, 『사실과 관습 : 고독 이후』 -

▲ 2025학년도 6월 모의평가 국어 영역 31~34번 지문 (나)

위 그림은 34번 보기에서 언급한 지문 (나)입니다. 시만 보았을 때는 절대자에 관한 내용을 찾기 어렵지만, 보기를 살펴보면 절대자와의 관계에 대한 회의를 중점으로 읽어야 한다는 사실을 알 수 있습니다.

8) 산문 문학을 읽을 때는 사실적인 내용 파악에 중점을 두기

9) 여러 작품이 동시에 제시된 문학 지문의 경우 문제를 먼저 확인하고, 작

품 하나를 읽을 때마다 관련 선지 판단하기

(가)

배를 민다
배를 밀어보는 것은 아주 드문 경험
회번덕이는 잔잔한 가을 바닷물 위에
배를 밀어넣고는
온몸이 **아주 추락하지 않을 순간**의 한 허공에서
밀던 힘을 한껏 더해 밀어주고는
아슬아슬히 배에서 떨어진 손, 순간 환해진 손을
허공으로부터 거둔다

사랑은 참 부드럽게도 떠나지
뵈지도 않는 길을 부드럽게도

배를 한껏 세게 밀어내듯이 슬픔도
그렇게 **밀어내는 것이지**

배가 나가고 남은 빈 물 위의 흉터
잠시 머물다 가라앉고

그런데 오, 내 안으로 들어오는 배여
아무 소리 없이 밀려들어오는 배여

– 장석남, 「배를 밀며」 –

▲ 2025학년도 수능 국어 영역 22~27번 지문 (가)

23. (가)에 대한 이해로 적절하지 <u>않은</u> 것은?

① '아주 추락하지 않을 순간'에 '배'를 밀던 '손'이 '아슬아슬히 배에서 떨어진'다는 것은 이별의 정서적 긴장감을 드러낸다.
② '뵈지도 않는 길'은 '사랑'이 '떠나'는 길이라는 점에서, 이별의 막막한 상황을 공간의 형상으로 드러낸다.
③ '슬픔'을 '밀어내는 것'을 '배'를 밀듯 '한껏 세게 밀어'낸다고 한 것은 이별의 아픔을 떨쳐 내려는 화자의 태도를 드러낸다.
④ '배가 나가'며 생긴 '흉터'가 '잠시 머물다 가라앉'는다는 것은 이별의 슬픔이 잦아든 상태에 있음을 드러낸다.
⑤ '밀려들어' 온 '배'는 '아무 소리 없이' 다시 돌아온 배라는 점에서, 대상과의 재회가 예상대로 이루어짐을 드러낸다.

▲ 2025학년도 수능 국어 영역 23번

23번 문항은 지문 (가), (나), (다) 중 (가)만 읽고도 풀 수 있도록 출제되었습니다. 이럴 때는 지문 전체를 읽는 것이 아니라 (가)만 읽은 뒤 문제 풀이에 돌입합니다.

10) 비문학 지문 첫 문단에서 주제 및 제재 찾기

정당과 같은 정치 조직이 민주적 방식과 절차로 운영되어야 하는 것은 당연하다. 그런데 민주적 운영 체제를 갖추었으면서도 실제로는 일부 소수에게 권력이 집중되어 있는 경우도 적지 않다. 조직 운영에서 보이는 이러한 현상을 흔히 과두제라 한다. 이는 정치 조직에서뿐만 아니라 기업 경영에서도 나타난다.

▲ 2025학년도 6월 모의평가 국어 영역 4~7번 지문 1

위의 글은 2025학년도 6월 모의평가 국어 영역 4~7번 지문의 첫 문단입니다. 다음 문단을 읽으면 이어지는 내용에서 '기업 경영에서 과두제가 나타나는 양상'에 주목해야 한다는 사실을 알 수 있습니다.

11) 비문학 지문을 읽을 때 새로운 정보를 이전에 주어진 정보와 연결하며 읽기

모든 주주가 경영진을 이루어 상호 협력 관계를 기반으로 기업을 운영하며 의사 결정권도 균등하게 행사하는 경우에 이를 '공동체적 경영'이라 부르기도 한다. 이런 기업에서 경영진은 모두 업무와 관련하여 전문성을 가지며, 경영 수익에 관련된 중요한 사항은 주주들이 공동으로 결정한다. 그러나 기업의 규모가 성장하고 사업이 다양해지면, 소수의 의사 결정에 따른 수직적 경영으로 효율성을 지향하는 '과두제적 경영'으로 나아가는 일도 있다.

▲ 2025학년도 6월 모의평가 국어 영역 4~7번 지문 2

4~7번 문제 지문 1에 이어지는 문단입니다. 첫 문단의 내용과 연결 지어 읽는다면 공동체적 경영이 과두제적 경영과 반대되는 개념이라는 것을 파악할 수 있지요.

12) 복잡한 비문학 지문은 내용 간추리며 읽기

공정한 보험에서는 구성원 각자가 납부하는 보험료와 그가 지급받을 보험금에 대한 기댓값이 일치해야 하며 구성원 전체의 보험료 총액과 보험금 총액이 일치해야 한다. 이때 보험금에 대한 기댓값은 사고가 발생할 확률에 사고 발생 시 수령할 보험금을 곱한 값이다. 보험금에 대한 보험료의 비율(보험료 / 보험금)을 보험료율이라 하는데, 보험료율이 사고 발생 확률보다 높으면 구성원 전체의 보험료 총액이 보험금 총액보다 더 많고, 그 반대의 경우에는 구성원 전체의 보험료 총액이 보험금 총액보다 더 적게 된다. 따라서 공정한 보험에서는 보험료율과 사고 발생 확률이 같아야 한다.

▲ 2017학년도 수능 국어 영역 37~42번 지문

이처럼 복잡한 비문학 지문을 읽을 때는 다음과 같이 알아보기 쉽게 내용을 간추리면 문제 풀이 시 시간을 절약할 수 있습니다.

보험금에 대한 기댓값 = 사고 발생 확률 × 사고 발생 시 수령할 보험금

보험료율 = 보험료 ÷ 보험금

보험료율 = 사고 발생 확률 → 공정한 보험

13) 과학, 기술 등 비문학 파트에서 그림이 주어진다면 그림과 지문의 내용을 대응시키며 읽기

사구체막은 모세 혈관 벽과 기저막, 보먼주머니 내층으로 이루어진다. 모세 혈관 벽은 편평한 내피세포 한 층으로 이루어져 있다. 이 내피세포들에는 구멍이 있으며 내피세포들 사이에도 구멍이 있다. 이 때문에 사구체의 모세 혈관은 다른 신체 기관의 모세 혈관에 비해 동일한 혈압으로도 100배 정도 높은 투과성을 보인다. 기저막은 내피세포와 보먼주머니 내층 사이의 비세포성 젤라틴 층으로, 콜라겐과 당단백질로 구성된다. 콜라겐은 구조적 강도를 높이고, 당단백질은 내피세포의 구멍을 통과할 수 있는 알부민과 같이 작은 단백질들의 여과를 억제한다. 이는 알부민을 비롯한 작은 단백질들이 음전하를 띠는데 당단백질 역시 음전하를 띠기 때문에 가능한 것이다. 보먼주머니 내층은 문어처럼 생긴 발세포로 이루어지는데, 각각의 발세포에서는 돌기가 나와 기저막을 감싸고 있다. 돌기 사이의 좁은 틈을 따라 여과액이 빠져나오면 보먼주머니 내강에 도달하게 된다.

▲ 2018학년도 3월 고3 학력평가 국어 영역 21~24번 지문

위의 글은 사구체 관련 지문의 일부인데요. 해당 지문을 읽을 때 22번의 보기를 참고하면 내용을 이해하는 데 큰 도움이 됩니다.

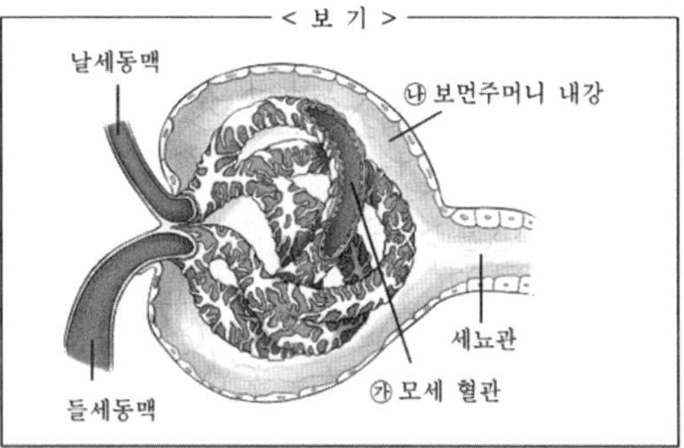

▲ 2018학년도 3월 고3 학력평가 국어 영역 22번

14) 그림이 주어지지 않았더라도 지문을 이해하는 데 그림이 필요하다고 판단되면 직접 그려 내용 정리하기

공부 전략 설계 단계에서 언급한 2019학년도 6월 모의평가 국어 영역 35~38번 지문의 경우, 지문의 내용을 그림으로 표현하면 보다 수월하게 이해할 수 있습니다.

15) 비문학 지문 하나를 읽을 때마다 해당 지문과 관련된 선지를 모두 판단하기

6. (나)의 '천두슈'와 '장쥔마이'가 모두 동의할 수 있는 진술로 가장 적절한 것은?

① 전통 사상은 과학 및 과학 정신과 양립할 수 없는 관계에 놓여 있다.

② 전통 사상의 폐단은 과학 정신이 뿌리내리지 못한 사회 체질에서 비롯된 것이다.

③ 과학을 이용하는 과정에서 문제가 발생했다고 해도 과학적 방법을 부정할 수 없다.

④ 서양의 과학 정신을 전면적으로 도입하면 당면한 국가의 위기를 충분히 극복할 수 있다.

⑤ 국가의 위기는 과학적 방법으로 사상을 재구성할 필요가 있다는 인식이 부재한 데에서 비롯된 것이다.

▲ 2025학년도 수능 국어 영역 6번

앞에서 이야기한 9번 행동 영역과 같은 맥락으로, 비문학 문제를 풀 때도 지문 일부를 읽고 선지를 판단할 수 있다면 그렇게 하는 것이 좋습니다. 6번은 주어진 지문 (가), (나) 중 (나)에 대해서만 물어보고 있으므로, (나)를 읽은 뒤 답을 찾으면 됩니다.

16) 선지 내용 전체에 대해 참, 거짓 여부 확인하기

> **22.** (가)~(다)의 공통점으로 가장 적절한 것은?
>
> ① 하강적 이미지를 활용하여 시간의 흐름을 보여 준다.
> ② 자연물에 빗대어 부정적 현실의 극복 가능성을 암시한다.
> ③ 동일한 구절의 반복과 변주를 통해 상황의 반전을 표현한다.
> ④ 특정한 행위를 중심으로 행위 주체와 대상의 관계를 드러낸다.
> ⑤ 공간의 이동에 따라 내용을 전개하여 역동적 분위기를 강화
> 　한다.

▲ 2025학년도 수능 국어 영역 22번

22번에서는 다섯 개의 선지 모두 두 가지 사항을 언급하고 있습니다.
그 내용은 다음과 같습니다.

① 하강적 이미지, 시간의 흐름

② 자연물에 빗댐, 부정적 현실의 극복 가능성

③ 동일한 구절의 반복과 변주, 상황의 반전

④ 특정한 행위 중심, 행위 주체와 대상의 관계를 드러냄

⑤ 공간의 이동에 따라 내용 전개, 역동적 분위기 강화

이런 경우에는 두 가지 사항 모두에 대하여 참, 거짓 여부를 판단해야
실수를 범하지 않게 됩니다.

17) 늦어도 시험 종료 10분 전에는 마킹 시작하기

18) 모르는 문제는 일단 4번으로 찍고 넘어가기

19) 가채점표는 마킹을 마친 후 답안지를 보고 작성하기

20) 가채점표 작성 후 시간이 남으면 시험지의 답과 가채점표의 답을 대
조하며 마킹 실수가 없는지 확인하기

REVIEW

얼핏 사소한 것처럼 보이는 행동 영역도 점수에 영향을 미칠 수 있는 중요한 요소입니다. 우리가 공부하는 목적은 시험에서 높은 점수를 받기 위함입니다. 그러니 높은 점수를 받는 데 방해될 가능성이 있는 요인을 파악해 사전에 대비하는 것이 좋습니다. 행동 영역을 설정하느냐 설정하지 않느냐, 또 어느 수준까지 설정해 체화하느냐가 성적을 좌지우지하는 강력한 변수로 작용할 수 있음을 명심하기 바랍니다. 자신에게 꼭 필요한 행동 영역을 정립하고 체화해 여러분이 목표하는 바를 성공적으로 성취할 수 있기를 기원합니다.

Chapter 5

수학, 너 뭐 돼?

수학 혼자 공부법 (서울대학교 컴퓨터공학부 25학번, 한민서)

풀이 연구 공부법 (서울대학교 건설환경공학부 23학번, 육지훈)

나는 나의 가장 친절한 공부 메이트

수학 혼자 공부법

난이도
① ② ③ ④ **⑤**

서울대학교 컴퓨터공학부 25학번, 한민서

학생들에게 혼자 공부하기 가장 힘든 과목을 고르라고 하면 십중팔구는 수학을 선택합니다. 다양한 개념을 이해하고 외우는 것도 어려운데, 그 개념을 적용해 문제를 푸는 것은 더 어렵기 때문입니다. 그래서 수학을 공부하는 대부분 학생은 학원에 다니거나 인터넷 강의를 듣습니다. 학원에서는 개념을 이해하기 쉽게 설명하고, 문제 풀이를 통해 해당 개념을 적용하는 좋은 예시를 보여줍니다. 또한 테스트를 통해 직접 응용해볼 수 있도록 해주지요. 이 과정을 통해 학생들은 이해하지 못했던 개념을 이해하고, 풀지 못했던 문제를 풀게 됩니다.

개념을 이해하고 적용하며 실제로 응용하는 과정은 수학을 공부하는 데 있어 매우 중요합니다. 하지만 저는 한 가지 의문이 들었습니다. '학원을 다니고 인터넷 강의를 들어야만 이 작업을 수행할 수 있는가?' 하는 것입니다. 저도 고등학교 1학년 초반까지는 수학 학원을 다녔습니다. 그런데 4월이 되자 학생들이 그만두기 시작하더니 어느새인가 제가 속해 있는 반이 사라졌지요. 다른 학원으로 옮기고 싶지 않았던 저는 수학을 혼자 공부해야 하는 상황에 놓였습니다.

갑자기 수학을 혼자 공부해야 하는 상황이 되자 무척 막막했습니다. 앞으로 어떤 방식으로 공부해야 할지 걱정이 되었지요. 학원에 가면 매주 정해진 만큼 진도를 나갔고, 진도에 맞춰 숙제도 내주었습니다. 저는 수업을 듣고 주어진 숙제를 해 가기만 하면 됐습니다. 숙제하는 과정이 곧 복습이었으니 따로 시간을 할애할 필요도 없었죠. 하지만 혼자가 되니 이 모든 과정을 어떻게 수행해야 할지 감이 잡히지 않았습니다. 복습을 언제, 어떻게 해야 하는지 알지 못했고, 공부한 내용을 점검하는 방법도 몰랐습니다. 이렇게 공부하는 방법조차 알지 못하는데 앞으로는 수학 학습에 관한 모든 것을 스스로 결정해야 한다는 사실이 부담스럽기만 했습니다.

문제는 그것만이 아니었습니다. 문제 풀이 스킬을 가르쳐줄 사람이 없다는 것도 걱정이었습니다. 수학 문제를 풀 때 개념만큼이나 중요한 것이 문제 풀이 스킬입니다. 충분한 연습을 통해 스킬과 풀이 방법을 터득해야 합니다. 특별히 어렵고 복잡한 개념을 활용해 풀어야 하는 문제가 아니더라도 처음에 어떤 방식으로 접근해야 할지 떠올리는 것부터 난관이었습니다. 우여곡절 끝에 겨우 답을 찾았지만 독특한 접근 방식을 가진 새로운 유형의 문제가 계속해서 나타났습니다. 산 넘어 산이었지요. 혼자 공부하며 풀이 스킬을 터득하는 일은 너무 비효율적이었습니다. 어느 날에는 '혼자 수학을 공부한다는 것이 어쩌면 불가능한 일은 아닐까?' 하는 생각이 들었습니다.

하지만 저는 2년이 넘는 시간 동안 홀로 고군분투한 끝에 수학을 혼자 공부하는 방법, 일명 〈수학 혼자 공부법〉을 터득했습니다. 게다가 서울대학교에 합격하며 수험 생활을 성공적으로 마무리 지음으로써 그 방법이 효과가 있다는 것을 증명했지요. 그리고 이제는 그 방법을 저와 같은 어려움을 겪고 있을 독자 여러분에게 공유하려 합니다. 혼자 수학을 공부하기 막막했던 분들에게 〈수학 혼자 공부법〉이 좋은 돌파구가 되기를 바랍니다.

공부 전략 설계도

지금부터 다양한 문제를 효율적으로 공부하기 위해 해야 할 일과 문제 풀이에 필요한 여러 스킬을 습득하는 방법을 소개하겠습니다. 그리고 학습의 마무리 단계에서 내가 제대로 공부했는지 스스로 테스트해볼 수 있는 간단한 방법을 이야기하겠습니다.

● 다시 봐야 하는 문제 표시하기

N회독이라고 하면 흔히 암기 과목에서 주로 사용하는 공부 방법이라고 생각하지만, 수학에서도 유용하게 사용됩니다. 수학을 공부할 때는 다양한 문제를 많이 푸는 것도 중요하지만 한 문제 한 문제를 제대로 알고 넘어가는 것도 매우 중요합니다. N회독을 통해 이전에 풀었던 문제를 다시 풀어보며 완벽하게 이해하는 것이지요. 이렇게 N회독을 하려면 다시 봐야 하는 문제와 그렇지 않은 문제를 구분하는 과정이 필요합니다.

이때 한 가지 신경 써야 하는 부분은 문제에 대한 인식을 바꾸는 것인데요. 틀린 문제, 부담되는 문제에서 앞으로 내가 마스터할 문제로 바꾸어 생각하며, 문제에 대한 부정적인 이미지를 긍정적으로 바꾸는 것입니다. 그런 다음 N회독 과정에서 다시 봐야 할 문제에 표시를 합니다. 그리고 다시 푸는 횟수를 거듭할 때마다 표시를 더해나갑니다. 스스로 정한 규칙에 따라 표시해두면 더욱 효과적인 N회독을 할 수 있습니다.

저는 개념을 공부한 후 바로 난이도가 높은 문제집에 도전하는 독특한 습관이 있습니다. 충분히 준비되지 않은 상태이기 때문에 절반 이상을 틀릴 때도 있었지요. 그래서 제가 N회독에 사용했던 문제집을 보면 한 문제에 별표가 여러 개 누적된 경우가 많습니다.

그렇다면 구체적으로 어떤 경우에 표시해야 할까요? 다시 풀어봐야 할 문제들에는 어떤 것들이 있는지 살펴보겠습니다.

문제를 해결하지 못했거나 틀린 경우

문제를 해결하지 못했거나 틀린 답을 구한 경우에는 반드시 다시 풀어봐야 합니다.

단순 계산 실수를 한 경우

올바른 풀이 방식을 따랐는데 계산을 잘못해서 틀리는 경우가 더러 있습니다. 많은 학생들이 이럴 때는 다시 풀 필요가 없다고 생각합니다. 하지만 계산 실수는 습관일 때가 많고, 실수한 부분을 짚어보는 것은 그런 습관을 고치는 데 도움이 됩니다. 실제로 계산 실수를 한 문제를 다시 풀어보면 그 부분에서 반복적으로 실수할 수 있다는 것을 알게 됩니다.

문제를 풀고 해설을 봤는데 풀이 방식이 나와 다른 경우

수학에서는 같은 문제라도 답을 내는 과정은 여러 가지일 수 있습니다. 어떤 풀이 과정을 활용했든 정답을 맞추기만 하면 된다고 생각하는 사람이 많지만, 궁극적인 수학 실력 향상을 원한다면 여러 가지 풀이를 익히는 것이 좋습니다.

모든 풀이 방법은 개념을 동반하기 때문에 알아두면 반드시 도움이 됩니다. 또한, 다른 풀이 방법을 찾기 위해 여러 방면으로 생각을 확장하는 과정에서 수학적 사고력을 키울 수 있습니다.

문제를 풀었지만 제대로 풀지 못한 경우

제대로 풀지 못한 문제는 그냥 풀지 못한 것과 같다고 생각합니다. 이때 문제를 제대로 푼다는 것은 풀이 과정에서 활용한 수학 개념을 순서대로 정리할 수 있다는 것입니다. 이는 기하 부분을 공부할 때 특히 중요한데, 예를 들어 보기로 주어진 그림에 대해 정확한 각도를 확인하지 않은 채로 '직각처럼 보이니까 분명 직각일 거야'라는 잘못된 확신을 가지고 풀이를 이어나가는 경우가 있기 때문입니다.

이해를 돕는 간단한 예시를 살펴보겠습니다.

다음 페이지의 30번 문제를 보면 변 BD의 길이가 15라는 것을 알 수 있습니다. 왜 그럴까요? 이등변 삼각형에서 내린 수선의 성질, 더 근본적으로는 RHS 합동 때문입니다. 그리고 원주각의 성질과 내접사각형의 성질이라는 개념으로 삼각형 ABC와 삼각형 DCE가 닮음이라는 것도 알 수 있지요. 이처럼 수학은 눈대중으로 어림짐작하는 것이 아니라 명확한 수학적 개념과 근거를 통해 판단하고 값을 이끌어 내는 과목입니다.

30. 그림과 같이 $\overline{AB}=\overline{AC}=25$, $\overline{BC}=30$인 삼각형 ABC 가 있다. 점 A 에서 변 BC 에 내린 수선의 발을 D 라 하고, 점 B 에서 변 AC 에 내린 수선의 발을 E 라 하자. 선분 DE 를 지름으로 하는 원이 변 BC 와 만나는 점 중 D 가 아닌 점을 F, 변 AC 와 만나는 점 중 E 가 아닌 점을 G 라 하자. 삼각형 GFC 의 둘레의 길이가 $\dfrac{q}{p}$일 때, $p+q$의 값을 구하시오. (단, p와 q는 서로소인 자연수이다.) [4점]

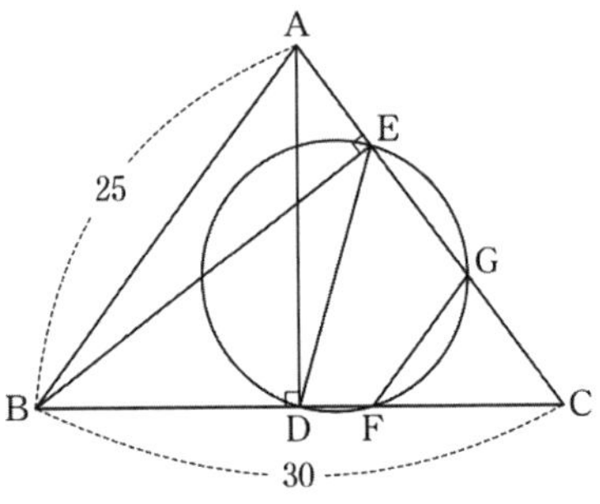

▲ 2021학년도 3월 고1 학력평가 수학 영역 30번

이렇게 문제 풀이에 사용된 개념을 차례로 적어보면 이등변 삼각형의 성질 → 원주각 → 내접사각형 → AA 닮음 → 지름에 대한 원주각 → 내분점 연결 정리 → AA 닮음이라는 순서가 나옵니다. 이를 정리하고 문제 주변에 간략히 적어두면 문제를 제대로 풀었는지 확인하는 기준을 세울 수 있습니다. 그리고 이 정리가 곧 풀이 과정의 요약이기 때문에 어떤 상황에서 어떤 개념이 사용됐는지 알 수 있고, 풀이의 전반적인 흐름을 파악하는 데도 도움이 됩니다. 따라서 개념 활용 방법을 터득하는 데도 유용합니다.

만약 풀이 과정에서 어떤 개념을 사용해서 푼 것인지 명확하게 보이지 않는다면 제대로 풀었다고 할 수 없습니다. 추측하고 넘겨짚어 문제를 해결하는 습관이 쌓이면 실전에서 큰 낭패를 볼 수 있습니다. 따라서 반드시 풀이의 모든 부분을 확실하게 확인하고 복습해야 합니다.

복습할 때는 표시한 문제를 중심으로 공부하고, 복습 과정에서도 제대로 풀지 못했다면 표시를 추가해나갑니다. 어떤 부분에서 풀이가 막히고 계산 실수가 일어나는지 파악할 수 있도록 말이지요. 만약 해설의 풀이 방식이 나와 다르다는 것을 나타내는 표시가 있다면 다른 풀이 방법을 강구하거나 해설을 참고해 올바른 해설을 익힐 수도 있습니다.

● 생각의 적극성 높이기

공부할 때는 시야를 확장해 적극적으로 생각하는 자세가 필요합니다. 당장 눈앞의 문제를 해결하는 것도 중요하지만 문제를 푸는 과정에서 얻을 수 있는 지식이 많다는 사실을 잊어서는 안 됩니다. 시야를 확장하고 적극적으로 생각하라니, 상당히 거창하고 추상적인 요구라고 생각할 수도 있습니다. 하지만 방법은 의외로 간단합니다. 문제나 개념에 대해 의문을 던지고 생각해보는 것입니다. 가령 이런 의문이 있습니다.

Q. 문제에서 x의 범위를 굳이 이렇게 제한한 이유는 무엇일까?

문제에서 주어진 범위가 답과 직접적으로 연관되지 않으면 신경 쓰지 않고 넘어가는 경우가 더러 있습니다. 하지만 문제를 구성하는 모든 요소는 존재 의의가 있습니다. 변수의 범위를 제한한 데도 반드시 이유가 있습니다. 그 이유가 바로 문제를 깊이 이해하고 완벽한 풀이를 위해 나아가는 열쇠입니다. 질문을 통해 문제 해결의 열쇠를 찾으세요.

Q. 전에 풀었던 문제와 풀이 흐름이 비슷한데, 두 문제의 공통점은 무엇일까?

문제를 풀다 보면 풀이의 흐름이 낯익은 경우가 있습니다. 그럴 때는 그 문제를 찾아서 문제에서 내건 조건이나 식의 형태를 비교해 보는 것이 좋습니다. 비교했을 때 공통되는 요소를 잘 기억해두었다가 다음에 비슷한 유형을 만났을 때 적용할 수 있습니다.

Q. A라는 개념을 활용하라고 배웠는데, B라는 개념으로 설명할 수도 있지 않을까?

이는 개념 자체에 대한 이해도를 높이는 데 도움이 되는 의문입니다. 다음 문제와 함께 보겠습니다.

$$ax^2 + bx + c = 0 \text{ 일 때 } x = \frac{-b \pm \sqrt{b^2 - 4ac}}{2a}$$

다음은 근의 공식입니다. 우리가 방금 판별식인 $b^2 - 4ac$의 부호에 따라 실근의 존재 여부가 달라진다는 사실을 공부했다고 가정해봅시다. 이때 한 걸음 나아가 '방정식의 실근은 그래프가 x축과 만나는 점의 좌표이니, 판별식과 그래프의 모양도 관계가 있지 않을까?' 하고 생각할 수 있지요.

이차함수 $ax^2 + bx + c = y$의 대칭축은 $-\frac{b}{2a}$입니다. 그럼 대칭축에서의 함숫값은 $-\frac{b^2-4ac}{4a}$가 되겠지요. 만약 $a > 0$이라면 이차함수 그래프 개형에 의해 꼭짓점의 위치에 따라 x축과 만나는 점의 개수가 달라집니다. $b^2 - 4ac > 0$이면 2개, $b^2 - 4ac = 0$이면 1개, $b^2 - 4ac < 0$이면 0개가 됩니다. 근의 공식에서 구한 판별식 조건과 일치하지요. 정말 간단한 사례지만, 이렇게 이차함수의 근의 공식과 개형이라는 개념을 연결할 수 있습니다. 문제를 푸는 데 직접적인 도움이 되는 것은 아니지만, 양쪽 개념 모두 더 깊이 이해할 수 있습니다.

Q. 이 공식에서 변수를 하나 추가하거나, 방정식의 차수를 높이면 모양이 어떻게 달라질까?

변수를 하나 추가했을 때 흥미로운 규칙을 보이는 공식이 많습니다. 저는 이 의문을 통해 실제로 문제를 풀 때 큰 도움이 되는 규칙을 발견했습니다.

$y = (x - a)(x - b)$그래프에서, 그래프와 x축 사이의 넓이가 $\frac{1}{6}|b - a|^3$ 라는 공식이 있습니다. 저는 이 공식을 공부하면서 '그렇다면 3차, 4차 함수와 x축 사이의 넓이도 비슷하게 나타낼 수 있지 않을까?'라는 생각을 떠올렸고, 다음과 같은 규칙을 발견했습니다.

$y = (x - a)(x - b)$	$\dfrac{1}{6}\|b - a\|^3$
$y = (x - a)^2(x - b)$	$\dfrac{1}{12}\|b - a\|^4$
$y = (x - a)^3(x - b)$	$\dfrac{1}{20}\|b - a\|^5$
……	

이렇게 질문을 통해 규칙을 스스로 발견하면, 무작정 암기했을 때보다 더 잘 기억할 수 있습니다.

공식이나 규칙을 발견하지 않더라도, 폭넓은 사고를 통해 문제를 해결하려 노력하면 수학적 사고력이 향상됩니다. 다른 사람의 도움 없이 혼자 공부하느라 다양한 문제 풀이 스킬을 배우기 어려운 경우에도 도움이 될 것입니다.

● **역질문하기**

공부해야 하는 내용을 처음부터 끝까지 살펴봤다면 과연 내가 제대로 공부했는지 점검해야 합니다. 학원에 다니거나 과외를 받으면 선생님께서 배운 내용을 얼마나 잘 이해했는지 점검할 수 있는 시험지를 준비해줍니다. 그 시험을 통해 우리는 이제까지의 학업 성취도를 점검하고 앞으로의 공부 계획을 수립할 수 있습니다. 하지만 혼자 공부하는 경우에는 그런 도움을 받을 수 없지요. 이때 활용할 수 있는 것이 자가테스트입니다.

역질문을 활용한 자가테스트는 학습을 마친 문제 중 몇 가지를 무작위로 선정해 다시 풀어보는 방법입니다. 역질문의 목적은 학습을 마친 문제 전체를 완벽하게 풀어내는 데 있습니다. 어떤 문제가 선정되더라도 빈틈없는 풀이로 답을 내야 하지요.

이때 중요한 것은 문제를 무작위로 고르는 것입니다. 저는 온라인상에서 무료로 이용할 수 있는 랜덤 숫자 뽑기 기능을 활용해 문제를 선정했습니다. 입력한 범위 내에서 원하는 개수만큼 숫자를 뽑아 풀거나 설명하는 연습을 했습니다. 문제 선정 단계에서 주의할 점은 어떤 문제를 풀 수 있을 거라고 추측하지 않는 것입니다. 그리고 풀지 못한 문제에는 표시를 추가해 다음에 한 번 더 풀어보는 것입니다.

그렇다면 역질문은 언제 해야 할까요? 저는 다음 세 가지 경우에 활용했습니다.

한 단원을 끝냈을 때

단원이 바뀌면 공부하는 주제 또한 바뀝니다. 때문에 다음 주제로 넘어가기 전에 이번 단원에서 공부한 내용을 완벽하게 이해해야 합니다. 저는 일정 수준 이상의 이해도를 갖췄다고 판단했을 때 다음 단원으로 넘어가고, 그렇지 않은 경우에는 추가 학습을 이어갔습니다.

N회독의 한 사이클을 끝냈을 때

문제집을 처음부터 끝까지 한 차례 풀어본 뒤에는 문제집 전체에 대해 자가테스트를 진행했습니다. 역질문을 통해 해당 문제집의 완독 여부를 가려내는 것이죠. 한 권의 문제집을 온전히 이해했는지 확인하고 다음 문제집으로 넘어갈 준비가 됐는지 확인하는 과정이기 때문에 한 단원을 끝냈을 때보다 더 꼼꼼히 살펴보는 게 좋습니다.

시험 기간

시험 기간에는 여러 과목을 한꺼번에 공부하기 때문에 빠르게 복습해야 합니다. 그동안 공부했던 문제를 모두 풀기에는 시간이 충분하지 않고, 틀렸던 문제만 다시 보기에는 맞았던 문제 중에서도 오답이 나올 수 있다는 생각에 불안해지지요. 이런 상황에 역질문을 활용하면 좋습니다. 이때까지 활용했던 문제집을 가지고 다시 한번 역질문을 하는 것입니다.

저는 학원에 다니지 않았지만, 역질문을 통해 학원에서 복습 테스트를 보는 것과 비슷한 효과를 봤습니다. 역질문을 잘 활용하면 그동안 공부했던 내용을 제대로 이해했는지에 대해 객관적인 판단을 할 수 있습니다. 문제를 무작위로 선정해 풀어보기를 여러 번 반복했는데도 오답이 나오지 않는다면, 그 범위 안에는 모르는 문제가 없을 가능성이 높겠지요. 저는 이렇게 거듭된 역질문에도 오답이 발생하지 않을 때 해당 문제집을 완독했다고 판단하고 다음 내용으로 넘어갔습니다.

또한 역질문은 제가 방심하거나 자만하지 않도록 도와주었습니다. 정답을 맞혔지만 복습 과정에서 '내가 이걸 어떻게 맞혔지?'라는 의문이 들 때가 있습니다. 모든 과목이 그렇겠지만 응용과 변형이 비일비재한 수학 과목은 특히 한 문제를 맞혔다고 해서 비슷한 문제도 모두 풀 수 있다고 확신할 수 없습니다. 그렇기 때문에 복습할 때는 틀렸던 문제와 풀지 못한 문제만 보는 게 아니라, 풀 줄 안다고 확신하는 문제도 꼼꼼히 살펴봐야 합니다. 문제를 무작위로 골라 풀어보는 과정은 긴장감을 놓치지 않도록 도와주는 자극제가 됩니다.

● 나만의 표시로 학습 방향 설정하기

다음은 제가 고등학교 과정 선행 학습을 하면서 풀었던 문제집의 한 페이지입니다. 개념 선행을 겨우 마친 시점에 풀기에는 난이도가 꽤 높은 문제집이었습니다. 그래서 별표가 굉장히 많이 보입니다. 한 차례 공부를 마친 뒤 문제집을 다시 펼쳤을 때, 이 페이지를 보고 알아낼 수 있는 정보는 다음과 같습니다.

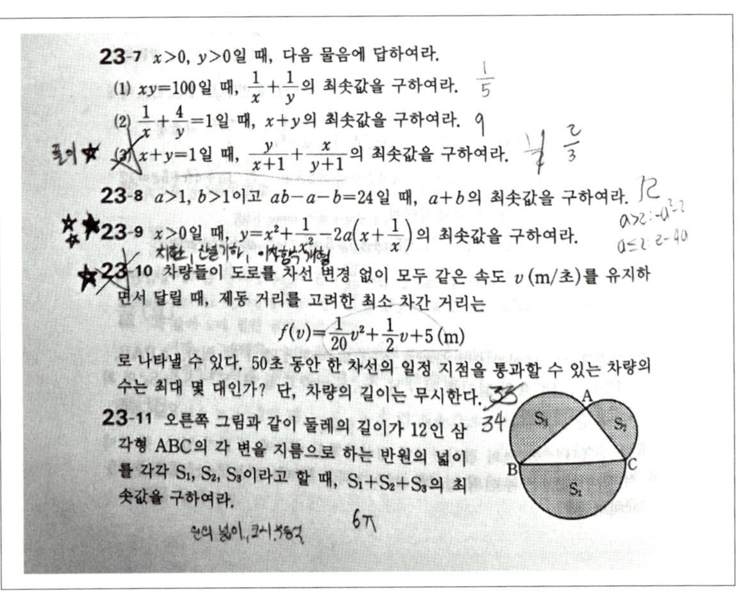

▲ 별표 등 여러 가지 표식으로 다시 살펴봐야 하는 부분을 표시했다.

1) 23-7번, 23-9번, 23-10번은 좀 더 주의하며 풀어야 한다.

2) 특히 23-9번은 세 번이나 제대로 풀지 못했으니 집중적으로 살펴봐야 한다.

3) 23-7번의 3번에 '풀이'라고 적혀 있는 것으로 보아 내가 푼 방법과 다른 풀이 방법이 있었다는 뜻이니 찾아봐야 한다.

4) 23-9번과 23-11번은 저런 개념을 활용해 푸는 문제이니, 각각의 개념이 어떻게 활용되는지 의식하면서 풀어야 한다.

단순히 몇 가지만 표시했을 뿐인데, 앞으로의 학습 방향이 그려졌습니다. 다른 예시를 살펴보겠습니다. 다음 페이지의 그림을 보고 알아낼 수 있는 정보는 다음과 같습니다.

1) 30-11번, 30-12번, 30-14번을 주의해서 풀어야 한다.

2) 30-11번은 두 번이나 풀이를 떠올리지 못했으니 반복적으로 연습해야 한다.

3) 30-14번도 여러 번 풀지 못했다. 특히 계산 실수를 한 적이 있으니 주의해야 한다. 다른 풀이가 있다고 표시되어 있으니 두 가지 풀이를 모두 찾아볼 필요가 있다.

[실력] **30-10** 다음 두 식을 동시에 만족하는 자연수 m, n의 값을 구하여라.
$$m \times {}_nP_5 = 72 \times {}_nP_3, \qquad {}_nP_6 = m \times {}_nP_4$$

30-11 6개의 숫자 1, 2, 3, 4, 5, 6에서 서로 다른 4개의 숫자를 뽑아 만든 네 자리 자연수 중에서 다음 두 조건을 만족하는 짝수의 개수를 구하여라.
  (개) 백의 자리 숫자가 3이면 일의 자리 숫자는 2가 아니다.
  (내) 십의 자리 숫자가 4가 아니면 일의 자리 숫자는 2이다.

30-12 5개의 숫자 0, 1, 3, 5, 7에서 서로 다른 세 수를 택하여 a, b, c라고 할 때, $ax^2 + bx + c = 0$이 이차방정식이 되는 경우의 수를 구하여라. 또, 이 중에서 실근을 가지는 이차방정식이 되는 경우의 수를 구하여라.

30-13 문자 A, B, C, D, E, F를 모두 사용하여 만든 여섯 자리 문자열 중에서 다음 세 조건을 만족하는 문자열의 개수를 구하여라.
  (개) A의 바로 다음 자리에 B가 올 수 없다.
  (내) B의 바로 다음 자리에 C가 올 수 없다.
  (대) C의 바로 다음 자리에 A가 올 수 없다.

30-14 어느 연구소에서는 외부인의 출입을 통제하기 위하여 각 자리의 숫자가 0 또는 1로 이루어진 여섯 자리 숫자열의 비밀번호를 사용하고 있다. 숫자열에 포함된 숫자 중에서 0이 3개이거나, 숫자열에 숫자 1이 연속하여 3개 이상 나오면 이 연구소의 출입문을 통과할 수 있다. 출입문을 통과할 수

▲ 풀이 시 주의해야 하는 내용이나 추가로 풀이를 찾아봐야 하는 문제를 표시했다.

단순히 교재를 여러 번 보는 것이 중요한 게 아닙니다. 같은 횟수만큼 공부한다고 해도, 어떤 부분을 집중해서 봐야 하는지 계획을 세운 뒤 공부하는 것과 흐릿한 기억에 의존하며 공부하는 것은 복습 효과 면에서 큰 차이가 있습니다.

● 이차함수의 대칭성 증명하기

개인마다 생각의 전개 방식이 다르기 때문에 생각의 적극성 높이기를 활용할 때는 스스로 연습해보는 것이 정말 중요합니다. 여러분이 공부의 방향성을 잡는 데 도움이 되도록 제가 수학을 공부하며 떠올렸던 의문을 한 가지 소개하겠습니다.

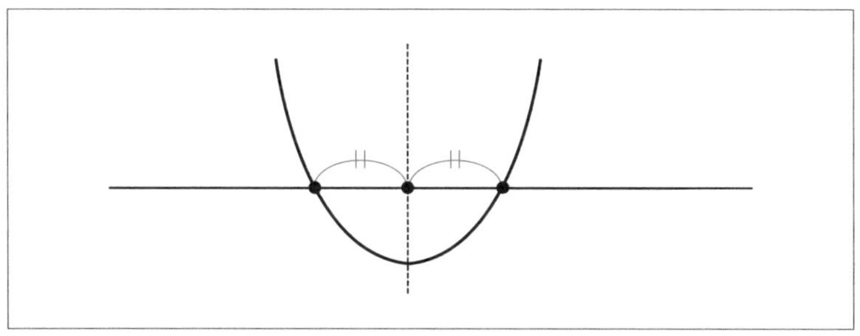

▲ 이차함수의 대칭성 그래프 1

위 그림은 이차함수의 대칭성 그래프입니다. 저는 이 그림을 보고 다음과 같은 의문이 생겼습니다.

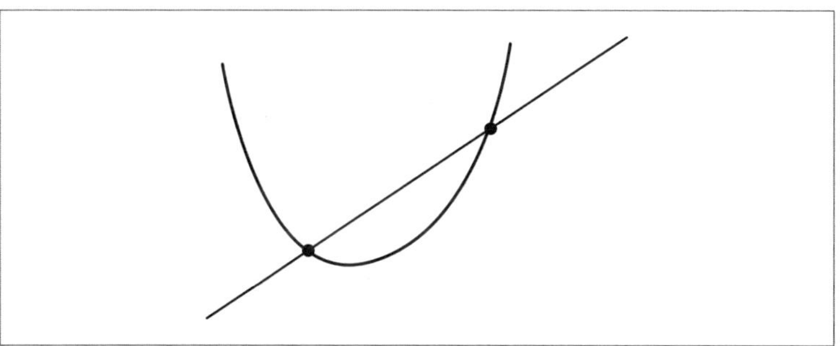

▲ 이차함수의 대칭성 그래프 2

위 그림은 전혀 대칭이 아닌 것처럼 보입니다. 하지만 이차함수의 그래프와 방정식은 연관이 있습니다. 그리고 방정식에는 이항이라는 개념이 있습니다. 이 개념은 그래프에서 어떤 의미를 가질까요?

편의를 위해 이차함수와 직선의 식이 $y = x^2$, $y = x + 2$라고 가정해봅시다. 그럼 두 교점은 $x^2 = x + 2$의 실근이 될 것입니다. 그런데 여기서 x를 왼쪽으로 이항하면 $x^2 - x = 2$가 됩니다. 이 방정식의 근은 $y = x^2 - x$, $y = 2$라는 두 그래프의 교점이 되니 원래 대칭이었던 모양이 되겠지요.

이렇게 대칭이 아닌 것 같아 보이는 그래프도 대칭인 그래프로 바꿀 수 있다는 것을 알게 되었습니다. 그렇다면 무엇에 대해 대칭일까요? $y = x^2 - x$가 $y = a$와 한 점에서 만날 때, 그 좌표에 대하여 대칭입니다. 이항하면 $y = x^2$이 $y = x + a$, 즉 원래의 직선과 접선의 기울기가 같은 직선이 이차함수 그래프와 한 점에서 만날 때, 그 좌표가 됩니다. 그림으로 정리하면 다음과 같습니다.

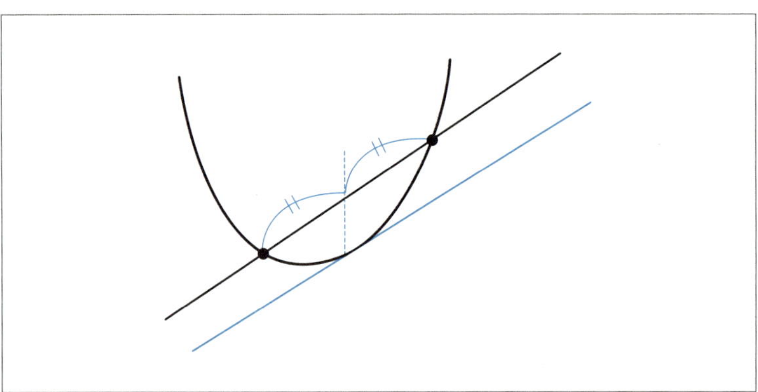

▲ 이차함수의 대칭성 그래프 3

어떻게 보면 별로 중요하지 않은 정보입니다. 하지만 저는 고등학교에서 사차함수의 개형을 공부하면서 이 생각을 발전시켰고, '직선과의 관계에서 모든 사차함수는 같다'라는 개념을 정리했습니다. 그리고 여기에서 파생되는 여러 비율 관계, 대칭 관계들을 이용해 많은 문제를 비교적 쉽게 해결했습니다.

저는 학원을 다니거나 과외를 받지 말라는 이야기를 하고 싶은 게 아닙니다. 단지 모종의 이유로 사교육의 도움을 받을 수 없거나 사교육을 받지 않기로 선택한 학생들에게 그것이 수학을 공부하는 데 있어 필수적인 요소는 아니라고 말하고 싶습니다. 《수학 혼자 공부법》은 혼자 공부하는 학생은 물론 학원에 다니거나 과외를 받는 학생도 활용할 수 있습니다.

나만의 스킬, 나만의 스케일
풀이 연구 공부법

난이도
① ② ③ ④ ⑤

서울대학교 건설환경공학부 23학번, 육지훈

학창 시절 저는 수학 과목을 공부할 때 다른 사람의 풀이를 참고해 문제를 풀기보다는 제 힘으로 스스로 해결하고 싶었습니다. 그런 이유로 고등학교에 다니는 동안 인터넷 강의를 듣지 않았고, 학원도 거의 다니지 않았습니다. 그러다 보니 학원에 다니거나 인터넷 강의를 듣는 다른 학생들보다 문제 풀이 스킬을 배울 수 있는 기회가 적었고, 어느 순간부터는 성적 격차가 벌어지기 시작했습니다. 문제의 심각성을 느낀 저는 이제까지처럼 주어진 풀이대로 많은 양의 문제를 풀기만 할 게 아니라, 풀이 방법을 연구하는 방식으로 저만의 스킬을 만들어야겠다고 생각했습니다.

그렇게 고안해낸 것이 지금부터 소개할 〈풀이 연구 공부법〉입니다. 〈풀이 연구 공부법〉은 수학 문제를 풀 때 보다 효율적으로 접근할 수 있는 방법을 다각도로 고민하는 공부법으로, 누구나 시도할 수 있습니다. 자기 주도 학습을 하는 학생 중에는 이미 이와 같은 방식을 활용하고 있는 사람이 더러 있을 것입니다.

특별한 비법이랄 게 없는 단순한 공부법이지만, 자신만의 풀이 요령을 터득하고 발전시키는 과정에서 문제 풀이 속도가 빨라지고 풀이 방식이 효율적으로 바뀌게 될 것입니다. 또한 여러 각도에서 풀이를 고민하다 보면 문제 해결 능력과 더불어 창의력이 향상되고, 수학 과목에 대한 전반적인 이해도가 높아집니다.

이런 이유로 저는 수학을 공부하는 모든 학생에게 〈풀이 연구 공부법〉을 추천하고 싶습니다. 그중에서도 특히 수학 문제를 효율적으로 해결하지 못하는 학생, 자기 주도 학습이 필요한 학생, 창의성을 요구하는 문제나 신유형 문제가 어려운 학생, 자신만의 독창적인 풀이 방법을 만들고 싶은 학생은 이 공부법을 꼭 실천해보길 권합니다.

많은 사람들이 좋은 학군이나 전반적인 학업 성취도가 높아 상위권 내신 등급을 받기 어려운 학교에서는 사교육을 받지 않고 공부하는 것이 불가능하다고 생각합니다. 수학 과목의 경우 특히 더 그렇지요. 그러나 저는 서울대 합격자 배출 순위 탑5에 꾸준히 이름을 올리는 서울 소재 자율형 사립고에 재학하면서도 사교육의 도움 없이 좋은 성적을 거둬 수시전형으로 서울대학교에 합격했습니다. 나아가 지금은 이 공부법으로 수십 명의 학생을 지도하며 아이들의 성적 향상에 기여하고 있습니다. 지금부터 서울대학교 수시 합격의 단단한 발판이 되어준 〈풀이 연구 공부법〉을 소개하겠습니다.

공부 전략 설계도

앞에서도 언급했듯, 〈풀이 연구 공부법〉은 특별한 비법이 아닙니다. 단지 제가 수학 과목을 공부할 때 문제 풀이를 연구하는 과정에서 활용한 방식을 단계별로 정리한 것입니다. 그 단계는 다음과 같습니다.

● 발상하기

문제를 보다 빠르게 풀 수 있는 방법을 고민하는 과정입니다. 유형과 출제 의도에 따라 각각의 문제에 적합한 풀이 방식을 찾고, 어떻게 하면 더 효율적으로 풀이를 전개할 수 있을지 생각합니다. 다시 말해, 한 문제에 소요되는 풀이 시간을 단축하는 과정이지요. 문제를 풀면서 작성한 풀이 과정을 주의 깊게 살펴보면 도움이 됩니다.

이때 한 가지 주의할 점은 자신이 떠올린 아이디어로 문제를 풀었을 때 논리적 오류가 발생하지 않는지 확인하는 것입니다. 오류가 없다는 것을 확인했으면 자신만의 스킬로 구체화할 수 있습니다.

● 범용성 확인하기

오류가 없다는 걸 확인한 뒤에는 스킬의 범용성을 확인합니다. 만약 발상 단계에서 발견한 스킬이 한 가지 문제에만 적용이 가능하다면 그것을 체화하고 활용할 필요는 없습니다. 그런 문제는 출제 빈도가 낮아 적용 범위가 작은 데 비해 스킬을 고안하는 데 걸리는 시간이 길어 오히려 효율이 떨어집니다. 그러니 문제를 풀어보며 자신의 스킬을 얼마나 다양한 유형에 활용할 수 있는지 점검하는 과정을 반드시 거쳐야 합니다. 문제 풀이를 통해 비효율성을 검증했다면 해당 스킬은 과감히 버립니다.

● 구체화해 정리하기

범용성 확인까지 마친 스킬은 별도의 노트에 세부 과정을 구체화해 정리합니다. 구체화 및 정리 단계는 이 방법을 활용하는 많은 학생이 놓치는 부분입니다. 자신이 만든 스킬을 정리하지 않고 발상 단계에 머무르는 것이지요. 하지만 우리는 한두 가지 스킬을 만드는 게 아니기 때문에 제대로 정리해놓지 않으면 큰 낭패를 볼 수 있습니다. 애써 발견한 풀이 방법을 기억하지 못해 문제에 적용할 수 없게 되거나, 유사한 유형을 마주쳤을 때 활용하지 못하게 되지요. 그렇게 되면 우리는 하나의 문항에만 적용할 수 있는 풀이 방법을 만든 셈입니다. 이를 방지하고 스킬을 온전한 나의 것으로 만들기 위해서는 단계별로 구체화한 후 정리하는 과정이 꼭 필요합니다.

저는 다음과 같은 단계를 따라 제가 만든 모든 스킬을 노트에 정리했습니다.

1) 스킬을 떠올리게 된 계기
2) 스킬의 성립 원리
3) 스킬의 진행 과정
4) 예시

이것은 제가 활용한 단계로, 그대로 따라할 필요는 없습니다. 여러분만의 스킬을 만들고 구체화하여 기록하는 과정만 따르면 됩니다.

● 연습으로 체화하기

스킬이 완성되었다면 연습을 통해 체화하는 과정을 거칩니다. 새로운 수학 공식을 배운 뒤에 문제를 풀어보듯, 직접 개발한 스킬도 관련 유형의 문제를 풀어보며 익숙해지는 과정이 필요합니다. 반복적인 연습을 통해 스킬을 적재적소에 능숙하게 적용할 수 있게 되면 확실한 나의 것이 된 겁니다. 이렇게 완벽히 체화해야 실전에서 자유롭게 활용할 수 있습니다.

또한 다양한 문제를 푸는 과정에서 의식적으로 자신의 스킬을 활용하려고 시도하다 보면, 스킬의 활용도가 높아지고 적용 범위가 넓어집니다. 처음에는 스킬 개발의 바탕이 되었던 문제 유형과 동일한 유형에서만 활용할 수 있었지만, 점차 더 많은 문제에 이용할 수 있게 됩니다. 그뿐만 아니라 난이도가 높은 문제를 풀 때 부수적인 요소로도 사용할 수 있게 되지요.

● 스킬 확장하기

연습 단계까지 마치고 나면 스킬에 따라서 확장해나갈 수도 있습니다. 모든 스킬이 확장 가능한 것은 아니지만, 몇몇은 변형하여 다른 유형에서도 활용 가능합니다. 확장이 가능한 스킬의 경우 노트에 그 내용을 함께 정리하는 것이 좋습니다.

이렇게 새로운 풀이 방법을 연구하고 기록하는 방식으로 공부하다 보면 다른 학생들과 차별화되는 나만의 스킬이 차곡차곡 쌓입니다. 그리고 그 속에서 어느새 높은 효율로 빠르게 문제를 풀어나가는 자신의 모습을 발견하게 될 것입니다.

실전 적용 연습

● 발상하기 예시

지금부터 실제 문제를 통해 〈풀이 연구 공부법〉의 실전 적용 예시를 살펴보겠습니다. 다음은 2020학년도 6월 고1 학력평가 수학 영역 7번 문제와 그 풀이입니다.

---

7. 다항식 $f(x)$를 x^2+1로 나눈 나머지가 $x+1$이다. $\{f(x)\}^2$을 x^2+1로 나눈 나머지가 $R(x)$일 때, $R(3)$의 값은? [3점]

① 6 ② 7 ③ 8 ④ 9 ⑤ 10

▲ 2020학년도 6월 고1 학력평가 수학 영역 7번

[출제의도] 다항식의 나눗셈 문제 해결하기

$f(x)$를 x^2+1로 나누었을 때의 몫을 $Q(x)$라 하면 나머지가 $x+1$이므로

$f(x)=(x^2+1)Q(x)+x+1$로 나타낼 수 있고,

$$\{f(x)\}^2=(x^2+1)^2\{Q(x)\}^2+2(x^2+1)(x+1)Q(x)+(x+1)^2$$
$$=(x^2+1)[(x^2+1)\{Q(x)\}^2+2(x+1)Q(x)+1]+2x$$

이다.

따라서 $\{f(x)\}^2$을 x^2+1로 나눈 나머지는

$R(x)=2x$ 이고 $R(3)=6$ 이다.

▲ 2020학년도 6월 고1 학력평가 수학 영역 7번 해설

이 풀이에서는 나머지 정리를 사용하여 $f(x)$를 $f(x)=(x^2+1)Q(x)+x+1$과 같은 형태로 나타낸 후 이를 직접 제곱해 문제에서

묻는 $\{f(x)\}^2$ 를 구했습니다. 그런 다음 $\{f(x)\}^2$ 의 값을 $x^2 + 1$ 로 나누어 $R(x)$ 를 도출했습니다. 이는 다음과 같은 유형의 문제를 푸는 일반적인 방식이지만, 동시에 다소 귀찮은 풀이 방식이기도 합니다.

수학 공부를 할 때 주입식 교육으로 익힌 공식과 해설만을 참고해 문제를 풀면 이렇게 비효율적인 풀이를 하게 됩니다. 이렇게 풀어도 정답에 도달하니 문제없다고 생각하는 사람도 있겠지만, 모두가 알다시피 고등 수학은 시간 싸움입니다. 내신 시험은 물론이고 수능은 특히 더 그렇지요. 스스로 사고하지 않고 주어진 방법만을 활용한다면 자연스럽게 시간 싸움에서 밀릴 수밖에 없습니다. 그러니 수학 과목에서 고득점을 내고자 한다면 일반적인 풀이보다 더 효율적인 풀이 방법을 연구해야 합니다.

그렇다면 이 문제를 보다 효율적으로 풀 수 있는 방법은 무엇일까요? 이 문제에 대해 이야기하기에 앞서 먼저 아래 문제를 살펴보겠습니다.

> 다항식 $P(x) = x^2 + 2x + 3$ 을 $(x - 1)$ 로 나눈 나머지를 $R(x)$ 라 하자.
> 이때, $R(x)$ 를 구하시오.

위 문제는 2015 개정 교육과정 고1 과정에 포함되어 있는 나머지 정리 문제입니다. 참고로 나머지 정리는 다음과 같습니다.

> x에 대한 다항식 $f(x)$를 일차식 $x - a$로 나누었을 때의 나머지는 $f(a)$
> 이다.

이 문제에서도 나머지 정리에 의해 $P(x)$의 값에 $x = 1$을 대입하면 $R(x)$를 구할 수 있습니다. 왜 주어진 식에 $x = 1$을 대입하면 $R(x)$가 나올까요? 나머지 정리 단원을 제대로 공부한 학생이라면 이 질문에 대한 답을 알고 있을 것입니다. $P(x)$를 $(x - 1)$로 나눈 몫을 $Q(x)$라고 한다면, $P(x) = (x - 1)Q(x) + R(x)$라는 수식으로 표현할 수 있습니다. 그런데 이 식에서 우리가 알아야 할 것은 $P(x)$와 $R(x)$의 관계이지, $Q(x)$가 아닙니다. 다시 말해, $Q(x)$는 이 문제를 푸는 과정에서는 '쓸모 없는 값'입니다. 따라서 쓸모없는 $Q(x)$를 소거하여 $P(x)$와 $R(x)$의 관계를 직접적으로 구하는 것이 간편하다는 걸 떠올리게 됩니다. 이것이 나머지 정리의 기본 발상입니다.

그렇기에 나머지 정리에 의거하여 $Q(x)$를 소거하기 위해 x에 1이라는 값을 대입하여 $P(x)$와 $R(x)$의 관계를 구하는 것입니다. $x = 1$을 대입하면, $P(1) = R(1)$이므로 $P(1) = 6$이라는 걸 알 수 있게 됩니다. 주어진 식에서 나누는 값이 일차식이었기에 $R(x)$는 상수항이므로, $R(x) = 6$이라고 답을 낼 수 있습니다.

그렇다면 지금 이 문제와 앞의 7번 문제는 어떤 연관이 있을까요?

$P(x) = (x - a)Q(x) + R(x)$ 꼴의 식에서, 쓸모없는 항 $Q(x)$ 를 소거하기 위해 $x = a$ 를 대입하여 $P(a) = R(a)$ 라는 것을 구하는 게 나머지 정리의 기본 발상입니다. 이때 아무도 주어진 식을 $P(x) - R(x) = (x - a)Q(x)$ 의 꼴로 변환하고, $P(x) - R(x)$ 를 직접 $x - a$ 로 나누어가면서 $Q(x)$ 를 구한 후 $R(x)$ 를 구하려 하지 않죠. 그러나 조금 희한하게도 학원이나 인터넷 강의를 통해 학습한 제 주변 친구들은 $P(x) = (x^2 + a)Q(x) + R(x)$ 라는 식을 만났을 때, $R(x)$ 를 이항하여 $P(x) - R(x) = (x^2 + a)Q(x)$ 로 바꾼 후, $P(x) - R(x)$ 를 $x^2 + a$ 로 나누어 $Q(x)$ 를 구했습니다. 그리고 이를 통해 다시 $R(x)$ 를 구하는 식으로 풀이했습니다.

그러나 앞에서 이야기했듯 $Q(x)$ 는 쓸모없는 값입니다. 이와 같은 방식으로 풀이를 하게 된다면 쓸모없는 값인 $Q(x)$ 를 구하는 불필요한 과정을 겪게 됩니다. 여기서 저는 한 가지 생각이 떠올랐습니다. "x^2 에 $-a$ 를 대입하면 되지 않을까?" 하고 말이지요. $x^2 + a = 0$ 을 만족시키는 x 가 없다는 사실에 단순하게 직접 나누는 방식으로 푸는 대신, 쓸모없는 $Q(x)$ 를 소거한다는 나머지 정리의 기본 발상을 응용하는 것입니다. x^2 의 자리에 $-a$ 를 대입해 $Q(x)$ 를 소거하고 $P(x)$ 와 $R(x)$ 의 관계를 직접 구할 수 있습니다.

7번 문항의 풀이에도 $f(x)$ 를 $(x^2 + 1)$ 로 나누는 과정이 있습니다. 이 과정에서 앞에서 이야기한 스킬을 활용해보겠습니다.

문제에 의하면 $f(x)$ 를 $x^2 + 1$ 로 나눈 나머지는 $x + 1$ 입니다. 그러므로 $\{f(x)\}^2$ 를 $x^2 + 1$ 로 나눈 나머지는 $(x + 1)^2$ 을 $x^2 + 1$ 로 나눈 나머지와 같다고 할 수 있습니다. 따라서 $(x + 1)^2$ 에 $x^2 = -1$ 을 대입하면 $R(x) = -2x$ 가 됩니다. 이로써 발상 단계에서 떠올린 스킬을 활용해 문제를 해결하고, 논리적 오류가 없다는 것을 증명했습니다.

● 범용성 확인하기 예시

이제 다른 문제에도 적용할 수 있는지, 그 범용성을 확인해야 합니다. 만약 이 스킬이 해당 문제에만 특수하게 적용 가능하다면 효율적인 학습을 위해 즉시 연구를 멈추는 게 좋습니다. 일부 문제에 대해서만 활용할 수 있는 스킬은 굳이 새롭게 만들어낼 필요 없습니다. 출제 확률이 낮은 문제의 새 풀이 방식을 찾기 위해 시간을 쏟는 것은 경제적이지 않기 때문입니다. 그런 문제는 해설에 나타난 기존의 풀이를 정석적으로 익히는 것이 좋습니다.

인터넷상에 떠도는 수능 강의 영상을 보면, 일부 특수한 기출문제를 풀기 위해 갑작스럽게 엉뚱한 공식을 끌어오는 경우가 간혹 있습니다. 하지만 그런 공식은 해당 유형의 문제에만 유의미하게 적용 가능하고, 문제를 조금만 바꿔도 성립하지 않는 경우가 대부분입니다. 때문에 활용도가 낮은 불필요한 스킬을 개발하고 체화하는 대신 이미 알고 있는 풀이를 활용하기를 추천합니다. 또한 이렇게 새로운 스킬을 개발할 때는 범용성 확인 단계를 반드시 거쳐야 한다는 것을 명심하기 바랍니다.

다음은 제가 범용성을 확인하는 과정입니다. 1998학년도 수능 수학 영역 3번 문제를 보겠습니다.

3. 다항식 $2x^3 + x^2 + 3x$를 $x^2 + 1$로 나눈 나머지는?

① $x-1$ ② x ③ 1
④ $x+3$ ⑤ $3x-1$

▲ 1998학년도 수능 수학 영역 3번

〈공통수학1〉 범위의 문제를 많이 풀어본 학생은 알고 있겠지만, 이러한 유형은 스킬을 활용할 수 있는 방법이 무궁무진합니다. 단순 연산 문제에서부터 심화 문제 풀이까지, $x^2 + a$ 꼴로 나누어야 하는 문제는 빈번하게 출제되기 때문이지요.

원래 풀이대로라면 이 문제는 다항식 $2x^3 + x^2 + 3x$ 를 $x^2 + 1$ 로 직접 나누어 나머지를 구합니다. 하지만 앞에서 개발한 스킬을 활용해 x^2 의 자리에 1을 대입하면 번거로운 과정 없이 암산만으로도 $x - 1$ 이라는 답을 구할 수 있습니다. 이처럼 범용성 확인 단계를 통해 해당 스킬을 단순한 연산 문제부터 다양한 난이도와 유형의 문제까지 적용할 수 있다는 것을 알아냈습니다.

● 구체화해 정리하기 예시

　이제 개발한 스킬을 구체화하고 정리할 차례입니다. 자신이 연구한 스킬을 구체화해 정리할 때는 나중에 쉽게 알아보고 편리하게 활용할 수 있도록 스킬을 떠올리게 된 계기, 스킬의 성립 원리와 진행 과정, 그 예시를 함께 적는 것이 좋습니다.

　지금까지 활용한 스킬의 경우 복잡하지 않은 내용이므로 스킬의 진행 과정과 예시를 구체적으로 적을 필요 없습니다. $x^2 = -a$를 대입하기만 하면 되는 단순한 풀이 방식이었으니까요. 그러나 그밖에 복잡한 스킬이나 메커니즘은 시간이 지난 뒤 다시 봤을 때 잊지 않도록 상세하게 적어두어야 합니다.

　저는 이 스킬을 이렇게 정리했습니다.

> $P(x) = (x^2 + a)Q(x) + R(x)$ 꼴의 문제를 풀다가 문득 나머지 정리의 원리를 떠올리게 되었다. 나머지 정리에 의해 $P(x) = (x - a)Q(x) + R(x)$ 꼴의 문제에서 $x = a$를 양변에 대입하면 $P(a) = R(a)$ 라는 관계를 얻을 수 있듯, $P(x) = (x^2 + a)Q(x) + R(x)$ 꼴의 식에서도 $x^2 = -a$를 대입하면 $Q(x)$를 소거할 수 있기에 $P(x)$와 $R(x)$의 관계를 구할 수 있다.

　앞에서도 이야기했지만, 스킬을 정리할 때 반드시 저와 같은 형식으로 적을 필요는 없습니다. 여러분이 편한 방식으로, 여러분만의 언어를 사용해 정리하면 됩니다.

● 연습으로 체화하기 예시

기록까지 마쳤다면 이제는 문제 풀이 연습을 통해 체화해야 합니다. 다양한 문제를 풀어보며 해당 스킬을 어떤 문제에서 활용할 수 있는지 확인하고, 실제로 풀이에 도움이 되는지 알아보는 것이죠. 이 과정에서 스킬에 대한 이해도가 상승하고 풀이 시간이 줄어들어 더 큰 효율을 낼 수 있습니다. 일종의 복습이라고 할 수 있지요. 수업에서 배운 새로운 개념을 머릿속에 확실하게 저장하기 위해 복습하는 것처럼, 내가 만든 스킬을 익히는 과정이 필요합니다.

● 스킬 확장하기 예시

마지막으로, 지금까지 익힌 스킬을 어떻게 확장할 수 있는지 고민하는 단계입니다. 이때는 스킬을 만드는 계기가 된 유형 외에 다른 유형에서도 적용할 수 있을지 생각해보면 좋습니다. 보통 이러한 발상은 연습 과정에서 생겨나는 경우가 많으니, 문제를 풀 때 주의 깊게 살펴보면 좋겠지요.

저는 다음과 같이 스킬을 확장해나갔습니다.

$P(x) = (x^2 + a)Q(x) + R(x)$ 에서 $x^2 = -a$ 를 대입하여 $Q(x)$ 를 소거했듯, $P(x) = (x^2 - ax - b)Q(x) + R(x)$ 꼴에서도 마찬가지 방식으로 x^2 의 자리에 $ax + b$ 를 대입하여 $Q(x)$ 를 제거하는 것입니다.

이렇게 확장한 내용은 새로운 발상이 되고 새로운 스킬이 됩니다. 그렇다면 이 역시 별도의 노트에 함께 정리해두는 것이 좋겠지요. 단, 확장 단계서 한 가지 기억해야 할 것이 있습니다. 모든 스킬이 확장 가능한 것은 아니므로, 가능성을 염두에 두고 확인하되 확장이 불가능한 스킬을 억지로 끼워 맞추는 식의 행동을 하지 않도록 주의해야 합니다.

REVIEW

평소 자신이 수학 문제를 비효율적으로 풀고 있다고 생각한다면 〈풀이 연구 공부법〉을 실천해보기를 권합니다. 수학 문제를 효율적으로 풀지 못한다는 것은 문제 풀이 스킬이 부족하다는 의미입니다. 부족한 스킬을 보충하여 효율을 높이기 위해서는 풀이 방식에 대해 고민하는 시간이 필요합니다. 무작정 공식을 외우고 마구잡이로 문제를 풀어보기 전에, 풀이 방법을 고민하고 연구하는 과정을 통해 풀이의 질을 높이는 것이 우선입니다.

남들보다 높은 점수를 받기 위해서는 그들과 다른 방식으로 공부해야 합니다. 특히 수학 과목에서 상위권을 차지하려면 반드시 자신만의 풀이 스킬을 갖춰야 하지요. 〈풀이 연구 공부법〉을 통해 직접 개발하고 익힌 풀이 스킬은 여러분의 사라지지 않는 자산이 될 것입니다.

네 뒤엔 우리가 있어

이 책을 읽는 여러분을 포함해서, 대한민국에서 태어난 대부분 학생은 필연적으로 대학 입시라는 레이스의 출발선 위에 서게 됩니다. 어쩌면 눈을 떴을 때 이미 달리고 있는 자신을 발견할 수도 있지요. 이 레이스의 결승점은 '대입 성공'입니다. 하지만 아이러니하게도 정해진 트랙이 없습니다. 이 길 끝에 결승점이 있을지도 확신할 수 없습니다. 수많은 참가자가 결승점에 가장 빨리 다다를 방법을 고민하며 저마다의 길 위를 홀로 외로이 달릴 뿐입니다.

설상가상으로 이 길은 외길이 아닙니다. 초등학교부터 고등학교에 이르기까지, 장장 12년이라는 시간 동안 우리는 수도 없이 많은 갈림길을 마주하고, 그때마다 선택을 하게 됩니다. 그 선택에 따라 눈앞의 길이 끊어질 수도 있고, 반대로 새로운 길이 나타날 수도 있지요. 그래서 대학 입시를 준비하는 학생들은 자주 혼란에 빠집니다. 지금의 공부 방식으로 성적을 올릴 수 있을지, 수시와 정시 중 어떤 길을 택하는 것이 옳은 선택

인지, 입시의 목표를 어디로 정해야 하는지 등 모든 것이 선택의 영역이지요.

하지만 그렇다고 해서 나쁘게만 생각할 건 아닙니다. 바꿔 말하면 목표를 좇기 위해 반드시 따라가야만 하는 길도 없다는 뜻이니까요. 우리는 모두 서로 다른 목표와 목적을 가지고 있고, 그곳으로 이어지는 자신만의 길을 탐색하고 개척할 수 있습니다. 그리고 그 길 위에서 생각지 못한 풍경을 보고, 기대하지 않은 가치를 발견할 수도 있지요.

이 책을 집필한 공부 선배들도 여러분과 마찬가지로 대학 입시라는 레이스에 참여했습니다. 그리고 대입 성공이라는 결승점에 도달하며 성공적으로 완주했습니다. 그 과정에서 마주하고 개척한 각자의 길을 책에 담아 여러분의 레이스에 참고가 될 만한 지도를 그렸습니다. 이 지도를 참고삼아 자신만의 길을 만들고, 그 길을 따라 목표한 바에 도달할 수 있기를 바랍니다.

정해진 것이라고는 결승점뿐인 기약 없는 이 레이스에서 마지막에 웃을 수 있는 사람은 자신의 길을 개척한 사람입니다. 그러므로 막다른 길에 이르게 될까 두려워 말고 용기 내어 달려가기를 바랍니다. 여러분의 걸음걸음에 공부 선배들이 함께하겠습니다.

공부의 디테일

1판 1쇄 인쇄 2025년 8월 18일
1판 1쇄 발행 2025년 8월 25일

지은이 수만휘 공식 멘토 한정윤·오인경 외 서울대생 11명
발행인 김형준

총괄 김아롬
책임편집 이의정, 박시현
디자인 홍정순
기획관리 허양기
온라인 홍보 허한아
마케팅 진선재

발행처 체인지업북스
출판등록 2021년 1월 5일 제2021-000003호
주소 경기도 고양시 덕양구 원흥동 705, 306호
전화 02-6956-8977
팩스 02-6499-8977
이메일 change-up20@naver.com
홈페이지 www.changeuplibro.com

ⓒ 한정윤, 오인경 외 11명, 2025

ISBN 979-11-91378-79-5 (13370)

체인지업북스는 내 삶을 변화시키는 책을 펴냅니다.